イスラームへの誤解を超えて

世界の平和と融和のために

カリード・アブ・エル・ファドル
米谷敬一……訳

THE GREAT THEFT
WRESTLING ISLAM FROM THE EXTREMISTS
KHALED ABOU EL FADL

日本教文社

本書を、わが師たちに献げる。彼らは私に、美と思いやりと慈悲の心を、
そして、真のイスラームとは中庸のイスラームであることを教えてくれた。

日本語版への序文

狂信的ムスリムやイスラーム過激派が、日本を含む世界各地でイスラームに対する悪いイメージを人々の心に植えつけたことに疑問の余地はない。過激派のあまりに非道な行為によって、一般の非ムスリムはもちろん、ムスリムのなかにも、史上まれにみる人道主義的文明、科学的にも芸術的にも高度な文明がイスラームから生まれたという事実を忘れている者がいる。西洋諸国においても、長年のイスラームに対する嫌悪感に過激派が火をつけたため、イスラーム恐怖症と呼ばれる宗教的偏狭さを示す文化現象ばかりか暴力沙汰もますます増えている。

宗教的偏狭さと狂信的行為に対する有効な解毒剤は知識しかない、と私は考えている。イスラーム過激派が現代の世界に及ぼす影響の大きさを考えれば、イスラーム過激派とは何か、また何をどのような理由で信じているのかをどうしても理解しておく必要がある。

本書では、まず系統的かつ厳密にイスラーム過激派の起源をたどり、「厳格主義者（puritan）」と私が呼ぶイスラーム過激派の思想について解説する。次に、過激派の思想が多くの点で伝統的なイスラームの教義や価値観だけでなく、一〇億を越えるムスリムの大多数が日々実践している信仰ともまったく矛盾するものだということを説明する。私の知るかぎり、さまざまな観点からイスラームの過激派と主流派の神学理論や法解釈を比較・検討し、両者の意見の対立がもたらす影響を明らかにしたものは、本書以外にない。

私はアメリカで一定の評価を得た本書を、日本の読者に紹介できることをたいへん誇りに思う。本書がアメリカで出版されて以来、私のもとにはひっきりなしにムスリムからのメッセージが届いているが、興味深いのは、とりわけ中東のムスリムたちから、よくぞ自分の思い――自分が信じ実践しているイスラームの教え――を代弁してくれたと感謝されたことだ。また、非ムスリムからも、イスラームの内部分裂とその理由を理解できたという称賛の声が数多く寄せられている。この反応を見ても、本書は読者がイスラームの知識を身につけ、現代のイスラームとムスリムへの理解を深めることに役立った、と私は自負している。

日本とイスラーム世界との間には特別な関係があるだけに、本書が日本語に翻訳されたことは注目に値する出来事であり、イスラームとムスリムへの理解を深めることは切実な問題でもある。日本とイスラーム世界との間には、広範囲に及ぶ商業的な結びつきがあるだけではない。ほとんど知られていないが、とくに洞察力に富む優れたイスラーム学者の一部は日本の大学出身者である。その上、イスラーム世界では、日本は奇跡と言ってもいいほどの科学技術的業績をあげた国として広く称賛され、日本の労働倫理と経済的偉業はしばしば見習うべき手本として引き合いに出される。また、卑近な例かもしれないが、最近の中東では、アラビア語に吹き替えられた日本の連続ドラマが大衆の人気を集めている。何より重要なのは、世界の大半の国がそうであるように、日本にも、宗教的にも文化的にも偏狭な思想に悩まされ、過激主義と不寛容につきものの暴力に苦しんできた歴史があるということだ。だからこそ、寛容の心とイスラームへの理解をいっそう深めていただくことを願って、私は数十年に及ぶ研究の集大成である本書を日本の読者に紹介したいと思う。

二〇〇八年六月

カリード・アブ・エル・ファドル

イスラームへの誤解を超えて――目次

第2部●穏健派と厳格主義者はどこがちがうのか

イスラームへの誤解を超えて——世界の平和と融和のために

はじめに

最近、私を「隠れイスラーム主義者」と非難する論文が発表された。イスラーム・バッシングでかなり名の通ったその執筆者は、どうやら私が穏健派の仮面をかぶった過激派で、陰でテロを画策していると言いたかったらしい。全体になにやら裏に含むところのありそうな論調は、被害妄想に近いものだったが、私への人身攻撃はともかく、この論文は一般に懸念されるようになってきた問題を提起していた。つまり、欧米で生活するムスリム〔イスラームの信徒〕の思想信条の信頼性だ。もっと言えば、ムスリムが自らの本当の信念を正直に打ち明けることがあるのか、という疑問である。

イスラーム過激派と穏健派の考え方を明確に区別できないことも、こうした困惑を招く一因となっている。自ら過激派や武闘派を名乗るムスリムがいそうもないとすれば、どの作家やグループが、主流の穏健派とは対照的な狂信的信条や過激な思想をもっているかを、いったいどう見分ければいいのか？　だが、この論文はさらに急を要する難題を突きつけてもいる。それは、最終的に容認できる理性的で穏健な思想に対し、何を狂信的・急進的・好戦的思想とするかを判断できる者がはたして欧米にいるのか、という問題だ。

とくに二〇〇一年九月一一日の同時多発テロ以降、ムスリムとその信念や忠誠心に関して、あふれるほどの資料や文献が発表されてきたが、ムスリムばかりかイスラームとその遺産に対する見方に、今ほど大きな混乱が生じたことはなかったと言ってもいい。イスラームは平和的な宗教であり、ムスリムは平和を愛し、善良なムスリムはみな民主主義を切望している、とジョージ・W・ブッシュ大統領が請《う》け合っても、混乱はまだ続いている。どうやら西欧の非ムスリムには、問題をやり過ごすのは気が進まない者が多いらしい。主にこの混乱に油を注いでいるのは、膨大な数の文献と、テレビであれこれコメントする人々だ。彼らは、イスラーム武闘派、イスラーム過激派、政治的イスラーム、自由主義的イスラーム、あるいは、いわゆるイスラーム穏健派などについて発言し、たびたび支離滅裂なメッセージをまき散らす。さらに悪いことに、学識者までが、テロの相談をしている者や動機を隠して邪悪な陰謀を企てている者はいないか、わけのわからない言葉を話す中東出身者に注意しろ、などと警戒を促してこの混乱を拡大している。

イスラームの問題となると多くの政治的利害がかかわってくるが、歴史を見ればわかるように、政治ほど宗教を堕落させるものはない。私はなにも、宗教としてのイスラームが政治によって堕落したと言っているわけではない。それどころか、政治と政治的利害のために、われわれはイスラームが世界中で一〇億を優に越える信徒をもつ宗教だという事実を見落としている、と言いたいのだ。イスラームは世界で二番目に信徒数の多い宗教であり、現に、自由主義的で世俗的な民主主義国にも数多くの信徒がいるのである。このような事実は、イスラームに偏見をもつ者には気にくわないだろうが、キリスト教やユダヤ教と同様、イスラームは今後も世界中の先進国や発展途上国で、無数の信徒たちに生きる希望と指針を与え続けるだろう。唯一気がかりなのは、どの種のイスラームが主流になるかという問題だ。今やイスラームを理解することは緊急課題である。なにしろ、理解があるかないかでその人がどんな人間であるかが決まるのだから（たとえば、宗教に対して寛容か偏見があるか、教養があるか無知かなど）。

大学で講義していると、信徒以外の学生たちから「ムスリムと平和共存するためにわれわれは何をすればいいでしょうか？」という悪意のない質問をよくされるが、そんなとき私はいつもこう答えることにしている。憎しみを説き、抑えがたい激情にとらわれ、対立はやむを得ないと考える人間の言うことを盲信しないだけでも大きな貢献をしていることになる、と。ほとんどの場合、この種の扇情的な主張や考え方は、イスラームを本当に理解しようという気がない証拠だと言っていい。生まれたときから憎悪や激怒に駆られている者はいないし、憎悪に見えても実は恐怖心が透けて見える場合も多い。倫理的に容認できる唯一の選択肢は、理解しようと努めることなのである。

だが問題は、現在のムスリムの状況をきわめて理解しがたいものにしている要因がいろいろあるということだ。真っ先に挙げなければならないのは、「すべてのムスリムを巻き込む醜悪な行為」と私が呼ぶものだ。ムスリムの大多数はテロリストではなく、テロリズムを容認してもいないということは言うまでもないだろう。しかし、例によってショッキングな暴力事件を起こしたという理由で、毎日のように過激派のグループがニュースで取り上げられているのが実情だ。

マスメディアの報道を通じてしかイスラームを知らない人々は、道義的に許されない一連の行為が、イスラームの伝統であるかのような印象を受けるはずだ。このような醜悪な行為は枚挙にいとまがない。たとえば、イランとレバノンでの人質事件、作家や思想家に対する脅迫と迫害、アフガニスタンの女性と宗教的少数派に対してターリバーン政権が示した不寛容な姿勢、世界各地での自爆テロ事件等々。その結果、イスラームに対する醜悪なイメージ（不寛容、迫害、弾圧、暴力など）が世界中に広がったと言っても過言ではない。イスラームとムスリムに対するこの見方が正当かどうかはともかく、世界各地で「イスラーム」という言葉そのものが、ネガティブな感情を呼び起こしているという事実はもはや否定できない。その言葉を見聞きしただけで、疑い深く冷淡な態度をとる者もいれば、恐怖や激しい嫌悪感を示す者もいるのだ。

自らの信仰が気にかかるムスリムは、この現実にひどく心を痛め苦悩する。一〇億以上もの信徒は、イスラームに感情的・精神的な支えと喜びを見出している。イスラームは静かで安らかな心の源であり、醜悪さではなく、美に満ちた生活を送るための道徳的・倫理的指針である。日々の生活の中で実践する自らの信仰と、一般の非ムスリムが抱くイスラームのイメージとの間で、ムスリムはどう折り合いをつければいいのか？

現在早急に取り組むべき課題は、自己批判的・内省的な目でイスラームの伝統と信念体系を見直すことだと私は考える。なぜなら、独自の信念体系を継承するイスラームの伝統そのものが、一連の醜悪な行為を生む一因になっているのではないか、という疑問がもたれているからだ。テロを実行し、女性や宗教的少数派を迫害するのは、イスラームの教えに従った結果なのか？　端的に言えば、現代のイスラームは道を誤ったのか？　もしそうだとすればどこで間違ったのか？

われわれムスリムは、今や伝統的な教えを批判的に検証せざるをえない状況に追い込まれている。この信仰の危機に際して、われわれは自制心と勇気をもち、現代の世界に人道主義的な道徳規範としてイスラームをよみがえらせる必要がある。

本書は、改革のための組織的なプログラムを提示するものではなく、現時点でのイスラーム思想の実態を明らかにし、詳述することに重点を置いている。というのも、改革の必要性を訴える前に、まずわれわれはムスリムの現状を十分把握し、なぜイスラームに対する考え方の相違が生じるのかを解明する必要があるからだ。

本書の目的は、すでにイスラームに存在している分裂について論じることにある。それは「穏健派」ムスリムとイスラーム「厳格主義者（puritan）」と私が呼ぶ勢力との対立だ。穏健派も厳格主義者も、ともに自分たちが真正イスラームを代表していると主張する。双方とも神の教えを忠実に守っていると信じているのはもちろん、その教義はすべて聖典クルアーン（コーラン）と、預言者ムハンマド（神が人類に遣わした最後の預言者）に関する真の伝承に依拠していると考えている。ところが、厳格主義者は、イスラームを改変し、堕落させたのは穏健派だと非難し、穏健派は、厳格主義者こそ解釈を誤ってイスラームを汚し、冒瀆《ぼうとく》したと糾弾しているのである。

専門家ではなく、ふつうのジャーナリスト、政治家、一般人などがこの現状を見れば、無秩序とも言えるほど混乱していると思うのがふつうだ。イスラームとは何か、またどうあるべきかに関しては、諸説紛々《ふんぷん》としているので、誰が何をどういう理由で信じているかはきわめてわかりにくい。おまけに、それがすべてイスラームの神学と法に依拠しているかどうかも判然としない。この混乱の背景には、「イスラームの教えがどの程度テロリズムのよりどころになっているのか?」といった、誰もが疑問に思う問題があるように思われる。

またそれと同時に、「保守的で厳格なイスラーム解釈に対抗する改革派の視点はないのか?」という疑問が出てきてもおかしくはない。

今イスラームは確実に変革期にある、というのが私の見方である。その変化の激しさは、かつてヨーロッパを席捲《せっけん》し、長年にわたって残虐な宗教戦争を引き起こした宗教改革にも匹敵するものだ。ただ現時点では、イスラームの状況にそれほど劇的な変化は見られない。

とはいえ、改革を支持する穏健派と保守的な厳格主義者との間には、深刻な亀裂が生じている。ターリバーンやウサーマ・ビン・ラーディンのような厳格主義者と大多数の一般的なムスリムでは、イスラームに対する理解の仕方がちがうということは誰にもわかる。世界の声なきムスリムの大部分は穏健派だが、厳格主義者はその人数とは釣り合わぬほど重大な影響をイスラーム世界に及ぼす。イスラーム世界の現在の構成がどうであれ、真のイスラームの教えをめぐって二

つの世界観が主導権争いをしているという現実が、私の言う変革期の具体的な証拠である。〈原註1〉

「真のイスラームの教え」とは、イスラーム史の位置づけ、クルアーンの基本的な教え、預言者ムハンマドが説いた典型的な教え、個々の信徒の道徳的な優先順位、社会生活の倫理的規範などに関する指針や原理原則として一般に認められるものを意味する。厳格主義者と穏健派は、こういった問題のすべてにおいて見解を異にするばかりか、双方がそれぞれの主義主張を、他を寄せつけない永続的な真のイスラームにしようと躍起になっているのである。そのまま何も手を加えなければ、両者のものの見方は相容れない。したがって、何らかの形で共存できたとしても、いずれ衝突するのは目に見えている。それぞれがイスラーム思想の一学派として共存し、お互いを認めて尊重する可能性がないとは言えないが、現実にはそれも次第にむずかしくなっている。厳格主義者のテロリズムと暴力によって、ますます対決姿勢を強める必要に迫られ、イスラームの決定的変革を求める気運が高まっているのだ。その一つのあらわれが、最近サウジアラビアで起きた政府と厳格主義のリーダーたちとの武力衝突だ。良くも悪くも、変革の時期が終わった時点で、ムスリムの同意を得て圧倒的な勝利をおさめた側が、長きにわたって真のイスラームを決める主導権を握るのはまちがいないだろう。

第１部　真のイスラームをめぐる闘い

第1章　過激派と穏健派の分裂

少し前に招かれて講演したときのことだ。質疑応答の時間になって、私はこう質問された。イスラームの教えの中でとくに重要な道徳的価値観は何か、と。答えは簡単だ。慈悲、思いやり、それに平和に決まっている。なにしろ、忠実なムスリムなら、少なくとも一日に五回は祈りの中で唱える徳目だ。ところが、会場のあちこちから「おいおい、冗談じゃないよ」と言わんばかりのくすくす笑いが起きたのだ。そのとき私がどれほど驚き、悔しかったことか。ブッシュ大統領から世界宗教自由委員会の委員に任命されたときも同じようなことがあった。就任を祝ってくれる好意的なメッセージに混じって、「ムスリムが世界の宗教の自由と寛容のためにいったいどんな貢献ができるというのか」という疑問の声が、見ず知らずの人たちから寄せられたのだ。

こうした経験をするのはなにも私だけではない。ムスリムなら誰でも、イスラームがどれほど誤解されているかを思い知らされたことがあるはずだ。イスラームに対して否定的な見方をされた場合、ムスリムはどう対応すればいいのか。ぼやきながらも、怒りを押し殺して年を重ねるか。それとも、イスラームの正しい知識を広めようと決意するか。もっとも、後者の場合には豊かな学識をもち、イスラームに精通していることが前提となるが、あまりにも無知な者が多いのが問題だ。そのため、現実的な第三の選択肢を考慮せざるをえない。それは、研究と思索によってイスラームへの理解を深めるとともに、非ムスリムの間にこれほどマイナスイメージが定着した原因と経緯を明らかにしようとすることだ。われわれは、人を教育する前に、どうして誤解やデマが広まったのかをよく検討しなければならない。

敬虔《けいけん》なムスリムにとって、イスラームの教えに何か問題があるのではないか、と問われるのは不愉快なものである。何となく敵の思うつぼにはまっているような気がしてならないのだ。どんな宗教にも不寛容と暴力をもたらした歴史があるというのに、なぜイスラームだけが槍玉《やりだま》に挙げられるのか。イスラームの教えに間違いなどありえない、悪いのはムスリムだ、と熱心な信徒は考えたがる。現に、信徒の違法行為を理由にイスラームの教義や理念が非難されるのはおかしい、と主張する者は少なくない。ムスリムを自認する者たちの中に醜悪な行為を犯す者がいるのは事実だが、その背景には暴力と不寛容を生む経済的・政治的・社会文化的要因が存在するのであり、イスラームに非はない、というのである。この観点からすれば、ムスリムを悩ます現代の諸問題を検討する場合、イスラームの教義や歴史を批判的に吟味するのは間違いであり、むしろムスリムのほうに問題があると考えるべきだということになる。

確かにこの見解にも一理あるが、現代のムスリムが直面する難問への一般的な取り組み方としては不十分だ。これがいいかげんで危うい考え方だと言える理由はいくつかある。当然のことながら、イスラームを愛し、大切に思うあまり、他のものに矛先《ほこさき》を向けて信仰を守ろうと躍起になる者もいるだろう。こういうムスリムにしてみれば、自己反省を求められるのは、イスラームには欠点があると非難されるに等しいので、その種の要求に憤慨するのも無理はない。イスラームが完全無欠で不変であると信じる者は、自己反省への要求をうさん臭いと思うばかりか、敵意さえ抱くかもしれない。また、西洋との対立の歴史を見れば、イスラームに対する中傷は、欧米に迎合しようとする見えすいた試みとしかみなされない場合が多い。同じ信徒でもイスラームの教えに批判的な姿勢を示す者は、イスラームを犠牲にして欧米の機嫌をとろうとしているに決まっている、と本気で信じているムスリムが大勢いるのである。

このような反発にもうなずける点はあるし、やはり私も、ただでさえイスラームは悪く言われていると思う。今やムスリムは、悪い噂とネガティブなマスメディア報道の集中砲火を毎日のように浴びている。欧米に限らず世界中でイスラームに反感を抱く人間が数多く存在し、事あるごとにけちをつけたがっているように思われるのも確かだ。実際、現在の反イスラーム感情は、その悪意と根強さにおいて人種差別や反ユダヤ主義と少しも変わらぬ偏見だと言ってもおかしくない。だからこそ、ムスリムは自らの立場を守ろうとして、イスラームは完全無欠であり、代々受け継がれてきた諸々の教義は現代のムスリムが陥っている苦境とは少しも関係がない、と強硬に主張せざるをえないのだ。

防御の姿勢をとる気持ちはわかるが、そのための代償はとてつもなく高いものになったと私は思う。現実には、ムスリムがイスラームの道徳的規範に従いながら神との契約を守る方法は、内省的な自己批判と変革しかない。

今や否定しようがないほど顕著になった穏健派と厳格主義者の分裂も、イスラーム世界で明確に認識されているわけではない。二つのグループに分かれて対立している切実な現実があるにもかかわらず、両者の相違をきちんと理解しようとする試みはいまだにない。それどころか、このような分裂を公然と口にすることに抵抗を感じる者が少なくないのだ。こうした認識の欠如が、「ムスリムは誰がどういう信条をもっているのか見当がつかない」といった事態を招いたのはもちろん、イスラームに対する誤解を広めた一因になったとも考えられる。

一般のムスリムが内部分裂の存在を認めたがらないのは、いろいろな意味で、現代イスラーム思想の、一つのムスリム共同体という考え方に強い影響を受けているからだ。後述する理由から、現代イスラームの思想家や活動家は、今こそムスリムが連帯意識をもって結束し、全員が一丸となる必要があると力説している。またイスラームの教義でも、まっすぐな道は神に通じる、分かれずに一体となって神の道を進め、と強調されている。一般のムスリムが分裂の存在を認めたがらないのはこのためだ。またその一方で、親族や同宗の信徒に不利になっても、真実を証言することはすべてのムスリムの厳粛な義務である、という教えもある。イスラームの神学と法は、伝統的にムスリムの団結と真実の重要性を強調すると同時に、思想や見解の相違を許容してきたのである。

このようなイスラームの教えからすると、本書は微妙な立場にある。現在のイスラーム世界にある根本的な分裂を認めれば、宗教的な義務とも言うべき務めをはたすことになるが、その反面、感情を刺激し不和を招きかねない問題に立ち入るべきではない、と考える多くの人の怒りを買うことにもなるからだ。信徒間にあつれきを生み、結束と調和を乱す原因となるものは「フィトナ」(混乱、不和)と呼ばれるが、敬虔な信徒はこの言葉を耳にすると、悲しく恐ろしい気持ちになる。確かに「フィトナ」は罪深いが、穏健派と厳格主義者の対立によってイスラームの精神そのものが危険にさらされている現状を思えば、ムスリムが我関せずの態度を決め込むほうがよっぽど罪深い行為だと私は考える。

少数の狂信的な過激派と、大多数の声なきムスリムとのちがいをわかりやすく説明するため、本書ではあえて穏健派と厳格主義者という二つの主要グループを取り上げて比較対照している。だが、留意する必要があるのは、現代のイスラーム世界をたった二つのカテゴリーで総括できるわけではないということだ。現実ははるかに複雑であり、二つのグループにしぼって話を進めるのは単純化のそしりを免れない。たとえば、スーフィー〔イスラーム神秘主義者〕や世俗主義を自称するグループなど、本書で取り上げなかった勢力が他にもいくつか存在する。

それにもかかわらず、二つの相対するグループに焦点を当ててその根本的なちがいを浮き彫りにしようとするのは、対極的な思想をもつこの両者に、イスラームの命運がかかっていると思われるからだ。どちらかの思想に全面的に依拠するようなムスリムはごくわずかしかいない。ほとんどの者は両極間のどこかに位置しているが、稳健派寄りの考え方をもつ者が多い。本書が示す分析によって、非ムスリムの読者がムスリムの幅広い思想信条を理解し、ムスリムの読者が自らの思想的立場を確認しながら、イスラームとの関係を認識できるようになればと期待している。

この二つのグループは、スンナ（スンニ）派やシーア派といった宗派区分とは関係がない、ということにも注意していただきたい。本書でスンナ派とシーア派の神学理論のちがいに触れなかったのは、その種の文献ならすでに数多く発表されているし、厳格主義者と穏健派のちがいに宗派との密接な関連はないからである。スンナ派にもシーア派にも、厳格主義者と言える者もいれば穏健派と言える者もいる。スンナ派であろうとシーア派であろうと、厳格主義者は同じ思想を信じ、同じ結論を下す傾向があるし、穏健派についても同じことが言えるのだ。

穏健派と厳格主義者——用語について

一つの主義主張にふさわしい名前をつけるのはいつもむずかしい。名前は内容を「説明」するだけでなく「判断」を含むものでもあるし、穏健か過激かの判断は人によって異なるからだ。

私は主に消去法によって、「穏健派（moderate）」と「厳格主義者（puritan）」という用語を選んだ。イスラームの聖典クルアーンは、ムスリムに穏健な人間であれと説いている。また、預言者ムハンマドの言行録によれば、二つの極端な道に直面した場合、ムハンマドはつねに中道を選んだという。言いかえれば、イスラームの預言者ムハンマドは、どちらかといえば極端に走ることを嫌う穏健な人物としてつねに表現されているのだ。したがって、イスラームの教えに起源をもつ「穏健」という言葉は、ほとんどのムスリムが模範とすべき気質をあらわしているのである。

私が「穏健派」と呼んでいる者たちは、これまで「近代主義者（modernist）」、「進歩主義者（progressive）」、「改革派（reformer）」など、いろいろな名称で呼ばれてきた。しかし、「穏健派」ほどぴったり当てはまるものはないと私は思っている。

「近代主義者」という言葉は、近代化に取り組むのは特定のグループだけで、他は反動的な（過去を理想化し、過去に回帰しようとする）グループだということを暗に意味する。しかし実際には、イスラームのあらゆる思想家や活動家の、過去に対する考え方は単純なものではない（政教分離を主張する世俗主義者とは対照的に、彼らは公私にかかわらず政治的、社会学的、あるいは経済的課題に取り組むときにイスラームをよりどころにするが、必ずしもそれを絶対的な基準とは考えない）。社会学的な観点から見れば、イスラーム原理主義グループはまぎれもなく近代の産物であり、ナショナリズムなどの近代主義的イデオロギーから生まれたものと言える。その上、いわゆる原理主義者がイスラームの教えに依拠しているかどうかは、非常に意見の分かれるところだ。その主義主張にかかわらず、イスラームのどのグループも、良くも悪くも、自らが一役買った近代化の産物なのである。

「進歩主義者」や「改革派」といった用語は便利だが、重大な欠点もある。多くの穏健派は真正イスラームを信奉していると主張し、イスラームを改革するのではなく、本来の信仰のあり方に戻そうとしているのだと何らかの形で訴えている。このような穏健派のムスリムは、どちらかといえば保守的というより自由主義的な立場に立っているのは間違いないが、自由主義（リベラリズム）の進歩や改革との関係は、込み入った哲学的な問題なので、本書で十分論じるわけにはいかない。

一般に自由主義という言葉には、個人的自由の拡大につながる価値観を採択し、追求するという含みがあるものの、進歩や改革との関係ははっきりしない。スターリンやナセルといった史上最悪の独裁者の中には、改革を実行して自国の社会経済的発展をもたらした者がいるが、この連中はどんな意味においても自由主義的な思想をもっていたとは言えない。皮肉なことに、進歩すれば自由主義的な価値観が必ず得られるとは限らず、伝統に立ち戻ることによって得られる場合もある。たとえば、イスラームの伝統的な教えには、ムスリムが容認する現代思想よりもはるかにリベラルな側面をもつものがある。

それ以外にも、「改革派」や「進歩主義者」という呼称を私が使いたくない理由はいくつかある。改革派や進歩主義者はムスリムでも少数派だが、神学的・法的立場については大多数が穏健派だということもある。進歩主義や改革主義の立場をとるのはたいてい知的エリート層だが、穏健主義という言葉を使えば、大半のムスリムの宗教的信念を適切にあらわすことができるのだ。

私が「厳格主義者」と呼んでいる者たちは、これまでいろいろな名称で呼ばれてきた。「原理主義者（fundamentalist）」をはじめとして、「武闘派（militant）」、「過激派（extremist）」、「急進派（radical）」、「狂信者（fanatic）」、「ジハーディスト（jihadist）」、それに簡単に「イスラーム主義者（Islamist）」と呼ばれる場合もある。私が「厳格主義者」という呼び名を使うのは、その妥協を許さぬ絶対主義的な姿勢がこのグループの際立った特徴になっているからだ。異説を容《い》れる寛容さに欠け、多元的な現実を認めれば絶対的真実を汚すことになると考えるこの種の勢力は、いろいろな意味で純粋主義に走りやすい。

これまで一般に使われてきた「原理主義者」という用語には、明らかに問題がある。イスラームのグループや組織はみな一様に、イスラームの原理を忠実に守っていると断言してはばからないからだ。もっともリベラルな勢力ですら、自らの主義主張が根本的な教義にもっとも忠実だと主張するだろう。そもそも「原理主義者」は、歴史的状況を無視して聖書の言葉を一つ一つ字義どおりに理解しなければならない、という極端な主張をするキリスト教グループの呼称である。その言葉が欧米社会で使われるのであれば何の違和感もないだろう。だがムスリムの研究者がよく指摘するように、「原理主義者」という言葉はイスラームの文脈ではふさわしくない。というのは、その訳語の「ウスーリー」というアラビア語が「原理や基本原則に依拠する者」という意味をもつため、「イスラーム原理主義」という表現は、原理主義者のイスラーム解釈だけがクルアーンや預言者ムハンマドの言行録——イスラーム神学とイスラーム法の基本的・原理的なよりどころ——に基づいている、という誤った印象をどうしても与えてしまうからだ。実際は、自由主義者であれ進歩主義者であれ、あるいは穏健派であれ、ネガティブなニュアンスがあるとは思いもせず、ウスーリー、つまり原理主義者を自任する者が大勢いるはずだ。イスラームの文脈では、むしろ狂信的な還元主義や、教義などを文字どおりに解釈する偏狭な直解主義を、ピューリタン的な「厳格主義」と呼ぶほうがはるかにつじつまが合う（ピューリタンという言葉によって欧米の人々はある歴史的経験を思い起こすが、それは必ずしも悪い結果をもたらしたわけではない）。

「過激派」「狂信者」「急進派」などの用語を使うのも道理にかなっている。どれもターリバーンやアル・カーイダにはうってつけの言葉だ。それに、言語学的にも過激主義は穏健主義の対義語である。それでも、一連の問題に関するこういったグループの考え方を検討すると、いつも組織的に絶対主義的・二分法的な立場を貫いているように思われるし、理想主義者と言ってもおかしくない印象を受ける。預言者ムハンマドおよびその教友が残した慣行をどう解釈するかなど、問題によっては、過激派や急進派というより絶対主義者、教条主義者、厳格主義者と呼ぶほうがぴったりくる。換言すれば、本書で論じるグループは、時と場合に応じて狂信者、急進派、過激派などというレッテルを貼られることはあっても、基本的には厳格主義者なのである。彼らの考え方の特徴は、その断固とした絶対主義的性質にあり、狂信的、急進的、あるいは過激という言葉ではとらえきれない。

ある程度の過激さや狂信的言動を示唆する言葉はそれなりのインパクトを与えるが、「武闘派」という用語は明らかに見当違いだ。武力行使をいとわないという意味をこめているなら、的確な呼び名とは言えない。というのは、イスラームをはじめ、キリスト教やユダヤ教でも、状況によっては武力を行使してもよいと認めているからだ。それに対し、必要以上に武力を行使するきらいがあるという意味で使うとすれば、あまりに適用範囲が広すぎて役に立たない。それでは、イスラーム組織ばかりか、数多くの党派や国家の方針にまで当てはまってしまう。純然たる防衛ではなく、攻撃や侵略目的で武力を行使するグループという意味でも、やはり的はずれだ。どのグループも、もっぱら防衛のために武力を行使すると主張しているからだ。また、女性や宗教的少数派などへの対応の仕方に、「武闘」という表現は当てはまらない。

このところ、ターリバーンやアル・カーイダのような組織に対して、「ジハーディスト」という言葉が使われているのをときどき目にする。ジハードについては後述するが、「ジハーディスト」と呼ぶのもまたピントがずれている。なぜなら、これではかえって厳格主義の特殊性がわかりにくくなるからだ。

中にはムスリムとイスラーム主義者（政治的イスラームの正当性を信じる者）を区別しようと試みた解説者もいるが、彼らも決まったように、イスラーム主義を文明社会に脅威をもたらす元凶と決めつけたがる。両方とも——「イスラーム主義」も「政治的イスラーム」も——あいまいで適用範囲の広い言葉なので、その気があれば、どんな組織にもレッテルを貼って非難できる。一般的に、イスラーム主義者とは、社会的・政治的状況にかかわらず、イスラームの神学と法を依拠すべき権威的規範と考えるムスリムのことを言う。と言っても、必ずしも神権国家の正当性を信じたり、事情を知らない者に厳格な戒律を押しつけたりするわけではない。社会的関心事についてはイスラームの倫理的・道徳的規範に従って対応し、公的問題に関してはイスラーム法学に裏づけられた立場をとる、というだけのことだ。ようするに、イスラームを権威的規範とする組織といっても、温和で威圧的なところがまったくないものから、国民の思想や行動の自由を制限する本格的な神権国家まで、かなり幅があるのだ。

それにもかかわらず、「政治的イスラーム」や「イスラーム主義者」とレッテルを貼って非難する解説者は、公私を区別するべきだと訴える。つまり、個人的にイスラームを実践するなら認められるが、公の場に持ち込むのは危険で受け入れがたいと考えているのだ。これはムスリムの立場からすれば、私生活の範囲内ならかまわないが、それをつきつめて公の場に宗教を持ち込むのはよくない、と言われているのと同じである。

公の場で宗教がどういう役割をはたすべきかという問題は、理論的にも実践的にも民主主義ではまだ決着がついていない。政教一致の政治形態でなくても、宗教は多様な役割をはたす場合がある。たとえば、イスラエルの政治では宗教政党が重要な役割をはたしているものの、イスラエル自体は神権国家ではない。また、西欧の大半の自由民主主義諸国に比べて、厳しい政教分離政策をとってきたアメリカのような国でさえ例外ではない。近年、この国の公的領域でキリスト教会の影響力が著しく増大しているのは、政府の行政にたずさわる高官が強い信仰心をもっているからだ。

民主主義を守るためには断固として宗教を私的領域内にとどめておかなければならない、という考え方は単純すぎるし、民主主義を守っている国々の現実を反映してもいない。ムスリムに公私を区別する考え方を押しつけ、政教分離の姿勢を求めるか、そうでなければイスラーム主義者だの政治的イスラームだのと非難を浴びせる態度は、帝国主義的とは言わないまでも、傲慢《ごうまん》としか言いようがない。

妙な話だが、真の教義の決定権をもつ教会自体がイスラームには存在しない。そのため、厳密に言えば、政教分離の原則はイスラーム社会には適用できない。もともと西欧の民主主義理論は、公的領域でのカトリック教会の独占的な支配を阻《はば》もうとする過程で生まれたものだ。

一七世紀から一八世紀にかけて、西欧では世俗主義的な思想を主張する者があらわれ、カトリック教会の権力を厳しく抑制しようとした。実際、宗教改革と、とくにプロテスタントの神学理論は、公的領域の支配権を奪い返し、宗教裁判、魔女狩り、異教徒の殺害といった恐ろしい残虐行為に歯止めをかける決め手になると考えられていた。

しかし、イスラーム世界では事情がまったくちがう。これまで教会組織が存在しなかったため、宗教が公的領域を思うままに牛耳ることなどあるはずがなかったのである。それどころか、宗教、つまりシャリーア〔イスラーム法〕の代表者たちは、公的領域の主導権を求めて、つねにさまざまな形で競争を余儀なくされていた。重要なのは、イスラーム史を通じて、たった一つの見解が、シャリーアや宗教的規範を代表した時代は一度もないということだ。歴史的に見ると、イスラームの教えやシャリーアをこれまで代表してきたのは、神学・法学上の解釈をめぐって競い合ういくつかの法学派であり、このうちもっとも有力で著名なものが、民間の専門家集団として組織された。神の名において統治すると主張する国家がよくあるが、このような主張の正当性に対して異議申し立てをしてきたのがこの専門家集団だ。

宗教改革の目的は、公的領域から宗教を完全に排除するのではなく、カトリック教会の独裁的支配体制に異議申し立てをすることにあった。とりわけ興味深いのは、イスラーム世界にすでに存在していたような宗教と政治の関係を、西欧世界にももたらそうとしていたことだ。

一七世紀から一八世紀の西欧では、民主主義の理論家でさえ、完全な政教分離体制が実現すると予想した者はほとんどいなかった。(原註1) フランスとアメリカの革命後に世俗主義思想家が築いた民主主義理論は、宗教改革を唱道した思想家から見れば、まったく承認できないどころか、ショッキングなものに思われただろう。こうして歴史を振り返ると、ムスリムかどうかに関係なく、現代人にとって理解しがたいある重要な事実が浮かび上がってくる。つまり、神権政治――神の名において統治し、公的領域で、いわば神と神の法を代表する政治体制――は、歴史的にも神学的にもイスラームでは忌み嫌われるものだったという事実だ。真の神権国家が実現すれば、特定の神学的・法学的見解だけが正統なものとされ、他の見解はすべて誤りか異端とみなされるのは必至である。多種多様な学派や集団がイスラーム法を代表し、そのすべてが競い合って正当性を主張する状態などありえず、国家が事実上教会の役割を担って信仰の基準や規定を決定し、異議を唱える者をすべて異教徒扱いするはずである。

イスラーム史を通じて、現在ほど国家が神権政治を行いやすい時代はない。というのは、従来神学や法を代表してきた組織や制度が、今や国家に吸収され、しっかり管理されているからだ。自治権をもつ多彩な宗教施設や制度が数多く存在していた時代には、この種の神権国家は成立しにくかった。ところが、現在は、ほとんどのイスラーム諸国で国家権力が強大なものになっている。たとえば、サウジアラビアのような神権国家は、イスラームの歴史にはまったく前例がない。

中世のイスラーム法学者は、イスラームを守るのが国家の厳粛な義務であり、その義務をはたすかぎり国家の正当性は問われないと考えていた。また興味深いことに、イスラーム世界に住むキリスト教徒やユダヤ教徒にも、自らの信仰を守る手段を当然与えるべきだと主張した。彼らが想定していた国家の義務とは、モスクを建設する、施し物の収集と分配を行う、マッカ（メッカ）やマディーナ（メディナ）やエルサレムといった聖地への巡礼を促す、公共の場でのみだらな行為を禁止する、預言者ムハンマドを誹謗中傷したり信仰を汚そうとしたりする者を罰するなどである。さらに、国家は特定のイスラーム解釈に肩入れせず、各法学派を広く保護する義務もあるとされていた。

この中世の遺産によって、現代のムスリムはきわめてやっかいな問題を抱えることになった。それは「宗教を守る国家と宗教を代表する国家のどこがちがうのか」「民主的な政治体制を損なわずに国家は宗教を守れるのか」といった問題だ。たとえば、イギリスでは、一部の法律や慣習法の決まりによって、キリスト教を悪意に満ちた中傷から守ることを国に義務づけている。イスラエルでは、さまざまな条例を定めて、エルサレムをはじめとするいくつかの地域でユダヤ教正統派の慣習や儀式を保護している。イタリアでは、カトリック教会に特権と保護を与える複雑な仕組みがある。またアイルランドはもとより他の西欧諸国でも、カトリックを国家宗教として保護することが憲法によって義務づけられている。とはいえ、何らかの形で宗教を擁護する国家と、サウジアラビアのように、宗教を代表し、強制する国家との間には著しいちがいがある。

今日のムスリムに突きつけられているのは、「民主主義はイスラームと折り合えるのか」「イスラーム独自の政治体制というものがあるのか」「かつて存在したカリフ制を復活・再生させ、ムスリムを単一の政治体制のもとに統合するべきなのか」といった難問である〔訳註・カリフ制＝預言者ムハンマド没後のイスラーム世界の最高指導者（カリフ）による統治システム〕。激しい論争を呼んでいるのは、イスラームが政治に関与できるかどうかということではなく、たとえば次のような点だ。現代国家でシャリーア〔イスラーム法〕がはたすべき正確な役割、イスラーム法学者（「ファキーフ」複数形は「フカハー」）の役割、国家と神との関係、立法上の主権、議会の議決に対する憲法上の制約、さらには、イスラーム政権における人権の位置づけと自由民主主義の必要性。

それぞれの争点に対する考え方は多岐にわたり、厳格主義的色合いが濃いものから穏健なものまである。真のイスラームをめぐって争う二つの主要グループは、数多くの争点でますます対立を深めているが、上述したものはその代表的な例にすぎない。

本書で取り上げた一連の考え方は、イスラームに関する問題、課題、教義などについて思索し、イスラーム世界に限らず、多くの国々のムスリムとかかわってきた私の長年の経験に基づいている。このような考え方をめぐって争いが起こるのは、なにも中東諸国だけではない。世界各国で、真のイスラームをめぐって厳格主義者が穏健派と激しくぶつかり、勢力を拡大することに成功しているのだ。

人生の大半をイスラームの神学と法の研究に捧げてきた私は、その時々で考え方を変えたため、活動家としても研究者としても双方の立場を経験している。では現時点でどう考えているのかと問われれば、こう言わざるをえない。長年にわたり神学と法学に関するイスラーム法源を研究した結果、今では厳格主義の思想にはイスラームの道徳的・倫理的規範が欠けているという確信がある、と。人道主義的な面がなければ真のイスラームとは言えない、つまり、イスラームは思いやり、慈悲、愛、そして美の教えであり、こういった価値観が信仰の中心だと私は確信したのである。といっても、イスラーム法学者、世俗の研究者、そして弁護士としての経験から、私は自分が同意できない立場や見解をも代弁するすべを身につけている。たとえ一方のグループに同意できず、道徳的な反感を抱いているとしても、私は双方を公平に評価するつもりである。

このような問題をめぐる意見の対立は、決して無味乾燥な神学上の論争ではなく、日常の生活にも広範な影響を及ぼすものだ。今われわれに突きつけられているこの問題は、「将来、厳格主義者と穏健派のどちらが、世界第二位の信徒数を誇るイスラームにおいて主導権を握るのか？」という問題に匹敵するほど重大なものなのである。

第2章　現代のイスラームをめぐる問題の根源

社会運動や政治運動と同様、どの宗教にも権威を生み出し規定する一定のプロセスや方法がある。公式・非公式を問わず、権威は何が正式で何が形式にかなうか、また何が拘束力をもつかを明確に定める。つまり、何をよりどころにし、何に従うべきかを決めるものが権威である。イスラームの文脈では、宗教的権威は、何が好ましくないか、何が許容できるか、何が拘束力をもつか、また何を教義と認めるかなどを信徒に伝える。

ところが、現代のムスリムは、権威の危機に見舞われている。権威が失墜し、まったく混沌とした状態に陥っているのだ。その理由は後述するが、さしあたり留意しなければならないのは、イスラームの家（イスラーム国家かどうかにかかわらずムスリムが居住する地域）には、神の代弁者と自称する連中は山ほどいるものの、進んで耳を貸す者はごくわずかしかいない、という事実である。

ついでながら、近代性もしくは現代性（modernity）の概念については、社会学では大いに議論を呼んでいるが、私が「現代（modern era）」と表現するときは、二〇世紀から二一世紀、とくに一九五〇年代以降の時代をさしている。宗教的権威の失墜は、一八世紀の植民地主義の時代、とくに一七九八年のナポレオンによるエジプト侵入から始まった。だがその当時でも、「ウラマー」（宗教学者や法学者）は、フランス軍に対する大規模な反撃に住民を動員する力をもっていた。しかし、二〇世紀以降は、イスラーム世界のほとんどで「ウラマー」はこのような影響力を失い、宗教的権威の危機は顕著なものになった。

欧米諸国には、人質行為、自爆テロ、女性のヴェールといった特定の姿勢や慣例・慣行を、イスラームが支持しているのか非難しているのか、判断しづらいという批判が多い。それと同じ不満の声が、世界各地のムスリムからもあがっている。本や新聞からテレビやラジオの視聴者参加番組に至るまで、さまざまな機会を通じて大勢のムスリムが、イスラームに照らして物事の是非を裁定する説明には矛盾が多い、と訴えているのだ。その訴えはいろいろな問題に関係している。たとえば、前述したもの以外では、秘密結婚やある種の離婚は適法なのか、銀行ローンの利息や住宅ローンが許されるのか、イラクやアフガニスタンでアメリカと戦うべきなのか、占領下のチェチェンやカシミールで苦しむ同胞に何をするべきなのか、といった問題だ。

このような現象は、中東をはじめイスラーム世界の特定地域だけに見られるものではない。これまで私のもとには、中東以外の国に住むムスリムから膨大な量の情報や便りが寄せられている。

それを見れば、マレーシア、インドネシア、パキスタン、インド、バングラデシュ、オーストラリア、それに南アメリカやサハラ以南のアフリカの数カ国などのムスリムも、やはり同じ不満を抱き、どの問題に対しても、議論の余地のない真のイスラームにのっとった立場を見出す方法はないかと悩んでいることがわかる。

現代では、イスラームの名においてなされた主張には矛盾したものが多く、イスラーム法に関して言えば、特定の問題に対する見解が誰に尋ねるかによって異なるのが実情だ。二〇〇一年九月一一日の同時多発テロの後に、ようやく一般の人々もこの現実を痛感したが、これまでに行われた数々の論争でもそれは明らかだった。サルマン・ラシュディ事件〔訳註・一九八八年に発表した小説『悪魔の詩』がイスラームを侮辱するとして、著者のサルマン・ラシュディが、イランのホメイニ師によって死刑宣告を受けた事件〕、ターリバーンによる女性に対する迫害や歴史的・宗教的建造物の破壊、ナイジェリアでの女性に対する石打ちの刑、イランやレバノンでの人質事件、サウジアラビアでの女性に対する不当な扱い、フランスの公立学校でスカーフを着用した女子学生が追放された事件、さらに、エジプト、カナダ、南アフリカ、中国などで宗教指導者や助言者として活躍する女性の存在といった問題をめぐる議論にも、すでにその混乱ぶりははっきりあらわれていたのだ。

宗教的権威をめぐる戦い

前述したように、イスラームには教会がない。これが混乱を招いた一因にはちがいないが、原因はそれだけではない。西洋世界の聖職者にあたる者も存在せず、教皇制度や司祭職に近いものもないのだ。そのかわり、神学校に似た教育施設に通い、宗教学やイスラーム法を学ぶ社会集団がいる。イスラームでは、彼らをいろいろな名前で呼んでいる――アラビア語で「アーリム（複数形はウラマー）」「ファキーフ（複数形はフカハー）」「ムッラー」「シャイフ」「イマーム」など。彼らが受けた専門的な法教育の性質と、法律家や法学の専門家としての歴史的役割から、本書では彼らを「法学者」と呼ぶことにする。現在、法学者はユダヤ教のラビにきわめて近い役割をはたしている。信徒の相談に乗り、結婚式や葬儀を司り、場合によっては宗教裁判所で裁判官も務める。

このような法学者の見解は、権威をもち説得力を発揮するが、強制的なものではなく、拘束力もない。「ファトワー（複数形はファタワ）」という名で知られるこの法判断は、私事に対しても公事に対しても示される。古典時代には、厳しい資格審査に合格しなければ、法学者は「ファトワー」を出せなかったし、深刻な問題になればなるほど法学者に高い能力が求められた。ところが現代では、このような審査を実施する機関は崩壊し、もはや存在していない。今やほとんど誰もが、法的・社会的手続きに煩わされる心配もなく、自ら「ムフティー」〔イスラーム法の専門家〕であると宣言して「ファトワー」を出すことができるのである。

「ファトワー」が出されても、ムスリムがそれを信頼するとはかぎらない。受け入れるか拒否するかは、もっぱら一人一人の判断にかかっているのだ。ある法学者の学識と判断力を尊重し、その「ファトワー」に従うグループもあれば、理由はどうあれ、正しいとは考えず、まったく無視するグループもある。ただし、「ファトワー」を受け入れるかどうかの判断は、気まぐれや気分で行うべきものではない。各「ファトワー」をよく検討し、まぎれもなく神の意志であると納得できる場合にかぎり、それに従わなければならない。それぞれの「ファトワー」は、一人の法学者が示した神の意志に関する見解だが、それをうのみにするかどうかは受け取る側の問題なのだ。

イスラーム法によれば、教えを実践しているムスリムは、「ファトワー」を発する法学者の資格や能力はもちろん、その解釈を裏づける証拠にもある程度注意を払って調査したうえで、受け入れるかどうかを決めなければならないとされている。イスラーム法の専門家を自任する者が激増し、「ムフティー」の適性を審査するための信頼できる機関が存在しない現在、イスラーム法の世界は完全に混乱状態に陥っている。とくにインターネットが登場してからは、法学者ではなく、医師、エンジニア、コンピュータ科学者といった人々によって出されるファトワーが圧倒的多数を占めている。(原註1) このような法学上の混乱状態は、良心的なムスリムはもちろん、一般のムスリム以外の人にとってもわかりにくいし、頭を悩ます問題でもある。

植民地時代以前の、とくに九世紀から一八世紀までは、法学者がイスラームにおいて宗教的権威の中心的な役割を担っていた。伝統的に法学派によって見解が異なり、つねに論争や対立が起きていたものの、法学者集団がイスラーム解釈上の権限を握り、何が正統で法にかなっているかを共同で判断していた。また、イスラーム世界のいたるところに、個人的財産の寄進制度（「ワクフ」〔複数形はアウカーフ〕）があり、各地の高等教育機関に資金を供給していた。ほとんどの場合、こうしたワクフは民間の慈善家（女性が多かった）によって設立された。事実上、この教育機関は法律学校の役割をはたし、そこで法学者たちはイスラーム法学を厳しく仕込まれたのである。

イスラーム法は、ローマ法、英米法、ユダヤ法などに匹敵するほど複雑な法体系だ。西欧の学者は、世俗的な法律制度とイスラーム法のちがいを、よくこう説明する。世俗法は主権者である「人間」の命令に基づいているのに対し、イスラーム法は主権者である「神」の命令に基づいている、と。理論的な面だけを考えれば、この主張はある程度当たっているが、あまりに単純化しすぎて、どちらかといえばイスラーム法をつくり出した人間の力を軽視している。世俗法とちがって、イスラーム法は神と人間の関係にかかわる問題――礼拝、断食、喜捨《きしゃ》、巡礼などの儀礼的慣行にかかわる問題（「イバーダート」）――を扱うが、世俗法と同様に、社会的・政治的相互関係や人間関係にかかわる問題（「ムアーマラート」）も扱う。ムアーマラート法で扱われる問題は多岐にわたる。たとえば、結婚と離婚、遺産相続、犯罪行為、契約、商取引、憲法、国際法などだ。

イスラームの法学理論によれば、イバーダートであれムアーマラートであれ、あらゆる法は人々に快適な生活をもたらし、公正さを実現し、善行を勧め悪を禁じるものでなければならない。これがイスラーム法の究極的な目的であり、またイスラーム法学の本質的な目的とも言われている。実際、ムスリムの法学者は、この究極の目的を促し、実現する使命がある。

世俗的な法律制度とちがって、イスラーム法は政治権力の明確な意向によって制定されたわけではない。正確には、法学者たちがかなり複雑なルールに従って諸々の法源を解釈し、一定の方法論を適用した結果生まれたものだ。法源は主に四つある。一つは、その一字一句がまぎれもない神の言葉とムスリムが信じるクルアーン。二つめは、預言者とその教友たちの行為や言葉に関する伝承であるスンナ。三つめは、類推による法判断。これは、事実上、前例に従って、過去の法判断をよく似た事案に適用することをさしている。四つめは法学者の合意（預言者の教友の合意、または法学者ではなくムスリム全体の合意という考え方もある）。四つの法源以外に、公平、公益、習慣なども裁定のよりどころになる場合がある。

確かに、法体系を構築する際に法学者が依拠する法源を総括すればこうなるが、各々の正確な意味や適用については度重なる議論と意見の対立があった、という事実にも留意しておきたい。たとえば、理性も法判断のよりどころだと考える法学者が、とりわけシーア派には大勢いた。

英米法の法体系と同様、イスラーム法として知られる一連の法判断や裁定を生み出す際にも、法学者が主要な役割をはたした。理論上、法学者は神の法を研究し、解釈するのはもちろん、有効か無効か、適法か違法か、何をとり何を棄てるか、何に頼り何を排除すべきか、といった諸々の裁定にかなり自由裁量権を行使できた。イスラーム法はほとんど法的推論と法解釈の産物と言えるものであり、どの重要問題に対しても、一様に正当性を主張する数多くの法的見解が提示される。初期の数世紀には、方法論と解釈のちがいから優に三〇を越える法学派が乱立し、信徒の心をつかもうと競い合っていた。激しく競合していたにもかかわらず、すべての学派が等しく合法的で正統的だとみなされていた。このような各学派の法的見解をはじめ、主義主張や方法論をすべて総合したものが、シャリーア（聖なる法）と呼ばれるようになったのである。イスラームの古典時代には、シャリーアをつくるのは法学者だけに許された特権であり、国家は介入できなかった。国家が制定した法律は取締規則と考えられ、シャリーアの一部とはみなされなかった。

一〇世紀になると、ほとんどのイスラーム法学者が、スンナ派四大法学派のいずれかで訓練を受けるようになっていた。シャーフィイー派、マーリク派、ハナフィー派、ハンバル派という四大法学派のそれぞれが正統な学派と公認されていたので、信徒たちはどの学派に従ってもよかった（他の多くの法学派は、さまざまな理由で消滅していた）。シーア派の法学者のほうは、神学上の見解に応じてジャアファル派やザイド派で訓練を受けるのがふつうだったが、スンナ派の法学派に所属する場合もあった。(原註2)

法学者をめざす学生は、教育機関か、優れた法学者について何年も法を学んだ。その後、教師たちから必要な免許（「イジャーザ」）を授かって、やっとその地位を獲得し、シャリーアの専門家として認められたのである。卒業生は多くの就業機会に恵まれ、そのどれもが社会的名声を得られるようなものばかりだった。法学者になれば、法律の教授、裁判官、裁判所書記官などはもとより、国の行政にたずさわる高級官僚にもなれた。しかし、重要なのは、公的な地位や役職にかかわらず、教育や著作を通じてもっとも大衆から支持され、信頼と敬意を勝ち得た法学者が、やはり最高の社会的名声を獲得し、イスラームの正統性の定義に最大の影響力を及ぼしたということだ。

シャリーアはきわめて多様性に富んでいた。実は、どれほど豊かで多様性に富んでいたかを現代の読者に伝えるのはむずかしい。それに匹敵するほど豊かな法的伝統をもっているものと言えば、やはり多くの解釈法があり、さまざまな説が競合するユダヤ教のラビ教義くらいしか私の頭には思い浮かばない。ラビ教義の場合と同様、イスラーム法の学生は、どの法的事項に関しても解釈や見解をあれこれと幅広く検討し、またイスラーム法のさまざまな賢者たちは、労をいとわず大勢の学生たちを心服させようと努めた。そして、さらにその学生たちが、師の知的遺産を広め、発展させることに尽力した。ラビ教義は、さまざまな賢者、方法論、法判断などが競合しながら、それ自体がユダヤ法をあらわしている。それと同様、シャリーアにも、広範にわたる倫理的・道徳的理念、方法論、対立し競合する法判断などが含まれており、この豊かで柔軟性のある法的基盤全体が、神の法、つまりイスラーム法とみなされたのである。

実際に、イスラーム法関連の私個人の蔵書を例にとって、具体的に説明したほうがわかりやすいだろう。私の蔵書は約五万冊あるが、その大部分が一六世紀以前に書かれたものであり、中には九世紀頃のものもある。多彩な方法論や学派、それに数世紀にわたって書かれた見解の数々がその中に記録されている。数巻からなる書物が多く、全五〇巻もの大作もある。学生たちには何度も言い聞かせていることだが、五万冊の書物が、すべて同じ考えや教義をくりかえし提示しているわけではない。それどころか、一冊一冊の書物が、それぞれ異なる独特の考え方や教義を示しているのだ。法的に言えば、法学書に示されたこの多様性が、結果的に異なる法的規定を生むことになった。たとえば、法学者の中でも、女性が裁判官を務めるのを認めない者もいれば認める者もいた。多くの法学者は、女性が礼拝の導師を務めることを禁じていたが、許可する者もわずかながらいた。これほど多様性に富み、内容豊かな蔵書があっても、いつか入手したいと思っている文献がまだ何百冊（何千冊とは言わないが）もあるのだ。というのは、どうしても知りたい見解や考え方がまだたくさんあるからだ。残念ながら、この種の文献は出版されず、手稿の形で残っているものが多い。いずれにせよ、こういった文献や私の蔵書などを全部ひっくるめたものが、ふつうシャリーアと呼ばれているのである。

シャリーア——神の道の象徴であり、神の命令に関する解釈の集成とも言うべき法——は、民族、国籍、政治体制などのちがいにもかかわらず、多様なイスラーム国家を団結させる象徴的な役割を担っていた。シャリーアは全世界の信徒を一つの共同体にまとめるシンボルとなり、法学者はシャリーアを守っていた。古典時代を通じて、イスラーム帝国は数多くの公国や王国に分かれ、それぞれ別の首長、スルタン〔一一世紀以降のスンナ派イスラーム王朝の君主の称号〕、カリフ

（二五ページ参照）などに統治されていたため、ときにはお互いの間で軍事衝突も起きた。それでも、シャリーアがムスリム共同体の超越的シンボルであることには変わりがなく、その守護者である法学者も、世俗的な政治的対立、軍事衝突、権力闘争などにかかわることはなかった。所属する学派はちがっても、法学者たちはそのように、宗教的権威の中心になっていたのである。

一八世紀に西欧諸国が植民地主義を導入するとともに、イスラームの宗教的権威を構成するこの複雑なシステム全体が、崩壊し始める。植民地化政策とは無関係の、不完全な税制やまとまりのない軍隊といった国内制度は、とっくの昔に荒廃の一途をたどっていたが、オスマン帝国をはじめとするイスラーム陣営の度重なる軍事的敗北によって、シャリーアが大きな痛手を受けていなければ、そのうち改善される可能性があったのではないかと考えられる。この時代の法学者は、ゆっくりだが確実に、社会での特権的地位を失っていった。それと同時に、イスラーム社会におけるシャリーアの権威も、大きく損なわれることになった。

近代化に後押しされた植民地主義によって、西洋教育を受けた新しい世俗的な専門家集団が誕生した。改革という名のもとに、シャリーアが西洋的な法律制度に取って代わられる一方で、西洋型の法律学校で教育を受けた法律家集団があらわれたのだ。しかしながら、法学者とシャリーアに本当に打撃を与えたのは、植民地独立後の時代に宗主国《そうしゅ》が任命した現地の統治者だった。とくに一九五〇年代から六〇年代にかけては、軍人がイスラーム国家の統治者になるケースが多々あったが、彼らは、西洋の軍事理論に従って組織された世俗的な軍隊で訓練を受けていた。つまり、統治者のほとんどが西洋教育を受け、世俗的なナショナリズムの影響を受けていたのである。これがまさに壊滅的な打撃をもたらすことになった。イスラーム学校に資金を供給していた寄進制度（「ワクフ」）は国営化され、その財産は国に接収された。大半の国で、シャリーアの役割が厳しく限定され、西洋的な世俗的法律制度に置き換えられた。イスラーム学校の多くが閉鎖され、現在ではほとんどがおざなりの観光名所になっている。エジプトのアズハルのような教育機関は国営化され、教授陣の任免権を国が握るようになった。

このような変化とともに、イスラーム学校の卒業生の就業機会は大幅に減り、次第に法学者は、もっぱら国の管轄のもとに働く役人とみなされるようになった。しかしその背後には、現代の学者が見落としがちな別の経緯があった。国家がイスラーム学校のカリキュラムを慎重に再検討し、知的指導者を輩出しにくい教育内容に全面的に変更したのだ。「ウラマー（法学者）」が受けたそのような教育では、社会に出ても限られた役割しかはたせず、モスクで礼拝の導師を務めるか、金曜礼拝で説教をするか、よくて私法の裁判官になるのが関の山だった。

さらに、法学者の社会的・政治的役割を制限するため、国家は二重に手を打った。イスラーム学校の教育レベルを落とすと同時に、職についた法学者の賃金を低く抑える政策をとったのだ。ほとんどのイスラーム諸国では、国が監視役となって、一部の教授職を廃止する、教科や書物に制約をもうける、規則に従わない者や、形はどうあれ国に反抗する者を解雇するなど、さまざまな方法によって「ウラマー」がイスラームの知的遺産に近づくのを規制しようとした。その上、学校の教育レベルが落ち、卒業しても高収入を得られる見込みもないとあっては、優秀な学生が集まるはずがない。すでにイスラーム学校では、法学理論、法諺《ほうげん》、判例、解釈学、修辞学、訴訟手続論など、通常の法律学校のカリキュラムにあるような教科は教えられていなかった。したがって、このような学校の卒業生たちは、もはやどんな意味においても、法学者でもないし法律の専門家でもなかったのである。

事実上、「ウラマー」は西洋の聖職者に近い存在になり、社会の片隅で宗教上の助言者としての務めをはたしてはいたものの、社会的・政治的政策に大きな影響を及ぼす力をすでに失っていた。ほとんどのイスラーム諸国で西洋的な法律制度が導入されたが、結局、法律を定義し執行する権限は、法学者から西洋型の世俗的な法律学校で教育を受けた法律家の手に移されていった。(原註3)

このようにして、現代のイスラーム世界に宗教的権威の空白状態が生まれた。イスラームの学問と権威にかかわる伝統的な諸制度が崩壊したことにより、イスラームの真正さを規定するメカニズムが、事実上無政府状態に陥ったのだ。一九世紀から二〇世紀の初頭にかけて、シャリーアの権威が失われつつあることに気づいた法学者の中に、自由主義的なプログラムに従ってシャリーアを改革し、最悪の事態を食い止めようとする者が大勢あらわれた。その代表的な人物には、タフターウィー(一八七三年没)、アブドゥ(一九〇五年没)、ラシード・リダー(一九三五年没)、カワーキビー(一九〇二年没)、アフガーニー(一八九七年没)、アリー・ジャラール・サヌアーニー(一八一〇年没)、シャウカーニー（一八三四年没)、マラーギー（一九四五年没)、イクバール（一九三八年没）などがいた。こういった法学者たちは、イスラーム法を解釈し直し、女性の権利、公民権や人権、民主政治、経済的公平といった現代の困難な問題にも対応できるものにしようと考えたのである。(原註4)

彼らの知的努力には頭が下がるが、このリベラルな改革が、イスラーム史にどれほどの影響を及ぼしたのかは正確に評価しにくい。制度的には、当時の政治情勢によって、この改革はなおざりにされ重要なものとはみなされなかった。改革を訴えていたのは、ほとんどが大衆運動とは無縁の法学者などの学者だったが、彼らが対処しようとしていた宗教的権威の空白は、リベラルな法学者とは似ても似つかぬ人間が率いる大衆運動によって、すぐに埋められることになる。

短期的に見れば、このリベラルな改革は大した影響をもたらさなかったと断定したくなるのは無理はない。だが、そう決めつけるのも性急すぎるように思われる。リベラルな改革主義者に触発され、後を引き継ぐ者が出てきたからだ。アブドゥル・マージド・サリーム（一九五四年没）、マフムト・シャルトゥート（一九六三年没）、ムハンマド・ガザーリー（一九九六年没）、ムハンマド・ウマラ、スブヒー・アル・マフマッサーニー、サンフーリー（一九七一年没）、サリーム・アル・アワー、アフマド・ハサン（一九五八年没）、ファズルル・ラフマーン（一九八八年没）など、先達の成果に基づいて改革を主張する学者が、二〇世紀初頭から一〇年単位であらわれているのだ。

このような改革者は、現代のイスラーム穏健派に大きな影響を与えている。その証拠に、彼らの見解の中には、提示された当初は大変な論争を引き起こしたにもかかわらず、今では穏健派にとって当たり前の考え方になっているものがある。植民地独立後の時代に生まれた権威の空白を埋めることはできなかったものの、彼らの考え方は、私がイスラーム穏健派と呼ぶ勢力の思想を触発し、発展させた。今日、現代イスラームの権威の空白を埋めようとする厳格主義者に異を唱えているのは、まさにこの穏健派なのだ。(原註5)

宗教的権威の空白の本質

一九三三年、著名な法学者ユースフ・アル・ディッジャーウィー(原註6)(一三六五〔イスラーム暦(ヒジュラ暦)、以下同〕／一九四六年没)は、厳格主義的立場に立つ諸々のグループを非難する文章を発表し、無念の思いをこう述べている。(原註7)イスラーム法学の素養に乏しい人間が、シャリーアの専門家を勝手に自称するのはイスラームの伝統をばかにしている、と。ディッジャーウィーの懸念は事実に基づいていたが、この後、事態がこれほど悪化するとは彼も想像できなかっただろう。

宗教的権威の空白状態とは、イスラームを代表する権威者が「皆無」であるという意味ではない。むしろ、少しでもクルアーンや預言者の慣行に関する知識があるムスリムは、事実上誰でも、イスラームの教えやシャリーアの権威になるチャンスがあるということだ(過去の前例や業績に精通していない者ですら例外ではない)。この自称専門家には、エンジニア、医師、物理学者などが多い。現に、ムスリム同胞団やアル・カーイダといったイスラーム勢力のリーダーは、たいていエンジニアか医師である。

独学の自称「法学者」たちによって、イスラームの遺産はきわめて底の浅いものになり、知的文化の水準は前例がないほど低下した。悲しいことに、イスラーム法と神学は、時事問題の片手間に取り組む余技に成り下がっているのが実情だ。なおざりにされ、片隅に追いやられたイスラーム法は、今や敬虔を装う作り話や粗雑な一般論が生まれる絶好の土壌となり、複雑な解釈と高度な方法論によって社会的法的問題を分析するための法的規範ではなくなっているのである。

ラビ教義が突然ユダヤ人のエンジニアや医師に乗っ取られたと想像してみれば、状況を把握しやすくなる。そうなったとたん、ラビ教義は脈絡のない逸話と瞑想的な空論でしかなくなるはずだ。全体的な結果がどうなろうと、まとまった形で受け継がれてきたラビ教義は失われるだろう。

イスラームにおいて自称専門家が我が物顔でのさばるのは、シャリーア自体の矛盾した性質にも原因がある。前述したとおり、シャリーアは専門的な法に関する方法論、前例、判決などの集大成である一方、イスラームのアイデンティティをあらわす強力なシンボルでもある。専門の法学者にとっては、複雑な手続きと専門用語に満ちた法体系であっても、ふつうの信徒には、イスラームの真正さと正当性をあらわすシンボルなのだ。イスラーム史を通じて、平信徒《ひら》（シャリーアに関する専門知識が乏しいと思われるムスリム）は、シャリーアを全能の神と人間を結ぶ神聖な絆として敬ってきた。たとえば、著名なムスリムの法学者イブン・カイイム（七五一／一三五〇〜五一年没）は、名高い文章の中で、いかにシャリーアが崇められ敬愛されてきたかを次のように記している。

シャリーアは、神が自らの僕《しもべ》に正義を、自ら造られたものに慈悲をお示しになったものである。それはこの世にうつし出された神の御影である。神に至る道がもっとも明確に示された知恵であり、預言者ムハンマドが神の使いであるという確かな証拠である。道を求める者を照らす神の光明であり、正しい道を歩むための神の導きである。あらゆる苦しみに対する絶対的な救いであり、正義へ通じるまっすぐな道である。(……)命や食物と言ってもいいし、薬、光明、治療法、身を守る方法と言ってもいい。この世のありとあらゆる幸福がシャリーアから生まれ、シャリーアを通じて達成されるが、シャリーアをないがしろにすれば、ありとあらゆる不幸が生じる。法がまったく実践されなくなっていたとすれば、この世界はとっくに堕落し、今頃はすべての人類が姿を消しているだろう。(……)もしも神がこの世を滅ぼし、生命を消し去ることをお望みになれば、シャリーアも跡形もなく失われるはずである。なぜなら、シャリーアは神が預言者ムハンマドを通じて人間にお与えになったものであり(……)人間にとっては、現世と来世で生きるための支えであり成功の鍵であるからだ。(原註8)

この文章でイブン・カイイムは、シャリーアが厳密な解釈に従う法体系ではなく、一つのシンボルとしての役割を担っていると述べている。つまり、非常に多様で多元的であるにもかかわらず、ムスリムの統一的なアイデンティティをあらわしているというのである。厳格主義グループの活動家や指導者は、多くの大衆の支持を得るためには、シャリーアのこのシンボルとしての役割と大衆の心情に訴えて行動を促す力を利用する必要がある、と考えるようになった。

実際、一九七〇年代には、エジプト、ヨルダン、パキスタン、マレーシア、インドネシア、スーダンといった国々の政府が共謀して、さまざまなイスラーム勢力を支援した。これは、マルクス主義者と左翼組織の勢力拡大を阻止しようとしたものだが、ムスリムに対してシャリーアという旗印のもとに結集を促すイスラーム勢力を支持する姿勢を示せば、自らの権力地盤を強化できるという思惑もあった。

しかしながら、世俗政権と厳格主義勢力のこの幸福な関係は、長くは続かなかった。というのは、まもなくこのような政府も、世俗政権の安定にとって厳格主義勢力が重大な脅威になる、と気づいたからである。多くの専制的なイスラーム国家にとって、一九七九年に起こったイラン革命は、まさに青天の霹靂《へきれき》であり、大衆を動かし、強力な世俗政権を転覆させるシャリーアの力を、恐ろしいほど思い知らされる出来事だった。また、一九八一年に起きた、厳格主義者によるエジプトのサーダート（サダト）大統領暗殺事件も、厳格主義勢力に対する不安と反感をあおる結果になった。

一九八〇年代の初めには、厳格主義の脅威を一掃するため、数多くの政府がすでにつかの間の蜜月関係を解消し、激しい弾圧に乗り出している。だが政治的弾圧は、かえって厳格主義勢力を尖鋭化させただけだった。おまけに、不当な残虐行為の「被害者」とみなされた彼らに対して、幅広い層から同情が寄せられる結果にもなった。一九七〇年代から八〇年代の初めにかけて、大方のムスリムが同情を示したのは、堕落した専制政権の弾圧に対する抗議表明であり、必ずしも厳格主義者のイスラーム解釈を受け入れていたわけではない。

しかし、厳格主義者がシャリーアを正統性の強力なシンボルとして利用し、現在の宗教的権威の空白を埋めようとしたのは、政治的弾圧だけが原因ではない。実は他にも歴史的背景があったのだ。

一九六〇年代から七〇年代のイスラーム世界、とくに中東地域では、ナショナリズムと反植民地運動が盛り上がりを見せていた。中でも、世俗主義的イデオロギーのアラブ・ナショナリズムと汎アラブ主義を掲げる国々は、イスラームが発展と進歩を妨げ、近代化のじゃまになると考えていた。そのため、その社会的影響力と大衆を動員する力を考慮して、厳しくイスラームを規制し、自らの理想の実現に利用しようともくろんだ。たとえば、エジプトの大統領ガマル・アブドゥル・ナセルは、かつての名門アズハル大学を完全に国の管理下に置き、官僚機構の一翼を担わせようとした（ナセルはまた、ムスリム同胞団などのイスラーム主義グループを厳しく弾圧した）。(原註9) 最近の例を挙げれば、熱狂的世俗主義のバース党の指導者サッダーム（サダム）・フセインが、イラク国旗に「神は偉大なり」という文字を書き加えて国民にジハードを呼びかけ、自らの政権を守ろうとしたが、結局失敗に終わっている。

サッダーム・フセインのケースと同様、一九五〇年代から六〇年代にかけて、恥も外聞もなく機に乗じてイスラームを利用する動きがあったものの、やはり信頼性に欠け、かえって宗教的権威に対する危機感を高めたにすぎなかった。一九六七年の第三次中東戦争でアラブ諸国がイスラエルに敗北を喫すると、イスラーム国家の全体的な弱さが浮き彫りになり、事態はますます悪化する。この戦争によって、アラブ・ナショナリズムと汎アラブ主義の信頼性も大きく損なわれた。だがそれよりも、エルサレムをイスラエルに奪われたことが、アラブ諸国ばかりか世界中のムスリムに衝撃を与えた。

この事件にムスリムが心を痛めた背景には、歴史的に根の深い問題がある。たとえば、一一八七年、サラディン（サラーフ・アッディーン）が十字軍を破ってエルサレムを奪回すると、ダマスカスの法官はアクサー・モスク〔岩のドームと呼ばれる聖地の南側に位置するモスク。一八四ページ参照〕に立って、「サラディンの偉業によってイスラームは威厳を取り戻せた」と褒め称えたという。したがって、アクサー・モスクがイスラエルの手に渡ると、大勢のムスリムがイスラームはかつての栄光を失ったと感じ、危機に瀕しているとさえ思う者もいたのである。

敗戦と、その結果生じたイスラーム諸国の威信の低下によって、既存の政治体制に対する不満が広がっただけでなく、イスラームの正統性の危機が一段と深刻さを増した。エルサレムを失ったことに加え、ムスリムの間に、世俗政権は国を発展させることも自分たちの失われた誇りを取り戻すこともできなかった、という思いが広がった結果、一九七〇年代から八〇年代にかけて、イスラーム復興、イスラーム再生などと一部で呼ばれる現象があらわれた。しかし、大衆運動としてのイスラーム復興は、多くの場合、宗教的権威の空白につけ込む自称シャリーア専門家に先導されたものだった。ムスリムとしての誇りを著しく傷つけられたにもかかわらず、この自称専門家たちには、イスラームの法と思想をさらに完全なものにしたり発展させたりする気はなかった。次第に彼らの関心は、イスラームの教えを権力の象徴として利用し、その大衆に訴える力を強化することに集中していった。そのねらいは、あくまでもイスラームを抵抗と反逆のシンボルにして蔓延する無力感を克服し、ムスリムとしての誇りを取り戻すことにあった。またこのような姿勢は、世界の覇権を握る欧米への抵抗を示す手段にもなり、政治的・社会的・文化的自立を求める世界各国のムスリムの強い願望をあらわす手段にもなった。

こうなると、政治的な目標やナショナリズムの大義が重視され、イスラームの教えは二の次になる。そして、その影響は二つの面であらわれた。一つは、気まぐれで変わりやすい政治目標にたえず振り回されるうちに、イスラーム法をはじめイスラームの知的遺産の質的低下と解体が進んだこと。もう一つは、イスラームが特定の政治運動との結びつきを深めたという印象を与えたため、欧米でイスラームの問題を考える場合、こういった政治運動を度外視するのがむずかしくなったということだ。

何より顕著にこの影響があらわれているのは、パレスチナ問題（イスラエル・パレスチナ紛争）だ。その証拠に、この紛争に及ぼす影響という観点からしか、イスラームを考えられない者が欧米には少なくない。私は大学でイスラーム法学を教えているときにこの問題によく出くわす。この授業には、イスラーム法の講座ならきっとパレスチナ問題を中心に取り上げるだろう、と期待して登録する学生が多い。残念ながらこの問題を扱うつもりはない、と私が発表すると、かなりの数の学生がいつの間にか来なくなる。また、これも典型的な例だが、私が参加したかぎり、イエール大学法学部が毎年開催するイスラーム法に関する優れた国際シンポジウムでは、すべての議論がパレスチナ問題に費やされていた。

政治問題や政治運動とのからみで混乱が生じるのは、残念だが無理はない。それはともかく、イスラーム思想に関するかぎり、きわめて弱体化した知的風土が、諸々の「狂信的」大衆運動に利用されやすい状況を招いたと言える。中でも、「サラフィー主義」と「ワッハーブ運動」と呼ばれる二つの大衆運動が、とくに大きな勢力になる宿命を負っていた。しかし強調しておきたいのは、このような状況を勢力拡大のチャンスとみなしたのはこの二つだけではないということだ。実際に多くの大衆運動が各地で起こっていたからこそ、イスラーム世界は耐えがたいほどの混乱状態に悩まされているのである。そうは言っても、一九八〇年代以降、ほとんどのイスラーム諸国で、サラフィー主義とワッハーブ運動が厳格主義勢力の中でとくに大きな力をもつようになり、現在の厳格主義の神学理論にもっとも広範な影響を与えたのは間違いない。結局、この二つが他を圧してイスラーム厳格主義を代表する勢力になったのである。

第3章　初期のイスラーム厳格主義

ワッハーブ派の起源

イスラーム厳格主義について語るには、ワッハーブ派から始めるのが順当だろう。九・一一同時多発テロや世界を震え上がらせるようなアル・カーイダのテロ行為を目の当たりにしても、現代のムスリムの考え方に、ワッハーブ派の影響がどれほどあるのかははっきりしないが、現存する厳格主義勢力のすべてがその影響を受けているのは間違いない。ターリバーンやアル・カーイダなど、ある程度国際的に悪名が高いグループは、例外なくワッハーブ派の思想に大きな影響を受けている。

ワッハーブ派神学理論の基盤をつくったのは、一八世紀の宗教家ムハンマド・イブン・アブドゥルワッハーブ（一二〇六／一七九二年没）である。アブドゥルワッハーブの主張は、「ムスリムはイスラームのまっすぐな道を踏みはずし、堕落した。それゆえ、神の恵みを再び受けるには唯一真正なイスラームに戻るしかない」というものだった。イスラームに不正な要素がまぎれ込んでいると考えていた彼は、ひたすら厳しい態度で一つ残らずそれを正そうとした。その不正とは、正道を逸脱した革新、と彼が考えていた数々の預言者慣行はもとより、神秘主義、聖者信仰、合理主義、シーア派の教義などをさしていた。

すでにアブドゥルワッハーブの時代には、近代性によって現実に対する認識が世界各地で大きく変化していた。あらゆる面で絶対主義的な考え方が揺らぎ始め、科学的経験主義が重視されるようになっていたのだ。それとともに、社会的・経済的諸制度もかなり複雑化したため、発展と近代化をめざして四苦八苦する伝統的社会の疎外感が強まった。

イスラーム世界では、従来の体制を揺るがす近代性への対応の仕方は、社会や文化によって、また思想的立場によって異なっていた。たとえば、トルコのケマル・アタチュルク〔一八八一～一九三八　トルコの初代大統領〕の理念を支持するケマリスト運動のように、西欧化してイスラームからできるかぎり離れようとする動きもあれば、西洋文化を拒否しながらも、科学的・合理的思考はイスラームの倫理観と完全に一致する、と強調してイスラームと近代主義を融合させようとする試みもあった。

ワッハーブ派は、この道徳的・社会的不安を招きかねない圧倒的な力からすばやく避難し、特定のイスラーム法源にすがりついて安心立命を得ようとした。あるいは、近代性の挑戦と脅威から身を守るため、しいてイスラームの原典に、公私にわたるほぼすべての問題に対する明確な正しい解答を見出そうとしていたとも言える（原註1）。

ワッハーブ運動は、あらゆる種類の主知主義、神秘主義、分派主義などに対して極度の敵意を示した。こうした思想は例外なく正道を逸脱し、非イスラーム的思想の影響を受けてイスラームにまぎれ込んだものとみなされたからだ。ワッハーブ派は、厳密な意味でアラブ世界に属していないものを本質的に疑わしいと決めつける傾向があり、非イスラーム的な影響は、ペルシア、トルコ、ギリシアといった国に由来すると考えていた。たとえば、スーフィズムはペルシアから、聖者信仰や聖墓崇拝はトルコから、また合理主義や哲学はギリシアからそれぞれ入ってきたものとされた（原註2）。このような主張はあまりに単純すぎるし、不正確でもあるが、ベドウィン〔アラブの遊牧民族〕の生活で実践されるような厳しい文化的慣行こそ唯一真正のイスラームだ、とワッハーブ派がつねに考えてきたことは間違いない（原註3）。

ワッハーブ派は、本来のものとされる素朴で純粋なイスラームに立ち戻る必要があると主張した。預言者ムハンマドの教えと範例を忠実に実践し、正しい儀式的慣行を厳しく守れば、本来のイスラームは完全に再生可能だというのだ。実際、クルアーンとスンナ〔預言者ムハンマドとその教友たちの範例・慣行〕に忠実に従えば、預言者ムハンマドがマディーナで築いた都市国家のようなユートピアが実現できるし、ムスリムが神の命令に従って正しい信仰に戻れば、もう一度神の恩寵を得て、欧米に後れをとることもイスラーム世界全体が屈辱感を味わうこともなくなると考えていた。またワッハーブ派は、多様な学派に等しく正統性を認めてきた昔からの習慣を拒否したばかりでなく、見解の相違を認める問題の範囲を大幅に制限しようとした。彼らが正統性を厳密に規定したのは、複数の意見をすべて合法的で有効だと認めるそれまでの習慣が、ムスリムの分裂を招いた一因であり、イスラーム世界の後進性や弱点の原因でもあると考えたからである。

アブドゥルワッハーブとその信奉者は、中世以降の著名な法学者たちを異端者とみなし、たびたび言葉をつくして激しく非難したばかりか、意見が合わない大勢の法学者の処刑や暗殺も命じた。(原註4) 著作の中で、アブドゥルワッハーブが法学者を「悪魔」(「シャイターン」)や「悪魔の落とし子」と呼んでくりかえし罵倒したため、ワッハーブ派は優れた法学者の名声や威光を汚すことに何の抵抗も感じなくなっていた。(原註5) 彼らによれば、法学者の大半は——彼らが高く評価していたイブン・タイミーヤ(七二八/一三二八年没)など、若干の例外はあるが——堕落しているので、従来の法学派や同時代の法学者に従うのは異端的行為である。(原註6) 厳格な直解主義者以外の者——つまり、理性的な法解釈をしていると疑われた者や、合理主義的な分析法を法解釈に持ち込んだ者は——みな異端者とみなされた。ワッハーブ派が「カーフィル(不信心者、異教徒)」とあからさまに非難した中世の法学者の中には、ファッフルディーン・ラーズィー(六〇六/一二一〇年没)のような著名な者もいた。これは、合理的な方法に基づいて神の法を解釈した不信心者として、ユダヤ教徒が律法学者マイモニデスを非難し、カトリック教徒がトマス・アクィナスを非難するようなものである。さらに、シーア派およびシーア派に同調していると疑われた法学者も、例外なく異教徒呼ばわりをされた。ムスリムにとって異教徒と呼ばれることは重大な意味をもっていた。というのは異教徒は当然背教者として扱われることになり、殺されたり処刑されたりしても法的に問題はなかったからである。(原註7)

アブドゥルワッハーブも自ら進んで、不信心者の証しとなる偽善的な言動の例を詳細にわたって示している。たとえば、パンや肉を消費することが違法であると主張するムスリムは異教徒だとみなされる。なぜなら、それはイスラーム法では合法的な行為と認められているからだというのだ。こういう理由で異教徒と判断されて殺される場合もあった。(原註8)

アブドゥルワッハーブは、ムスリムに中道はなく、真の信徒でなければ偽の信徒だと一貫して説いた。そして真の信徒でないと判断すれば、容赦なく異教徒と宣告し、それ相応の扱い方をした。陰に陽に真の信仰を疑われるような行為をする、あるいは陰に陽に「神以外の存在を崇拝する」(不変にして唯一神の存在を信じない、多神教的慣行を意味する)(原註9)ムスリムは、異教徒とみなされ殺されても仕方がないとされた。また、合理主義に迎合し、軽薄な娯楽(音楽、美術、非イスラーム的詩歌など)に溺れるのは、間違いなく多神教的傾向のあらわれであり、イスラームの価値観を否定するものと受け取られた。

アブドゥルワッハーブはまた、非ムスリムにも敵意をむき出しにし、ムスリムは非ムスリムの習慣を何一つ採り入れるべきではなく、友人にしてもいけないと主張した。ムスリム以外の人間がムスリムの言動をどう思うかなど、まったく気にする必要はないし、感銘を受けようが承認しようがどうでもいいことだと考えていた。注目すべきことに、彼はキリスト教徒やユダヤ教徒ばかりでなく、その言動によってイスラームを裏切った（と彼が判断する）ムスリムも異教徒とみなしていた。[原註10] それどころか、キリスト教徒やユダヤ教徒に比べて、背教の罪を犯したムスリムのほうが「罪が重い」のは、その異端的言動がイスラームにかえって打撃を与えるからだという。[原註11]

　ムスリムが非ムスリムの思想や習慣に惹《ひ》かれるのは精神的弱さの証しである、というアブドゥルワッハーブの主張も重要だ。「アル・ワラ・ワ・アル・バラ」（忠誠と離反の教義）として知られている教義に従って、彼はこう述べている。ムスリムは非ムスリムや異端のムスリムと手を結んだり親しく交わったりしてはならない。また、この憎悪と敵意をはっきりわかるように示さなければならない、と。[原註12] 具体的に言えば、ムスリムが先に非ムスリムに挨拶をするのは禁じられている。挨拶を返す際にも、「あなたに平安がありますように」と祈ってはならないとされている。また、非ムスリムに対して悔やみを述べるのはかまわないが、彼らのために神に慈悲を求めたり罪の許しを請うたりすることはできない。許されているのは、「神が正しい道にお導きくださいますように」、あるいは「あなたが失ったものを神が埋め合わせてくださいますように」と言うことだけだ。一つでもこのような決まりを破れば、男でも女でも背教者として扱われた。非ムスリムを「同胞」（「兄弟」や「姉妹」）と呼んでも、やはり悲惨な結果が待っていた。

　さらに、ワッハーブ派は、「……師」「……先生」「……殿」「……様」といった人間に対する敬称の使用を禁じた。このような敬称は神以外の存在を崇拝する多神教的慣行のあらわれであり、それを使うだけでも背信行為とみなされた。それよりも重要なのは、敬称や尊称が西洋の異教徒の模倣であるというだけでも非難に値する、とアブドゥルワッハーブが述べていることだ。不信心者の模倣をする者は不信心者だ、という理屈である。同じように、もともと非ムスリム社会の慣習だった祝典、祝祭、休日などの社交行事に参加するだけでも、背教者扱いをされた。(原註13)

アブドゥルワッハーブは、支配的な立場でないかぎり、非イスラーム世界との接触や交流を必要としない、自己充足的で閉鎖的なシステムを理想としていた。これは特筆に値する事実である。というのも、その考え方が、イスラームの使命は国際社会の道徳的価値観とは無関係だとする、後のイスラーム厳格主義勢力の考え方と大差ないからだ。彼が著作において明確に提示したこの偏狭な道徳的孤立主義は、後に厳格主義勢力の理論家によって再び取り上げられ、勢いを取り戻すことになった。たとえば、とくに強い影響力をもっていたサイイド・クトゥブも、そういう理論家の一人だ。二〇世紀の半ばに、イスラーム世界を含めて現代の世界は「ジャーヒリーヤ」(イスラーム紀元以前の無明時代)の状態にある、という説を唱えたクトゥブも、やはり道徳的孤立主義に基づく閉鎖的なシステムを支持し、支配的な立場でなければムスリムは非ムスリムとかかわるべきではない、と主張した。(原註14)

実に皮肉なことだが、純粋なイスラームを熱望するアブドゥルワッハーブの思想の中心には、イスラームの普遍的な教えとは完全に矛盾するアラブ民族中心主義があった。後の厳格主義勢力と同様、宗教的な言葉の陰に、強い政治的・民族主義的動機が隠されていたのだ。彼が目の敵《かたき》にしていたのは、キリスト教徒やユダヤ教徒ではなくオスマン帝国のトルコ人だった。トルコ人はイスラームを堕落させたとして非難され、道徳的にはモンゴル人と同等だと決めつけられた。オスマン帝国以前にムスリムの領土を侵略し、イスラームに改宗したモンゴル人と同じように、トルコ人も名ばかりのムスリムにすぎず、敬虔な信徒のふりをして内部からイスラームを腐敗させる真の敵だとみなされた。彼はカリフが統治するオスマン帝国を「アル・ダウラ・アル・クフリーヤ」（異教徒の国）と評し、キリスト教徒やユダヤ教徒に与《くみ》する者と同様に、オスマン帝国に与する者の罪も重いと断言している。（原註15）

　このオスマン帝国に対する見方は正しくない。オスマン帝国のトルコ人はモンゴル人とはまったくちがう。一二世紀にイスラーム世界を蹂躙《じゅうりん》し、大勢の人々を虐殺したばかりか数え切れないイスラームの写本を破壊したモンゴル人に対して、オスマン帝国は非常に強固なカリフ制を確立し、長期にわたってイスラーム信仰の擁護者となったのだ。カリフ制以前の時代でも、多民族の寄せ集めから成るイスラーム帝国の中で、トルコ人の民族性は貴重なものになっていた。

　確かに、オスマン帝国の末期には、特別な利権や利益供与に基づく不適切きわまりない腐敗した税制度もあれば、ときには民衆を厳しく弾圧し、搾取する悪政もあった。ところが、ワッハーブ派の著作には、そのような政策に関する批判は見当たらない。したがって、彼らがオスマン帝国に敵意を向けたのは、主義に基づいてその不正に抗議した結果であるとは思えない。むしろ、唯一真正なイスラームを代表できるのはアラブ民族だけだ、という古くからの自民族中心主義的

な信念に従って行動していたふしがある。(原註16)

だが、アブドゥルワッハーブがオスマン帝国に敵意を抱いていた理由は他にもある。一八世紀になって、イギリスはオスマン帝国のカリフ制を崩壊させるため、アラブ・ナショナリズムを含むイスラーム各地の民族意識に火をつけようとしていたが、彼はそのイギリスの動きに呼応していたとも考えられるのだ。(原註17)興味深いことに、他の反世俗主義的なアラブ民族主義者とはちがって、彼はオスマン帝国に代わってアラブ民族がカリフ制を設けることを主張していない。そもそも彼の念頭につねにあったのは、政治理論や政治的慣行ではなく、純粋なアラブ文化であり、それが真のイスラームと分かちがたく結びついていた。しかし、アラブ文化（正確には、アラビア半島のベドウィン文化）をイスラームの普遍的な教えと混同しているという認識は彼にはなかった。実質的にアブドゥルワッハーブは、ベドウィン文化の特殊な要素にすぎないものを唯一の真正イスラームと断言し、それをすべてのムスリムに押しつけることによって普遍化しようとしていたのである。

こう考えると、今まで一般に見落とされてきたある事実が浮かび上がる。つまり、一八世紀のワッハーブ運動は思想的矛盾に陥っていたが、その矛盾は今日に至るまで解消されていない、という事実だ。(原註18)たとえば、あらゆる文化的慣習を糾弾し、イスラームへの帰依《きえ》を主張しながら、実際にはワッハーブ運動そのものが、発祥地の文化——アラビア半島のナジュド（現在のサウジアラビアの一部）を発祥地とするベドウィン文化——を全面的に取り込んでいた。(原註19)真のイスラームは一つしかないと言いながら、現実には自らの文化を普遍化し、それこそ唯一の真のイスラームだと断言していたのである。また、一貫して非イスラームの影響を非難し、どんな形であれ西洋と協力することを一切拒否しながら、実はイギリスの植民地主義者に踊らされてオスマン帝国に反抗したということになれば、非ムスリムのイギリス人と結託してムスリムのトルコ人を敵に回していたと言ってもおかしくはない。さらに、ナショナリズムをことごとく西洋が生んだ邪悪思想と糾弾しながら、ワッハーブ派自体がアラブ・ナショナリズムの立場をとり、唯一真正なイスラームを守るという名目で、アラブ民族に対するオスマン帝国の支配に抵抗した。基本的には、一八世紀のワッハーブ派がナジュドのベドウィン文化を真正イスラームとして普遍化したのに対し、現代のワッハーブ派はサウジアラビア文化を唯一真正なイスラームとしているのである。

このような文化に依存するワッハーブ派の姿勢は、その直解主義的な主張と矛盾する。ワッハーブ派の思想が、特定の文化的背景と見解を表現しているとすれば、自らの信念や教義はイスラーム法源の字義どおりの解釈に基づいている、という彼らの主張とは食い違ってくるのだ。実際、ワッハーブ派は、諸々の問題に関する先入観を正当化するために、選択的で意図的な法解釈を行った。こうした都合のよい解釈ができたのも、彼らがイスラーム法学の遺産にあまり束縛されていなかったせいである。過去の解釈と正当性を競う必要がなかっただけに、独自の文化的見解と偏見を正当化するようなイスラーム解釈が、なおさら容易にできたのだ。ワッハーブ派の立場に反する範例はまったく無視され、アブドゥルワッハーブとは異なる法解釈を示した過去の法学者たちは、異教徒として扱われた。

たとえば、「シルク（多神崇拝）」の罪は死に値すると説いたアブドゥルワッハーブは、マディーナの初代「正統」カリフ、アブー・バクル（一三／六四三年没）の範例を引き合いに出し、信徒だと言い張る者でも、偽善者ならば命を奪うことができるし、そうすべきであるという説を正当化しようとした。(原註20) いわゆる偽善者がイスラームの五柱（第5章参照）を実践していたにもかかわらず、アブー・バクルも彼らと戦い大勢を殺害したではないか、という理屈だ。アブドゥルワッハーブは、敵対するムスリムを殺すのは当然だと主張し、オスマン帝国のトルコ人とその同盟者はもとより、異説を唱える偽善者のムスリムは一人残らず万死《ばんし》に値する異教徒だと断罪した。

アブドゥルワッハーブはまた、アブー・バクルがいわゆる偽善者を火刑に処したと伝えられている範例を好んで引用し、敵対者を責めさいなむ行為を正当化しようとした。(原註21) だがこの言い伝えはどう考えても出所が怪しく、大方の学者もでっち上げだとして退けている。このように歴史上のとっぴな伝承に頼る姿勢は、ある事実を雄弁に物語っている。つまり、イスラームの教えから、非人道的な残虐行為を容認するような諸々の範例を進んで選び出そうとしていたことをはっきり示しているのだ（しかもその種の範例は、過去の法学者などの学者が、すでにかなりの労力を費やして異議を唱え、否定してきたものばかりである）。

たとえば、アブー・バクルの一件を調べたムスリムの学者は、ほぼ例外なく、「イスラームの五柱を実践する信徒を偽善者と非難して殺害した」という伝承には何の根拠もない、という結論を下している。おまけに、ムスリムであろうがなかろうが、敵に対して火を使うことは、古典的なイスラーム法ではきつくとがめられているのである。古典時代の学者は、アブー・バクルが火刑を行ったという話は敵によるでっち上げであり、それを広めたのはきわめていかがわしい人物だ、ということを立証する論文を数多く書いている。(原註22) また、この伝承の信憑性と歴史的な根拠を疑問視しただけでなく、残虐行為があったとすればクルアーンと預言者ムハンマドの倫理観に反する、とも主張している。

アブドゥルワッハーブは、かなりの量に及ぶこの種の反証文献を無視して自らの正当性を主張し、後に従う者も、このような残忍行為の範例を法にかなうものとして受け入れた。(原註23) 先人が残した業績や解釈をないがしろにしたばかりか、ときには悪しきものと決めつけることによって、もはや過去の異論に煩わされる心配もなく、思うように範例を利用できるようになったのである。言ってみれば、新たに残虐行為の範例をイスラームの神学と法の中心にすえ、かつてない不道徳に基づくイスラームをつくり上げることができたのである。

これはきわめて重要な事実だ。というのは、ウサーマ・ビン・ラーディンやウマル・アブドゥルラフマーンなどのイスラーム過激派も、アブドゥルワッハーブの範にならい、まったく同じ残虐行為の範例を根拠にして罪もない人々の命を奪っているからだ。実際、悩ましいことだが、イラクで人質を虐殺したグループのホームページに、アブドゥルワッハーブが依拠したものとまったく同じ範例が引用されていた。このような過激派の活動に、彼の直接的な影響が認められるとしても、それほど驚くには当たらないのである。

イスラームの歴史や法、それに伝統的な教義全体をまるで否定するかのようなその姿勢を考えれば、ワッハーブ派が当時かなり多くの学者たちから手厳しい批判を受けたのは当然である（そうした学者の中でもっとも知られているのは、アブドゥルワッハーブの実兄スライマーンだが、実の父も批判者であったと伝えられている）。スライマーンは、厳格主義者の実弟の素行や習慣、学識、教義などを批判した詳細な論文を書いている。

マッカ（メッカ）の名士で、ハンバル派の「ムフティー」〔イスラーム法の専門家〕として当時権威があったイブン・フマイディー（一二九五／一八七八年没）の記録によれば、アブドゥルワッハーブの父親は、イスラーム学校での成績が芳しくないばかりか、教師に対して反抗的な態度をとる息子に腹を立てていたという。実のところ、若い頃のアブドゥルワッハーブは、シャリーアの勉強もまともに終えたとは言えず、中退したのか放校処分になったのかも定かではない。イブン・フマイディーはこう述べている。アブドゥルワッハーブは勘当されるのを恐れて、父親がこの世を去るまであえて厳格主義的な教義を説かなかったのだ、[原註24]と。

全体的に見ると、当時の学者たちがワッハーブ派を槍玉に挙げたのも無理はない。なにしろ、ワッハーブ派は、イスラーム史、歴史的建造物、聖者廟《びょう》や遺跡、イスラームの知的伝統、信徒としての神聖な義務などにほとんど敬意を払わなかったのだ。[原註25]スライマーンは、アブドゥルワッハーブはろくな教育を受けていない狭量な人物で、自分の意にそまない見解や人間を傲慢な態度でむやみに否定した、と批判している。(原註26) とくに過激な非主流派の狂信的な集団を除けば、彼のような考え方はイスラーム史の中でも例がないものだという。スライマーンによれば、大方の学者は、合理主義者や神秘主義者を異教徒と非難するのは控えて、平和的に討論していたらしい。(原註27)

スライマーンの論文によれば、アブドゥルワッハーブは過去の文献研究には関心がなく、たいていの法学者の著作には否定的な見方をしていた反面、ハンバル派のイブン・タイミーヤ（七二八／一三二八年没）など、一部の学者の言葉をまるで神の啓示のように絶対視していた。ただその場合でも、都合のよいところだけを選んで引用し、そうでない部分は無視したという。これを裏づけるように、やはりイブン・タイミーヤを熱烈に崇拝していたイブン・フマイディーも同様の批判をしている。(原註28)

つまりスライマーンらは、ワッハーブ派について皮肉な事実を指摘している。それは、自ら「タクリード」（法学者の判断に従うこと）を禁止しておきながら、結局ちがう形で認めたばかりか、それを義務づけるようなまねをしたということだ。つまり、気にくわない法学者に関するかぎり、「タクリード」は認められないが、ワッハーブ派の判断には盲従しろと要求したのだ。これではダブルスタンダードだ、とスライマーンは非難している。彼らに同意しなければ当然異教徒とみなされたので、「イスラームに帰依するには自分たちの見解に黙って従うしか方法はない」と脅しているに等しいというのである。(原註29) 実際、ワッハーブ派は「ムスリムーン」（ムスリムの複数形）もしくは「ムワッヒドゥーン」（一神論の徒）と自称し、彼らの見解に反対する者はムス

リムでも一神教者でもない、ということを暗に匂わせていた。(原註30)

ようするに、スライマーンは、ワッハーブ派の方法論は完全に独裁制を意識したものだ、と批判しているのである。彼らが独裁制を実現すれば、イスラームの知的伝統全体が無造作に棄てられ、ムスリムはその特異なイスラーム解釈を受け入れるか、それとも「カーフィル（不信心者）」と宣告されたあげく殺されるかのどちらかを選ぶしかない、と。

確かに、一八世紀にアラビアを征服した際、ワッハーブ派は町や都市を支配下に置くと、必ずムスリムの住民にくりかえし信仰告白を求めた。ただしこの時は、信仰告白と同時に、ワッハーブ派の教義に忠誠を誓えと迫ったのである。指示に従わない住民は、不信心者とみなされ即座に斬殺された。(原註31)一八世紀のアラビア全土で行われたこの無惨な大虐殺のありさまは、数々の史料に記録されている。(原註32)

スライマーンによれば、事実上ワッハーブ派は、イスラームの何世紀にも及ぶ歴史の中で、真のイスラームを見出し、絶対誤りのない立場を確立したのは自分たちしかいない、と偽ったのだという。「神学的な見地からすれば、彼らの主張は非常に危険なものだ。イスラームの解釈と実践について、ムスリムが何世紀にもわたって欺《あざむ》かれ、誤解していたとは考えられないし、真のイスラームを初めて見出したのがアブドゥルワッハーブだということもありえない。このような主張は、イスラーム信仰にとってまさに破滅的な結果をもたらすものだ」とスライマーンは指摘している。(原註33)また、抜かりなくこう述べてもいる。ムスリムを不信心者と宣告する行為は重大な罪であり、アブドゥルワッハーブの敬愛するイブン・タイミーヤでさえ「タクフィール」（ムスリムを不信心者と宣告すること）[原註34]を禁止していた、と。彼は論文の最後に、自らの主張の論拠として、この重罪に関する預言者ムハンマドとその教友たちの五二の伝承を引き合いに出している[原註35]。

ワッハーブ派を批判するスライマーンの論文に私が焦点を当てたのは、その歴史的重要性を考慮したからである。当然、サウジアラビアなどはこの論文を禁書扱いにし、相当な労力を費やして葬り去ろうとしてきた。現在のイスラーム世界では、この重要な論文はあまり知られておらず、見つけるのはきわめてむずかしい。私の場合、エジプトでさえ探し出すまでには大変な苦労を強いられた。それはさておき、この論文を読めば、二〇世紀以降大きな役割を担うことになる厳格主義勢力が誕生した経緯をよく理解できる。ワッハーブ派は、後の厳格主義勢力の教義と神学理論にことごとく強い影響を与えたが、スライマーンの論文は、その思想と行動の多くが、本来のイスラームを逸脱し、損なうものと考えられていたことを明らかにしている[原註36]。イスラーム厳格主義は本流からはずれた傍流とみなされ、スライマーンを含めて、それが一時的な現象だと思っていた法学者も少なくなかった。

ワッハーブ派によってイスラームの倫理的規範が脅かされるのではないか、という深刻な懸念を示す法学者は他にもいた。ナジュド出身の著名なハンバル派の法学者で、アブドゥルワッハーブを一時支持していたスライマーン・ビン・スハイム（一一七五／一七六一年没）は、ワッハーブ派の脅威を軽視せず、積極的に対策をとるべきだ、と訴える論文を発表し、当時の法学者たちに大きな影響を与えた。（原註37）ハナフィー派のイブン・アービディーン（一二五三／一八三七年没）やマーリク派のアル・サーウィー（一二四一／一八二五年没）といった主流派の法学者がこの時期に書いた文章には、ワッハーブ派を反主流の狂信的なグループと表現し、その残虐な行動から「現代版ハワーリジュ派」と名づけているものもある。（原註38）ハワーリジュ派は、イスラーム初期にアラビアで生まれた過激な狂信的グループだが、やがて弱体化して存在意義を失った。ワッハーブ派と同様、ハワーリジュ派も他派に従う者をすべて不信心者とみなし、アラビアで無数のムスリムを虐殺した。預言者ムハンマドのいとこで、人々に崇拝された第四代正統カリフのアリーまでも暗殺している。

古典期の法学者の断固たる抵抗と批判に加えて、国家権力のたえまない圧力を受けたハワーリジュ派は、最終的に自らを改革しなければ滅亡するしかないところまで追いつめられた。今ではハワーリジュ派の流れをくむのは、オマーンやアルジェリアなどに存在するイバード派だけだ。イバード派の思想は、狂信的な本家とはまったく異なり、圧力を受けた結果、主流派にはるかに近い穏健なものに変わっている。だが残念ながら、ワッハーブ派もやがてハワーリジュ派と同じ運命をたどるのは間違いない、という大方の法学者の予想はまったくの見当ちがいだった。

アブドゥルワッハーブの単純明快な絶対主義的教義は、砂漠の部族、とりわけナジュドに住む部族の心をとらえた。当時のナジュドは、サウード家の王国の中でもとくに部族間の同族意識が強く、外部との交流がない遅れた地域だった。しかし結局のところ、あまりに急進的で過激なその思想は、イスラーム世界はもちろん、アラブ世界にも広範な影響を及ぼすことはなかった。現代では、一八世紀から一九世紀までワッハーブ派の過激な思想は比較的傍流だった、ということが定説になっている。また、ワッハーブ派とまったく見解を異にする、シャウカーニー（一二五〇／一八三四年没）やサヌアーニー（一二二五／一八一〇年没）（四〇ページ参照）といった穏健なイスラーム復興主義者の思想のほうが、当時ははるかに大きな影響力をもっていたことも明らかになっている。（原註39）

おそらく、一九世紀の後半にサウード家がワッハーブ運動と連合し、オスマン帝国の支配に反旗を翻していなければ、アブドゥルワッハーブの思想がアラビアで普及することはなかっただろう。宗教的情熱と強いアラブ・ナショナリズムに支えられ、この反乱は驚くべき勢いで拡大し、一時は、北はダマスカスから南はオマーンまでの地域を支配下に置いた。一八一八年、ムハンマド・アリー率いるエジプト軍が、数度の戦いの末にこの反乱を鎮圧すると、ワッハーブ運動も過去の過激派と同じく消滅すると思われた。（原註40）ところが、現実はちがっていた。

一七四五年から一八一八年までのサウード家とワッハーブ派の盟約関係は、第一次サウード朝と呼ばれている。オスマン帝国とエジプト軍が古都ディルイーヤを破壊し、その住民を虐殺したときにこの王朝は滅亡するが、どちらかといえば、ワッハーブ派はこのときの虐殺を自らの苦難と犠牲を象徴する出来事と受け取り、狂信的な姿勢を強めたと言える。

ワッハーブ派の思想は、二〇世紀の初めにアブドゥルアズィーズ・イブン・サウード（通称・

イブン・サウード、統治・一三一九〜七三／一九〇二〜五三年）が権力を掌握すると、また息を吹き返した。イブン・サウードは、ワッハーブ派の厳格主義的神学理論を採り入れてナジュドの諸部族と同盟を結び、現在のサウジアラビア建国の礎を築いた人物である。一八世紀に初めてワッハーブ派がアラビアで起こした反乱の目的は、オスマン帝国の支配をくつがえし、アブドゥルワッハーブの厳格主義的な教義をできるだけ多くのアラブ諸国に押しつけることにあったが、その一方で、マッカ（メッカ）やマディーナ（メディナ）の支配をもめざしていた。イスラーム世界の聖地を手中に収めれば、象徴的な意味での圧倒的勝利となるからだ。(原註41)

一八世紀の反乱は鎮圧されたものの、一九世紀後半から二〇世紀初頭に起きた反乱は以前のものとはずいぶん様相が異なっていた。一七世紀から二〇世紀初頭まで、アラビアは数多くの有力な部族が覇権を競い合う部族主義的な社会だった。しかしナジュドとは対照的に、とくにヒジャーズ地方は、きわめて文化的多様性に富み、さまざまな風習や神学理論が複雑なモザイクのように混在していた。ヒジャーズ地方のマッカやマディーナでは、法学でさえ、スンナ派のシャーフィイー派、マーリク派、ハナフィー派、ハンバル派などが解釈や判断を競い合っていたばかりでなく、スーフィー教団やシーア派の法学者も存在していた。また、ヒジャーズ各地にかなり多くのシーア派住民が暮らしていたのは言うまでもない。毎年恒例のマッカへの巡礼では、ムスリム社会の豊かな多様性を反映して、祭りさながらにさまざまな風習や儀式が見られたが、それを容認し、便宜をはかっていたのはオスマン帝国だった。ワッハーブ派は、思想信条、神学理論、儀式、風習などがこのように混在する状態を忌み嫌い、自らが正統だと認める唯一の儀式を巡礼者に強制することを目標の一つにした。

この時代の反乱では、アラビアはもちろん、おそらくイスラーム世界の様相を永久に一変させるような三者連合が形成された。サウード家とワッハーブ派、それにイギリスが手を組んだのである。競争相手を打倒してアラビアを支配しようとしていたサウード家。自らの厳格な教義をアラビア全土に強制しようとしていたワッハーブ派。そしてイギリスは、アラビアに強力な中央政府ができることを望んでいた。イギリス企業が油田掘削権を独占することをもくろんでいたのだ。イギリスはまた、マッカとマディーナを力ずくで奪い、オスマン帝国をさらに弱体化させようとしていた。その目的を達成するため、イギリスは日和見的な態度をとった。つまり、当初は一つの部族にすべてを賭けようとせず、ラシード家、ハーシム家、ハーリド家、サウード家など、アラビアの覇権を争っていた複数の有力部族を同時に支援していたのである。(原註42)

サウード家とワッハーブ派の関係は一七四四年までさかのぼる。その年、ナジュドの小さな町ディルイーヤを治めていたムハンマド・イブン・サウード（一七六二年没）は、前例のない狂信的行為に対して法学者たちの非難を浴びていたアブドゥルワッハーブを保護し、彼に活動の場を与えた。ワッハーブ派と盟約を結んだことによって、サウード家は命知らずの戦力と強力なイデオロギーを手に入れ、イギリスに取り入ろうとする他の部族に対して明らかに優位に立った。サウード家はワッハーブ派に経済的支援はもとより、イギリスを通じて必要な武器も与えた。ワッハーブ派は、各地を征服し、サウード家を正当な政治的支配者の座にすえると、宗教的な問題全般に完全な自由裁量を求めた。この必勝の同盟関係によって、二〇世紀にはついにサウード家がイギリスの全面的な支持を得ることに成功し、現在に至るサウジアラビア王国の正統的な支配者になったのである。(原註43)

サウード家とイギリスとの同盟関係は、ムスリムと非ムスリムが手を結んだ形であるだけに、ワッハーブ派の教義と矛盾する。しかし、サウード家とワッハーブ派の同盟関係については、「ご都合主義や現実的な必要性ではなく、純粋な思想的共感と偽りのない信念から生まれた」と両者が主張していることは理解しておかなければならない。このような考えに基づいて、サウード家はワッハーブ派に改宗し、二つの勢力は今日まで続く神聖な（？）盟約を結んだのだ。その動機がご都合主義的なものであれ信念に基づくものであれ、両者の絆は強まった。(原註44) 実際、ワッハーブ派は、ヒジャーズ地方、とくにマッカ、マディーナ、ジェッダなどでかつて見られた豊かな多様性をことごとく破壊し、武力でアラビア全土をサウード家の支配下に置いたのである。(原註45)

一九三二年のサウジアラビア王国の建国に至るさまざまな段階――失敗に終わったいわゆる第一次サウード朝（一七四五～一八一八年）や第二次サウード朝（一八二四～一八九一年）、あるいは成功した第三次サウード朝（一九〇二～一九三二年）――を通じて、サウード家とワッハーブ派は不寛容で憎悪に満ちた狂信的姿勢を貫き、数々の残虐行為や大虐殺を行った。この非人道的な過去の遺産は、サウジアラビアの将来に禍根《かこん》を残しただけでなく、イスラーム世界全体に広まるワッハーブ派独特の倫理意識の形成に決定的な影響を与えた。実際、サウード家とワッハーブ派が犯した数々の不寛容で残忍な罪業を挙げればきりがない。たとえば、一九世紀から二〇世紀にかけてワッハーブ派はさまざまな反乱を起こしたが、どれも凄惨《せいさん》きわまりないものだった。とりわけスーフィー教団やシーア派のムスリムは無差別に虐殺された。一八〇二年にはカルバラーのシーア派住民が虐殺され、[原註46]一八〇三年と一八〇四年、そして一八〇六年には、マッカとマディーナのスンナ派ムスリムが、何らかの理由で異教徒と決めつけられて大量に処刑された。[原註47]はっきりした数は不明だが、諸々の史料から判断すると、少なくとも何万もの人が犠牲になったのは間違いない。二度目のアラビア征服の際には、イブン・サウードの命を受けたワッハーブ派は、四万人を公開処刑し、三五万人の手足を切断したという。[原註48]

一九一二年、サウード朝のアブドゥルアズィーズ・イブン・サウード王は、イフワーンと呼ばれる戦闘部隊をつくった。もともとイフワーンは、アブドゥルワッハーブの教えを信奉するナジュドの狂信者集団である。この部隊が組織されたのは、アラビア全土での権力争いに終止符を打ち、ワッハーブ派の教義に基づくイスラーム国家を建設するためだったのは間違いない。イフワーンはサウード家の支配権の拡大に貢献したものの、王のリベラルな考え方と非ムスリム（この場合はイギリス）との協力をいとわない姿勢にやがて不満をつのらせる。

実は、このときのアブドゥルアズィーズ王の苦い経験を、数十年後にサウジアラビア政府がアル・カーイダとの関係で再び味わうはめになる。どんな政権でも、狂信的行為に勢いがつけば対処に困るのは同じである。アブドゥルアズィーズは、アラビア内部、とくにヒジャーズとイエメンでは、イフワーンを野放しにしてムスリムを虐殺させた。ところが、厳格主義を信奉するイフワーンは、支配地域で、電信、電報、自動車、飛行機といった現代的な発明品の使用を認める王の方針に納得できなかった。さらに悪いことに、イラクや現在のヨルダンの領土にまで遠征して、虐殺を行うようになる。イギリスが決めた国境とは無関係に、ワッハーブ主義をどこまでも普及させる権利が自分たちにはある、というのが彼らの言い分だった。当時、イギリスの占領下にあったこれらの地域で行われた虐殺は、住民を法的に保護する立場にあったイギリス政府にとって、非常にやっかいな問題になった。おまけに、イフワーンは襲撃の際に出くわしたイギリス兵まで殺害した。アブドゥルアズィーズにしても、一九一五年にイギリスとの間に結んだ「友好協力」条約によって、イギリス政府から毎月多額の年金を受け取っており、それを失うわけにはいかなかった。

イフワーンはまた、イスラーム世界の各地からマッカに訪れる巡礼者を、反イスラーム的儀式を行ったという理由でつねに攻撃し、処罰していた。他派が公認する儀式でも違法とみなされ、むち打ちの刑はおろか、処刑された例も多い。アラビアの敵対勢力に対抗する政治同盟を構築しようとしていたアブドゥルアズィーズの努力にもかかわらず、イフワーンの蛮行によって、当然、イギリスばかりかイスラーム諸国との外交関係も危機にひんした。

アブドゥルアズィーズは、イギリスの支配地への襲撃と巡礼者への虐待を止めさせようとしたが、イフワーンは、異教徒やその邪悪な慣習と妥協する姿勢を見せる王に反発し、一九二九年、ついに反乱を起こす。これに対してアブドゥルアズィーズは、イギリス空軍の援護で反乱を鎮圧し、イフワーン軍を解体させた。(原註49) イギリスはこの忠臣の労に十分報いるため、王の年金を増やしたほか、一九三五年にはナイトの爵位(バス勲位)を贈っている。(原註50) イフワーンを解体したからといって、なにもサウード家がワッハーブ主義を棄てたわけではない。そんなことは起こるはずがなかった。ワッハーブ派とサウード家の間には相互依存関係が成立しており、お互いになくてはならない存在になっていたからである。ほとんどの場合、ワッハーブ派は当時の政権と持ちつ持たれつの間柄を保っていた。

各地を支配するたびに、ワッハーブ派はサウード家の統制力を拡大し、唯一真正なイスラームと彼らが主張する厳格な行動規範を施行させた。両者の関係は実利的な相互扶助関係をはるかに超えるものになっていた。それどころか、現代のイスラーム国家のあり方を示す一つのモデルになったと言ってもいい。イスラーム厳格主義者の間で大きな影響力をもつようになったこのモデルでは、国家が新たな支配権力として個人の自由を厳しく制限し、神の法を施行するという名目で、きわめて特殊な行動規範を被統治者に強制することになる。オスマン帝国の支配下にあったかつてのマッカやマディーナのように、多種多様の宗派や文化が尊重され、容認されることはない。複数の宗派の共存は許されず、一つの厳格な教義が正当なものとして押しつけられるのである。

サウード家は事実上の宗教警察を創設して、国家が正統と認める厳格主義的教義を強制し、宗教的多様性や異論を徹底的に排除した。ワッハーブ派は、つねに神の法を実施するという名目で行動したが、実は当時の一般的なイスラーム信仰にまったくそぐわない、きわめて狭量かつ特異なイスラーム解釈を押しつけたにすぎない。たとえば、次のような理由で、支配地の住民は一様にむち打ちの刑罰を受けた。音楽を聴く、あごひげを剃る、シルクや金を身につける（男性だけに適用された）、喫煙する、バックギャモンやチェスやトランプをする、あるいは男女分離の原則を守らないなど。その上、ワッハーブ派はアラビアで見つかったありとあらゆる聖者廟《びょう》やほとんどの歴史的建造物を破壊した。[原註51]

　ワッハーブ派が預言者の一族と信徒の尊敬を集める教友たちの墓所を破壊したことは、世界中のムスリムの心を深く傷つけ、各地で激しい論争を引き起こした。[原註52] アフガニスタンでターリバーンが仏像を破壊した悪名高い事件と同様、マッカやマディーナやジュビラの墓所が破壊されるなど、イスラーム史では前例がなかった。千年以上もの間信徒が大事に守ってきたこのような墓所の中には、霊廟《れいびょう》化したものもあり、そこには何世紀にもわたって数多くの人々が参拝に訪れていたのだ。[原註53] 一般のムスリムの神経を逆なでした前代未聞のもう一つの行為は、アブドゥルワッハーブが、ジュビラの近くのワディ・ハルファという地域にある、「シャジャラト・アル・ディーブ（「ジャッカルの木」）」と呼ばれる一本の木を切り倒したことだ。樹齢千年を越えるその木は、歴史的に重要な意味をもつ聖木だった。[原註54] このように史跡を理不尽に破壊する蛮行は、どれもイスラームが多教徒的慣行に再び汚されるのを防ぐという名目で行われた。

初めて礼拝時に点呼をとったのもワッハーブ派だと言われている。町の住民名簿を用意して、毎日五回モスクで行われる礼拝の際に名前を読み上げ、特別な理由もなく欠席した者にはむち打ちの刑罰を与えたという。(原註55)

ワッハーブ派は、マッカやマディーナの管理者として、世界中から集まるムスリムの巡礼者に自らの教義を強制できる特別な立場にあった。その妥協を許さぬ厳格な教義が、あまり支持されていなかった証拠に、アフリカや東南アジアから訪れる巡礼者との間に衝突も起きた。たとえば、一九二六年には、楽器を一切認めない彼らの姿勢が、エジプトとサウジアラビアとの間に危機を招いた。巡礼中にらっぱの音に合わせて儀式用のかごを担いでいたエジプト兵を殴り、楽器をことごとく破壊するという事件が起きたのだ。アブドゥルアズィーズがエジプト政府をなだめる声明を発表して事は収まったものの、それ以来、エジプトの巡礼者は、らっぱなどの音楽を使って儀式を行えなくなった。ワッハーブ派はまた、マッカやマディーナだけでなく、最終的にはサウジアラビア全土で、スーフィー教団のあらゆる詠唱や踊りを非合法化した。(原註56)

アラビアでのワッハーブ派による数々の蛮行は、非常に大きな混乱と反発を引き起こしたが、姦通罪を犯した女性を石打ちの刑にして命を奪ったこともその一つである。史料によれば、それまで石打ちの刑は絶えて久しく、これが非人道的な刑罰だと考えていた多くの法学者は、実際に執行されて愕然《がくぜん》としたという。(原註57)この史料が興味をそそるのは、現在のサウジアラビアでも、当たり前のように始終石打ちの刑が行われているからだ。

ワッハーブ派がアラビアに確固たる拠点を築く前は、その狂信的な残虐行為に対して、アラブ民族はもちろん、非アラブ民族のイスラーム諸国から広く抗議が寄せられ、サウード家はしばしば政治的に気まずい立場に追い込まれていた。それに対して、イスラーム諸国の政治的支援が不可欠だと考えていたサウード家は（現在のサウジアラビアの建国前も建国後も）、マッカやマディーナなどの聖都はどうなるのか、と心配するムスリムの気持ちを和らげる声明を出し、その場をしのいできた。（原註58）だが、一九二九年にイフワーンを武力で鎮圧した例を除けば、サウード家の支配者はワッハーブ派の蛮行に見て見ぬふりをしていたに等しい。

一九三〇年代から一九四〇年代を通じて、サウジ政府はワッハーブ派の狂信的な行いを一切抑制しようとせず、マッカやマディーナの所有権を強固なものにした。またそれと同時に、聖都で行う儀式の正当性を規定する独占権も手に入れた。一九五〇年代になると、サウジ政府はもはやイスラーム諸国に対して懐柔をはかる声明も出さず、ワッハーブ派の目にあまる所行《しょぎょう》についても謝罪しなかった。相変わらずイギリス政府（そして、徐々にアメリカ政府）の支援に頼ってはいたものの、イスラーム諸国の支援は不要になっていた。ワッハーブ派は、サウジアラビアはもとより、イスラームの中心地マッカやマディーナでもすでに確固たる地盤を築き、サウジ政府は、非ムスリム世界からの支援と石油の発見のおかげで、穏健なイスラーム諸国の批判をやり過ごすことができる立場にあったのだ。イスラーム諸国はサウジ政府にうまく圧力をかけられず、聖地で威勢を振るっていた厳格主義の教義をどうすることもできなかった。そのため、サウジ政府は、自らが信奉する教義を修正する必要がなかったのである。

ところが、一九七〇年代に、サウジアラビアとイスラーム諸国の関係に大きな変化が生じる。ワッハーブ運動は自国の社会的文化的要求だけに当てはまる国内問題だ、という態度を見せていたサウジアラビアが、一九七〇年代になると、他のイスラーム諸国にワッハーブ派の教義を積極的に広める政策を打ち出したのである。（原註59）

当初はいわゆる原理主義組織への財政支援にすぎなかったこの普及活動は、一九八〇年代には、はるかに複雑で広範囲に及ぶものになっていた。たとえば、イスラーム世界同盟をはじめとする多くの代理組織をつくって、世界の主要言語に翻訳されたワッハーブ運動の資料を広い範囲に配布したのはもちろん、さまざまな賞や補助金を与え、幅広い分野の出版業者、学校、モスク、団体、個人などに資金を提供した。この活動の結果、実際にイスラーム世界の多くの勢力がワッハーブ派の神学理論を支持するようになった。さらに、その大盤振る舞いにあずかろうと、幅広い層の個人（イマーム〔法学者〕、教師、作家など）や団体（学校、出版社、新聞、雑誌、政府など）が、サウジ政府の意向に沿うような考え方や言動をするようになった。

なぜワッハーブ運動（ワッハーブ主義）が現代まで生き残り、勢力を拡大してきたのか？　その主な要因は、以下の四つにまとめられる。

1. ワッハーブ運動はオスマン帝国に反抗し、一八世紀の新興思想アラブ・ナショナリズムに訴えた。同じイスラームを奉じるオスマン帝国の支配を外国による占領と決めつけ、アラブ民族の自決と自治という考え方の強力な先駆けとなった。

2. 前述したように、ワッハーブ運動は、アブドゥルワッハーブが考える本来の純粋なイスラームへの回帰を唱道し、歴史的に蓄積されてきた数多くの範例を拒否して、イスラーム初期の「正しく導かれた」世代（サラフ・サーリフ）の慣例に戻れと訴えた。「正しく導かれた初期世代」とは、預言者ムハンマドの教友たちとその次の世代（後に続く者たち＝「タービウーン」）をさしている。

この二つの世代は理想的な世代とみなされ、従うべき模範として引き合いに出される場合が多い。ワッハーブ派の思想が、イスラーム改革主義者にとって直感的に自由だと思われるのは、「イジュティハード」（独自の新しい分析と思考）の再生、つまり、蓄積された過去の範例や代々受け継がれた教義にとらわれず、以前のように法的問題をあらためて吟味し、判断することを主張しているからだ。言いかえれば、過去の蓄積を捨ててやり直すという考え方が解放的に思われたのだ。少なくとも理論的には、「イジュティハード」によってクルアーンやスンナなどの法源を新鮮な目で見直せば、過去の遺産に煩《わずら》わされずに、現在の諸問題に対する新しい解釈や解決策を見出す可能性がある。ワッハーブ派が唯一よりどころにした過去の遺産は、預言者ムハンマドとその教友たち、それにその次の世代が残した範例・慣行だけである。

3. マッカやマディーナを支配することによって、必然的にサウジアラビアは、イスラームの文化や思想にかなりの影響力を行使できるようになった。聖都のマッカやマディーナはイスラームを象徴する中心地であり、無数のムスリムが毎年巡礼に訪れる場所だ。その巡礼時の正統な教義と慣行を自ら規定したことで、イスラーム全体に大きな影響を及ぼす立場を得たのである。たとえば、サウジアラビアの王は、自分は象徴的な意味で二つの聖地の管理人であり使用人にすぎず、イスラーム信徒全員の僕《しもべ》であると強調したが、実のところ、この自分を卑下した言明は、望みどおりイスラーム世界の道徳的権威としての立場を手に入れたことの表現以外の何ものでもない。

4. おそらくもっとも重要な要因は、油田の発見と開発によって、サウジアラビアが財政的に豊かになったことだろう。とくに一九七五年以降、原油価格の急激な上昇とともに、サウジアラビアは積極的に資金を投入し、イスラーム世界の各地でワッハーブ派の思想を宣伝した。モスクで一般的に支持されている有力な見解や慣行をざっと調べただけでも、ワッハーブ派の思想が、今日のイスラーム世界にいかに広範な影響を与えたかがよくわかる。

サウジアラビアが積極的な布教活動に乗り出した理由の一つは、前述した三番目の要因に関係がある。二つの聖地の管理者を自称するサウジアラビアが、他のイスラーム世界と対立する教義を採り入れたとすれば、政治的にやっかいな立場に追い込まれる恐れがあった。控えめに言っても、聖地を管理する者は、イスラーム世界ではきわめて慎重を要する立場に置かれる。さらに、ワッハーブ派が不寛容な姿勢を示して、諸々の儀式的慣行を非正統的と決めつけていただけに、聖地の独占的統治権を求めるサウード家の主張は、一九二〇年代から一九六〇年代までずっと問題になっていた。一九五〇年代から一九六〇年代にかけて、サウジアラビアは時代遅れの保守的な体制とみなされ、アラブ・ナショナリズムを標榜《ひょうぼう》する共和制の政権からかなり圧力をかけられた。エジプトのナセル政権に代表されるアラブ・ナショナリズム政権は、世俗的な社会主義による革命をめざしていたため、王族による資本主義的な神権政治を行うサウジアラビアや他の湾岸諸国を、歴史に取り残された反革命的な国家とみなしていた。革命的なアラブ・ナショナリストから見れば、サウジアラビアは、西欧列強の帝国主義的な植民地政策によって生まれた人工的な国家だった。そのせいか、ナセルはサウード家が聖地を管理することに反対したばかりか、サウジ政府の転覆まで企てている。

一九七〇年代になって、ようやく財政手段を得たサウジアラビアは、懸案だった正統性にまつわる問題に着手する。ワッハーブ派は自らの教義を変更して他のムスリムが受け入れやすいものにするか、それとも強引に他のイスラーム世界に広めるか、の選択に迫られた。前者を選んでいれば、サウジ政権は自己改革を余儀なくされただろうが、いろいろな意味で、ワッハーブ派はイスラーム世界を改革するほうが容易だと判断し、実際には後者を選んだのである。こうしてサウジアラビアは、イスラーム世界の改革をめざして積極的な宣伝活動を始め、ワッハーブ派の思想を唯一の正統的イスラームとして世界中に広めるようになった。(原註60) いわゆる原理主義組織に対する資金援助という形で始まったこの活動は、一九八〇年代には、前述したようにはるかに複雑で多岐にわたるものになっていた。イスラーム世界のあちこちで、ワッハーブ派の教義に反する言動(たとえばヴェールを着用しないか、着用を奨励しないなど)を示せば、サウジアラビアからの援助を拒絶したか、拒絶の意志を表明したものと受け取られるようになった。そして多くの場合、それによってかなり豊かな暮らしができるか、赤貧に甘んじるかが決まったのである。

だがここで注意しなければならないのは、ワッハーブ運動が独力で現代のイスラーム世界に広まったわけではないという事実だ。もともとワッハーブ派が少数派だったことを考えても、独力ではかなり困難だったと思われる。ワッハーブ運動が広まったのはサラフィー主義の旗印を掲げたからである。実は、正統なイスラームの代表者と自任するアブドゥルワッハーブの信奉者にとって、「ワッハーブ主義」や「ワッハーブ派の教義」という言葉は、軽蔑的な意味をもつとされている。彼らにとってワッハーブ派の教義は、たんなる一学派ではなくイスラームそのものであり、それ以外にありえない唯一のイスラームをあらわしているのである。学派としての呼称を使わなかったため、ワッハーブ派の特徴はかなりあいまいなものになり、その教義と方法論はめまぐるしく変わった。それに比べてはるかに信頼できるサラフィー主義は、いろいろな意味でワッハーブ主義の普及にうってつけの媒体となった。それゆえ、ワッハーブ派の学者が書き記した文献では、一貫して自らをワッハーブ派ではなくサラフィー主義者と呼んでいる。

サラフィー主義の起源

サラフィー主義とは、一九世紀後半にイスラーム改革主義者たちによって提唱された思想である。代表的な人物は、ムハンマド・アブドゥ（一二三三／一九〇五年没）、アフガーニー（一三一四／一八九七年没）、ラシード・リダー（一三五四／一九三五年没）、シャウカーニー（一二五〇／一八三四年没）、サヌアーニー（一二二五／一八一〇年没）などだが（四〇ページ参照）、その思想的起源は、イブン・タイミーヤ（七二八／一三二八年没）やその弟子であるイブン・カイイム・ジャウズィーヤ（七五一／一三五〇年没）にまでさかのぼるという説もある。

先祖を意味する「サラフ」という言葉は、イスラームの文脈ではふつう預言者ムハンマドとその教友たち、それにその次の世代をさす。また「サラフィー（サラフに従う者）」という言葉自体も柔軟性があり、真正さや正統性を暗示しているので当然心に訴える力がある。したがってこの言葉は、真正イスラームを奉じていると主張するどの勢力に利用されてもおかしくない。もともとリベラルな改革主義者によって使われていたが、二〇世紀初頭にはワッハーブ派もサラフィー主義者と自称した。しかし、一九七〇年代まで、この言葉はワッハーブ派の教義と結びつけられてはいなかった。

サラフィー主義は、イスラームのきわめて根本的な概念——ムスリムは預言者ムハンマドと正しく導かれた教友たち（サラフ・サーリフ）および敬虔な初期世代の範例・慣行に従う義務があるという考え方——に訴えた。理論的にも実質的にも、サラフィー主義はワッハーブ主義とほとんど変わらない。ただ、ワッハーブ主義のほうが、多様な見解や意見の相違に対してはるかに不寛容だという点がちがうだけだ。

サラフィー主義を簡単に否定できない理由の一つは、その認識論的な裏づけにある。つまり、否定や異議申し立てをしにくい世界観を提示したのである。あらゆる問題について、イスラームの原典であるクルアーンとスンナ（預言者ムハンマドの範例・慣行）に立ち戻り、過去の解釈にとらわれず、現代の必要性を考慮して再解釈する義務がある、というのがその主張だった。しかし、本来のサラフィー主義は必ずしも反知性主義的というわけではなく、ワッハーブ主義のように歴史を軽視する傾向があったにすぎない。サラフィー主義の信奉者は、イスラームの「黄金時代」とされている預言者とその教友の時代をとくに重視して理想化し、その他の時代を無視するか軽視したのである。

また、法的範例を拒否して伝統を確かな拠《よ》りどころとは考えなかったため、その思想には平等主義的な傾向があり、伝統的な確固たる宗教的権威を認めなかった。事実上誰でも原典に戻り、神の言葉を代弁する資格があるとされた。サラフィー主義がまさに前提としているのは、専門家でなくてもクルアーンや預言者とその教友の言行録を読んで法判断を発表できる、という考え方である。極論すれば、ムスリム一人一人が自分なりのイスラーム法をつくり上げてもかまわない、ということになる。

事実上、法学者が伝統的に行ってきた専門的法解釈からムスリムを解放したことによって、サラフィー主義は現代の宗教的権威の空白を招く一因になった。ただし、ワッハーブ主義とはちがって、競い合う諸々の法学派の解釈や範例に激しく反発したわけではない。伝統的な法学が無用というわけではなく、むしろ自由に選択できるもの、と考えていたように思われる。また、神秘主義やスーフィズムを敵視しなかった点でもワッハーブ主義とは異なる。信奉者の多くは、伝統の束縛から脱し、現代の状況を考慮しながらイスラームの再解釈を行うことを強く望んでいた。従来の法学理論に関するかぎり、サラフィー主義の学者は、ほぼ一様に「タルフィーク」と呼ばれる方法を用いる傾向があった。タルフィークとは、過去のさまざまな法的見解を混在させて、諸問題への新たな取り組み方を発見する方法を意味する。

サラフィー主義の重要な特徴は、その大部分がムスリムのナショナリストによってつくられたということだ。彼らはイスラームの原典の中に近代主義的価値観をなんとか読みとろうとした。

したがって、サラフィー主義は必ずしも反西洋的な思想だったわけではない。実際、その創始者たちは、民主主義、立憲政治、社会主義といった当時の諸制度をイスラームの原典の中に見出し、イスラーム世界の典型的な国民国家を正当化しようとした。この意味で、本来のサラフィー主義には、ある程度日和見主義的な側面が見られたのである。

サラフィー主義者は、どちらかといえば法的整合性や一貫性を維持するよりも、最終結果に関心をもっていた。近代性やイスラームの教えに関する批判的な解釈よりも、イスラームと近代性との調和を強く望んでいた。たとえば、一九世紀から二〇世紀初頭のサラフィー主義者は、イスラーム法の解釈では「マスラハ（公共の利益）」の概念を尊重し、公共の利益と思われるものは何でもイスラーム法の一部とみなすべきだ、と一貫して強く主張している。(原註61)

しかし、ここに典型的に示されている政治的日和見主義によって、二〇世紀を通じてサラフィー主義は苦しい立場に置かれるはめになった。リベラルなイスラーム復興運動として登場したサラフィー主義は、政治的な力関係に応じて利益をはかり、宗教的・倫理的信念を曲げて妥協をくりかえしている。ナショナリズムからの挑戦を受けると、（たびたび公共の利益と必要性という論理を援用しながら）次々にイスラーム解釈を変更して政治状況に敏感に反応し、民族のアイデンティティと自決を求める世俗的な戦いに加担した。自己再編や自己の再定義をくりかえし、たえず変化する政治的な力関係に対応した結果、サラフィー主義の道義的な力は弱まり、節操のないものになったのである。

結局、サラフィー主義の倫理的・道徳的原則がどういうものなのかははっきりしないが、政治的状況に応じてたえず変化する、あからさまな現実主義的側面をもっていたことだけは間違いない。二〇世紀の半ばには、サラフィー主義は明らかに苦しい護教論《ごきょう》に陥っていた。イスラームの至高性を強調しながら、同時に西洋文明との両立も可能だと訴えて、イスラームとその教えを西洋化と近代性の荒波から守ることに終始していた。

護教論者は現代の知的課題に対応する際、教義の批判的検証もせず、いかにも敬虔な信徒らしくイスラームの完全性にまつわる根拠の怪しい説を唱えた。彼らはよく次のように主張する。「現代の価値のある制度や慣習を最初に考案し、実現したのはムスリムである。したがって、西洋にこのような制度や慣習が生まれるずっと前から、イスラームは女性を解放し、民主主義を生み出し、社会的多元主義を承認し、人権を守っていたのだ」（原註62）しかし、このような主張は、イスラームの教えを批判的に検証した結果生まれたわけではない。まして西洋の制度や思想に深く傾倒したり、その意味を正確に理解したりした結果でもない。それどころか、その主な目的は、イスラームの価値を肯定するとともに、ある意味で自らを励ますことにあった。護教論者は、民主主義、人権、女性の権利などの問題はイスラームに由来すると簡単に言うが、そのような問題にまともにとりあったことなどないのである。彼らによれば、真正なイスラームを実践しさえすれば、社会は民主主義、人権、経済発展、女性の権利などの恩恵を十分得られるという。だが、その考え方から必然的に生まれたものといえば、根拠のない自信と、イスラームの教えも現代の諸問題も真剣に考えようとしない無気力な精神だけである。(原註63) 初期に日和見主義的傾向があったことは護教論的文献にもはっきり示されているが、その後、サラフィー主義は浮わついた気まぐれな思想へと変化し、系統的で厳密な分析の試みもほとんど見られなくなった。一九六〇年代には当初の楽観的なリベラリズムは姿を消し、リベラルな要素と言えるのはほとんど護教論的主張だけになっていた。

その一方、複雑な社会的・政治的状況の中で、ワッハーブ主義はその過激で不寛容な姿勢を一部修正した。一九七〇年代にはサラフィー主義の語彙《ごい》と思想を吸収し、両者はほとんど区別がつかないまでになっていた。両者ともイスラームの黄金時代を想定し、かつて存在したとされるユートピアを、今日のイスラーム世界で完全に復活させ、再生できると信じていた。歴史の批判的考察に関心をもたず、信頼できる原典だけをよりどころにして現代の難題に対処する点も共通している。また、ともに一種の平等主義と反エリート主義を標榜《ひょうぼう》し、やがて、主知主義や合理的な道徳観は大衆にとって近づきがたいものであり、純粋なイスラームの教えを腐敗させるものと考えるまでになった。変な話だが、知的能力が試される複雑なものは何でもイスラームの教えに反するとされたのだ。著しく豊かなイスラーム哲学の伝統が両者の背景にあることを思えば、これはかなり奇妙な考え方だった。

このような類似性のおかげで、ワッハーブ派はサラフィー主義を容易に取り込むことができた。今日見られるような至上主義的な思考が幅をきかせるようになったのは、ワッハーブ主義では当初からだが、サラフィー主義の場合は護教論に陥った後だった。ムハンマド・アブドゥやラシード・リダーといった初期のサラフィー主義者の論文には高い学識が認められたものの、それも次第に影をひそめ、ますますワッハーブ派の論文と見分けがつかなくなった。一九七〇年代に生じた両者のこの融合によって、今日の厳格主義勢力の神学理論が形成されたと言ってもいい。(原註64)

厳格主義的な指向性がもっとも顕著に見られるのは、マウドゥーディー(一九七九年没)や一九六六年に処刑されたサイイド・クトゥブらの論文だ。程度の差はあるが、二人ともサラフィー主義者でありワッハーブ派である。マウドゥーディーは、二〇冊以上の著書をもつイスラーム主義の有力な思想家であり、アラブばかりでなくインドやパキスタンのムスリムにも大きな影響を与えた人物だ。彼もアブドゥルワッハーブと同様、ムスリム社会全体が暗闇と無知が支配するイスラーム以前の状態(「ジャーヒリーヤ」の状態)に逆戻りしたと考えた。ムスリムは真の信仰を失い、しばしばその言動に「タウヒード」(神の唯一性)に対する理解の欠如があらわれているとして、男女の隔離に賛成し、正当な言動や儀式慣行が真の信仰の証しになると強調した。ただし、ムスリムをむやみに背教者と宣告して処刑するような方針はとらず、生涯を通じて暴力に訴えることはなかった。パキスタンでかなり大規模な大衆運動を指導したマウドゥーディーは、大衆の圧倒的な支持を集めて政府を倒し、権力を握ることをめざしていた。原則的には暴力の行使に反対しなかったが、早まって暴力に訴えると国家の弾圧にあい、かえってイスラーム主義勢力が敗北する結果になると考えていた。

マウドゥーディーとアブドゥルワッハーブのちがいは、状況のちがいと言ってもいい。部族間の争い、アラビアの弱体国家の存在、オスマン帝国の弱体化をねらうイギリスからの支援など、さまざまな要因から、アブドゥルワッハーブは教義を広める基本的な手段として暴力を行使した。それに対し、マウドゥーディーは漸進《ぜんしん》的ジハードという説を唱えた。つまり、力の均衡が有利に働かず、勝算がなければ暴力を行使するべきではないが、均衡が変われば暴力も正当化される、と主張したのである。

この二人にはきわめて重要な類似点があった。それは、真のイスラームにのっとった、新しいより良い社会の構築を夢見ていたことだ。彼らによれば、この理想的な新社会は一種のユートピア国家であり、預言者ムハンマドがマディーナに建設した都市国家を必ずモデルにしなければならないという。結局、マウドゥーディーとその多くの信奉者も、ワッハーブ派と同様、厳格主義的な法解釈を国民に強制する独裁的神権国家が望ましい、と考えていたのである。ただ、イスラーム国家は「テオ－デモクラシー」（神権政治と民主主義を結合させた政体）だというマウドゥーディーの主張には、欧米の影響が認められるのは確かだ。といっても、これは、パキスタンを宗教的独裁国家に変えようとした罪で告発された信奉者の弁護のために、彼が考え出した方便にすぎなかった。

サイイド・クトゥブはありとあらゆる過激派の産みの親だとよく言われるが、この非難は必ずしも正確ではない。クトゥブはエジプトのナセル政権によって死刑判決を受けた。ただ、暴力行為の罪を問われたのではなく思想裁判によって処刑されたため、その思想に同意できない者からも殉教者として記憶されている。当然ながら、クトゥブが長年にわたってムスリムの記憶に残る存在になったのは、この殉教のおかげである。

その上、クトゥブは複雑な人物で、生涯の大半を穏健なムスリムとしてすごし、クルアーン解釈と文芸評論に数々の優れた業績を残している。教養が高く、幅広い分野の読書によって西洋哲学はもとより、マウドゥーディーやアブドゥルワッハーブの著作にも通じていた。だが彼がこの二人の思想に初めて注目したのは、ナセル政権下で逮捕され激しい拷問を受けたときだった。そしてこの体験が転機となって、クトゥブは過激派に転じ、有名な『道標（*Milestones on the Road*）』という代表作を書いて後に大きな影響を与えることになる。

過激派としてのクトゥブは、イスラーム厳格主義の影響と矛盾の両方を典型的に示していた。その思想には、サラフィー主義、ワッハーブ主義、西洋思想などが混在していたのである。真のイスラーム社会と正しいイスラーム信仰を解説した『道標』も、実はファシズム的思想の体裁をイスラームでとりつくろう試みにすぎなかった。

エジプトのムスリム同胞団のメンバーだったクトゥブは、創設者のハサン・バンナー（一九四九年暗殺）と同じく自分もサラフィー主義者であると主張した。だが一方で、アブドゥルワッハーブのように、社会を真のムスリムと「ジャーヒリーヤ」（イスラーム以前の無明時代）に生きる者とに分けて考えていた。彼の見方によれば、真のイスラームの地へ移住すること（「ヒジュラ」)はすべてのムスリムに課された義務であり、その義務を怠る者は背教者や不信心者とみなされてしかるべきだという。また、クルアーンは真のムスリムの憲法であり、神だけが主権をもっているとも主張している。つまり、真のイスラーム社会では、神だけが法をつくり、統治者が神の命令を忠実に実行すれば完全な正義が達成されるということだ。したがって真のイスラームの地は、隅々までイスラーム法によって統治されなければならないというのである。当然、専門的な法学者ではなかったクトゥブもマウドゥーディーも、伝統的なイスラーム法学の知識に乏しかった。それにもかかわらず、アブドゥルワッハーブと同様、イスラーム法が疑問の余地のない確固たる法であり、生活のあらゆる面を律する厳格な神の掟だと思っていた。クトゥブは、イスラーム法がまるで万能薬でもあるかのように、実践すれば完全なる神の正義が実現されると信じていた。

クトゥブの主張によれば、ムスリムは真のイスラーム社会が築かれた場合、すみやかに移住し(「ヒジュラ」)、定住しなければならない。また、それが存在しなければ、ムスリムとは名ばかりの異教徒が住む邪悪な社会との接触を断たなければならない。真のムスリムは、社会にはびこるイスラーム以前の無明(「ジャーヒリーヤ」)に汚されないように社会から身を引き離し、自ら共同体をつくって、真のイスラーム国家の建設に全力を傾注する義務があるという。

ムスリムをすぐに背教者と決めつけたがるクトゥブの考え方は、真の信仰と背教に関するアブドゥルワッハーブの説明によく似ている。クトゥブもアブドゥルワッハーブと同様に、大部分のムスリムを偽善者や異教徒と非難した。ようするに、本当に救われるムスリムの共同体が、真のイスラーム国家を建設し、神の法を実践するためにその他のムスリムと戦う、という思想を二人とも信じていたのである。ただ、クトゥブが提示した理想的なイスラーム国家のビジョンのほうが詳細だったのは、西洋の思想家、とりわけドイツのファシズム思想家カール・シュミット（一八八八〜一九八五）の影響があったからだ。シュミットについては一言も触れていないが、『道標』を注意して読めば、その思想、構成、表現などの多くは、シュミットの著作の翻案だとはっきりわかる。(原註65)

サラフィー主義者の変わりやすい運命をまさに象徴するかのように、クトゥブが『道標』を書くと、サラフィー主義者を自称するムスリム同胞団の最高指導者ハサン・フダイビーが、それを論駁《ろんばく》する本を書いた。フダイビーはアブドゥルワッハーブやマウドゥーディーの思想を批判し、イスラームの寛容な教えと矛盾するとして「タクフィール（ムスリムを不信心者と宣告すること）」に激しく抗議した。また、ムスリム社会は総じて無明時代（「ジャーヒリーヤ」）に逆戻りしたという見解にも異議を唱え、こう訴えている。「イスラーム社会はあまりに西洋化しすぎたかもしれないし、イスラームの一部の価値観から逸脱しているかもしれない。だがそれでもイスラーム社会であることに変わりはない。ムスリムが直面するあらゆる問題を解決するには、暴力的手段に訴えたり変化を強制したりするのではなく、漸進的な改革の必要性を説き、その実現に努めなければならない。いかなる場合でも、ワッハーブ派のように、ムスリムが殺されるのは当然であるとか、自分が一般社会と戦争状態にあると考えるのはとんでもない誤りである」

意義深いことに、フダイビーは、政治的主権は国民に属するのが当然であり、神権政治はイスラームの神学理論はもとより歴史や道徳にも矛盾する、と述べている。彼は神に主権があるという考え方を厳しく批判し、それがイスラームとは無縁な考え方であるにもかかわらず、悪用されていると訴えた。神だけが主権をもつユートピア国家は実際には実現不可能で、政治的認識が甘いというのだ。裁判官でも法学者でもあったフダイビーは、その著書でイスラーム法に対する造詣の深さを示している。それによると、どんなものであろうと、ムスリムが直面するような問題は、イスラーム法を適用すれば解決できるとはかぎらず、法の執行にふさわしい制度上の仕組みと社会状況がまず存在していなければならないという。

ムスリムなら『道標』のうわさぐらいは耳にしたことがあるだろうし、クトゥブの著書はどこでも手に入る。だが、それはフダイビーの著書には当てはまらない。この事実は実に多くのことを物語っている。フダイビーの著書はほとんどの者が聞いたこともないばかりか、絶版になって久しいため、探すのにも苦労する。(原註66) 残念ながら、彼のリベラルな著書が書かれたときには、とっくの昔にサラフィー主義はリベラルな側面を失っていた。そこに表現されたものは、サラフィー主義の思想とはもう呼べないフダイビー独自の思想にすぎなかった。(原註67) 今日、サラフィー主義者は、二〇世紀初頭のリベラルなサラフィー主義者の思想を認めないのと同様に、フダイビーの思想もまったく認めていない。

一九七〇年代に、ワッハーブ主義とサラフィー主義を融合する見解を打ち出したのは、サリフ・サラーヤー（一九七五年処刑）、シュクリー・ムスタファー（一九七八年没）、ムハンマド・ファラジュ（一九八二年処刑）といった新たな厳格主義者たちだった。武闘派組織の指導者だったこの三人は、エジプトでテロ行為を犯した罪でみな処刑された。この中では、『隠蔽された義務』という名高い著書をもつファラジュがとくに強い影響力をもっていた。(原註68) ファラジュは、一九八一年に起きたサーダート（サダト）大統領暗殺事件の中心的イデオローグでもある。彼は著書の中で、あらゆるイスラーム国家の反イスラーム的支配者に対して、容赦ない武装闘争を行うように呼びかけた。さらに、不信心者として破門され攻撃されても当然なのは支配者だけではなく、すべてのムスリムも背教者同然に堕落した者として扱う必要があると主張した。

ファラジュはもとより、その前のサラーヤーとシュクリーも、イスラーム社会が方向を間違えて堕落した、というアブドゥルワッハーブとクトゥブの見解を受け入れ、真のイスラームが実践される新しい社会を夢見ていた。また、三人とも今日のイスラーム社会との関係を断ち切り、同胞のムスリムとの精神的な結びつきも一切拒否したので、(原註69) エジプトのような国も、イスラエルと同様の反イスラーム国家だとみなしていた。(原註70) 彼らはクトゥブの世界観を受け入れ、異教徒的な社会から身を引くという考え方も認めていたが、武力闘争に消極的な考え方については否定した。むしろ彼らは、異教徒的な社会を反イスラームと断罪して攻撃するアブドゥルワッハーブの思想に強く惹かれていた。したがって、ファラジュら過激派の神学上の見解は、クトゥブよりアブドウルワッハーブにはるかに近い。これこそ、新世代の厳格主義者たちがクトゥブに対して態度を決めかねていた理由である。彼らは世界をイスラーム社会と反イスラーム社会に二分するクトゥブの考え方に魅力を感じながらも、武力行使に消極的な姿勢を疑問視していた。そのため、アブドゥルワッハーブを称賛し、理想化する一方で、たびたびクトゥブを攻撃し非難した。(原註71)

かつて伝統的な法学者たちはワッハーブ派を現代版ハワーリジュ派と呼んだが〔六六ページ参照〕、新世代の厳格主義者にも同じレッテルが使われた。ワッハーブ派のように、彼らもイスラーム法学者に対しては軽蔑の念しか抱いていなかった。その証拠に、一九七七年、シュクリー・ムスタファーが率いるグループは、ムハンマド・ザハビーを誘拐し、殺害した。ザハビーは、アズハル大学を卒業した有徳のウラマー〔宗教学者・法学者〕であり、宗教相〔ワクフ省大臣〕を務めたこともある人物である。シュクリー・ムスタファーの思想は、細部に至るまでアブドゥルワッハーブの思想とそっくりだった。(原註72)

一九七〇年代には、サラフィー主義はワッハーブ主義にすっかり吸収され、反自由主義的価値観の象徴になっていた。この吸収によって生まれた厳格主義は、相変わらず不寛容で至上主義的なものだった。女性を抑圧し、合理主義に反対するのはもちろん、ほとんどの創造的芸術表現に敵意を示し、厳しい直解主義を主張した。

ただし、イスラーム武闘派グループは例外なく厳格主義者、サラフィー主義者、それにワッハーブ派だと言えるが、厳格主義グループがすべて武闘派とはかぎらない。一部にはマウドゥーディーやクトゥブの見解を採択し、基本的にワッハーブ主義に従いながらも、暴力を使わず、持続的な改革運動や改宗を通じて真のイスラーム社会を築こうとしていたグループもあった。

イスラーム政権の大多数は、暴力的手段に訴えないかぎり厳格主義勢力を容認したが、思想的に有効な対応策を示した国はほとんどなかった。ムスリムの学者と知識人が、厳格主義勢力の基盤であるワッハーブ主義との対決を避けたことも、その主な原因と思われる。とくに一九八〇年代や一九九〇年代には、スーフィーとシーア派を除けば、ワッハーブ派がサラフィー主義に及ぼした影響についてあえて批判する学者はほとんどいなかった。(原註73)サウジアラビアやワッハーブ主義に対する批判は、大胆不敵どころか危険な行為だと考えられていた。その理由の一つは、マッカとマディーナという二大聖地を支配するサウジ政権が強大な力をもっていたからだ。つまり、世界各地のムスリムが聖地へ巡礼できるかどうかは、聖地への立ち入りを規制し、ビザを発行する権限をもつサウジ政府の判断にかかっていたからだ。ただこれだけのことで、サウジ政府は世界中のムスリムの生活を大きく左右する力をもっていたのである。たとえば、あえてワッハーブ主義を批判した学者は、ビザの発行を拒否され、聖地への巡礼ができなかった。巡礼がかなわなければ、一般の敬虔な信徒は精神的に大きな打撃を受けたはずだ。(原註74)また、一九七〇年代後半から一九八〇年代の初めにかけて、サウジアラビアは、イスラーム諸国にかぎらず世界中のムスリムに向けて組織的にワッハーブ主義の宣伝活動を開始していた。(原註75)さらに重要なのは、複雑な世界規模の組織を創設して、「正しい」思想を支持する者はもちろん、ワッハーブ主義への批判を控えたにすぎない者にもたっぷり奨励金を与えていたことだ。

この奨励制度は、出版される著作物をはじめ権威ある団体や会議のメンバーの決定に、サウジ政府の意向を反映させる目的でも利用されていた。ほとんどのイスラーム国家とサウジアラビアとの間に富の格差が存在し、オイルマネーがイスラーム世界を席捲《せっけん》している状況では、ムスリムの学者がワッハーブ主義に批判的な発言をするのは容易なことではなかった。具体的な例を挙げれば、エジプトのアズハル大学で一〇年間教鞭をとるよりも、サバティカル〔研究のための長期有給休暇〕をとって、サウジアラビアの大学で半年研究したほうが収入がよかったのである。また、ワッハーブ主義を支持する作家や「イマーム」〔法学者〕は、非常に有利な契約や多額の補助金・奨学金をもらうことができた。サウジ政府はワッハーブ主義を支持する作家の著書を大量に買い上げ、彼らに大きな利益を保証するとともに、出版社が一定の傾向をもつ本を発行するように仕向けた。実は、一九八〇年代から一九九〇年代にかけてもっとも憂慮すべき事態は、リベラリズムと合理主義で知られるムスリムの学者の中にも、アブドゥルワッハーブとワッハーブ主義を擁護する本を書く者が出てきたということだ（現代の難題にもっともうまく対処できるのはワッハーブ主義だと擁護している）。動機はともかく、このような作家たちは宣伝活動に貢献したとして十分な報酬を与えられたが、その著書は内容的に偏りがあるばかりか、不正確な史実に満ちていた。(原註76)

一九八九年、サラフィー主義の有力な法学者で数多くの著書をもつ、ムハンマド・ガザーリー

（一九九六年没）は、思いがけない行動に出た。ワッハーブ派がサラフィー主義の信条に与えた影響について辛辣《しんらつ》な批評を書いたのだ。ガザーリーは、自称サラフィー主義者の反合理主義的思考と背徳行為に次第に嫌気がさし、厳格主義勢力にも総じて幻滅を感じていた。現代のイスラームに対するワッハーブ派の影響を認識しながら、彼はあえて直接的な批判はせず、彼らを「ハディースの徒（アフル・アル・ハディース）」と呼んで、イスラームの原典を字義どおりに解釈する、いわゆる直解主義や反合理主義的な姿勢を厳しく批判した。

「ハディースの徒」とは、イスラーム史において直解主義を志向する集団全体を漠然と指す言葉である。彼らは預言者ムハンマドの教えを、人間の解釈や理性で「堕落」させず忠実に守ることを主張した。預言者ムハンマドとその教友たちの伝承（範例・慣行）を収集・編集して流布させるとともに、その言行録（ハディース）を人間の主観を交えず法判断のよりどころにしなければならないというのだ。一〇世紀（ヒジュラ暦四世紀）には、ハンバル学派の創始者イブン・ハンバル（二四一／八五五年没）の信奉者と「ハディースの徒」の間には密接な関係があった（ただし、「ハディースの徒」は従来の学派ではなく真実だけに従うことを主張した）。その思想的類似性から、直解主義的な厳しい解釈を重んじるハンバル学派の学者を「ハディースの徒」と呼んでいた時期もあった。何より重要なのは、従来の法学では、「ハディースの徒」が狭量、保守主義、無知などの象徴と考えられていたことである。（原註77）

ガザーリーにとって、当時のイスラームの原典に対するサラフィー主義者の姿勢は、近代以前に杓子定規な直解主義を唱え、合理主義的解釈を一切否定した「ハディースの徒」を連想させるものになっていた。[原註78] ガザーリーはまた、ワッハーブ派を「ハディースの徒」と呼ぶことによって、いわゆるイスラームの「薬剤師」と「医師」をめぐる昔ながらの論争をも示唆していた。古典学者の説によれば、伝承を収集し流布させる「ハディースの徒」は、薬剤師のように薬物をつくって保存するが、病気の診断法や適切な薬を処方する方法は知らない。一方、法学者はどちらかと言えば医師のように、薬剤師に提供された薬を使うだけでなく、優れた知識と技術を使って病気の治療も行うという。[原註79]

ガザーリーもまた、伝統主義者である現代の「ハディースの徒」が、伝承を収集し、記憶するすべは知っていても、法源と法的方法論の相互作用によって法学が生まれるということを理解していないと考えていた。つまり、伝統主義者（すなわち薬剤師）は、どうやって法的手法を適用し、原資料を解釈すればいいのかわかっていない。互いに競合し矛盾する証拠を吟味する、法の目的と手段をはかりにかける、私益と公益を見積もる、ルールや原則の軽重を比較する、範例に対する服従と変化の要求とのバランスをとる、意見の相違を招いた原因を把握する、法判断に不可欠な他の諸々の見解を研究する、といった方法を心得ていないというのである。

ガザーリーに言わせれば、伝統主義者は法理論や専門的な法的方法論に関する教育を受けていないので、法判断を公表する資格がない。その上、法学に背を向けて法を実践しようとすると、結局、手っ取り早く「ハディース」を武器にして敵対者を攻撃することになるという。実際に、ワッハーブ派は預言者ムハンマドの伝承を武器にしているにすぎない、とガザーリーは非難した。法学の理論と方法論の素養がないため、ワッハーブ派の法解釈は気まぐれで、ご都合主義的なものになる。彼らは預言者ムハンマドの数々の伝承から、自らの独断と偏見を裏づけるような範例・慣行を探し出す。そしてそれを自己正当化のために勝手に利用すると言ってもいい。(原註80)そ の結果、伝統主義者は、往々にして自らの文化的習慣や好みとイスラーム法を混同し、文化的偏見を裏づける都合のいい証拠を選び出しては、それがイスラーム法で定められた慣行だと主張する。このような人々は、神意の解釈に体系的な方法論や信念に基づく方法を適用しないため、結局イスラーム法を腐敗させることになる、とガザーリーは断言している。

ガザーリーはさらに踏み込んで、彼らのたえまない狂信的行為によって、世界中でイスラームのイメージが悪くなったと非難した。現代の「ハディースの徒」(ワッハーブ派)は、孤立主義的で傲慢な考え方に凝り固まり、非ムスリムがイスラームやムスリムについてどう考えようと気にもかけない。この尊大で偏狭な考え方は、イスラーム思想をおとしめ、弱体化させるとともに、イスラームの普遍主義とヒューマニズムを否定するものだという。さらにガザーリーは、彼らはイスラームをヒューマニズムのかけらもない不毛で過酷な環境に追い込んだと断言し、実は、ワッハーブ派の影響を受けた現代のサラフィー主義者はベドウィン的イスラームを創出し、これが広まって影響力をもつようになったのだ、と述べている。

ガザーリーはイスラームの伝統的な法学を強く弁護し、法学派の解釈に対してあいまいで否定的な姿勢を見せるベドウィン的イスラームを非難した。彼は「サラフィー主義」の定義上の混乱についてては触れず、サラフィー主義の先駆者であるムハンマド・アブドゥやラシード・リダーといった学者の法学理論に戻る必要があると訴えた。言いかえれば、サラフィー主義を本来のリベラルで開かれた改革運動に戻そうとした。そして、サラフィー主義とワッハーブ主義をもう一度切り離して差別化するために、暗に後者が前者を堕落させたと主張していたのだ。

一九三〇年代以降、名のあるムスリムの学者でこのような批判を試みた者はいなかった。ガザーリーはイスラーム思想の現状を自己反省し、批判的に評価した結果、ムスリムの数々の失敗は身から出た錆《さび》だという結論を下す。民主化や近代化がうまくいかず、人権が尊重されず、世界中でイスラームの評判が落ちたのは、反イスラーム勢力の謀略によるものではない。ムスリムがこのような失敗を他人のせいにするのはイスラームの倫理観に反していると彼は言う。

残念ながら、ガザーリーが取り組もうとしていた問題は意外に根強く、また複雑になっていた。長年の間、ムスリムの有力者はワッハーブ派が大量虐殺を行ってきた事実について沈黙を守っていた。その上、サウジ政府の勢力範囲はガザーリーの予想をはるかに超えて広がっていた。たとえば、二〇世紀初頭の法学者の中でとくにリベラルで創造力に富む人物とされ、ガザーリーも称賛するラシード・リダーですら、ワッハーブ派を擁護していた。リダーは多くの論文で、アブドゥルワッハーブを改革運動の中心人物であり、サラフィー主義の草分け的存在として評価している。しかし、そのリベラルな思想と著作が基本的にワッハーブ派の教義と矛盾していたことから、リダーは死後にはワッハーブ派の非難と中傷の的になった。（原註81） イスラーム世界でワッハーブ派が強い影響力をもっていた証拠に、サウード家はリダーの著作を発禁処分にしたうえ、エジプトでの復刊も巧妙に阻止した。このため、概してリダーの著作は非常に見つけにくくなったのである。（原註82）

サウード家のたえまない圧力によって、著作の発表が不可能になった思想家は他にもいる。それはムハンマド・アミール・フサイニー・サヌアーニー（一一八二／一七六八年没）というイエメンのリベラルな法学者だ。サヌアーニーはラシード・リダーよりおよそ一五〇年前にこの世を去った人物だが、やはりリベラルなサラフィー主義の創始者の一人である。彼もまた、アブドゥルワッハーブをサラフィー主義の改革主義者として称賛したばかりか、詩まで書いて敬意を表している。ただリダーとちがって、ワッハーブ派による数々の残虐行為を知った後は、非人道的なイスラーム勢力の弁護をやめて、新たにアブドゥルワッハーブを激しく非難する詩を書いている。（原註83）

リダーではなくサヌアーニーと同じ道を選ぶ法学者がもっと大勢いたとすれば、おそらく、サラフィー主義はリベラルな傾向を失わず、ワッハーブ派にやすやすと吸収されることもなかっただろう。また、サラフィー主義がリベラルな思想を保持していたとすれば、たぶん、ワッハーブ主義の拡散を食い止める役割もはたしていただろう。ただし、サウジアラビアがワッハーブ派を援助していただけに、その勢力拡大を阻止する有効な手だてがあったかどうかは疑わしい。

サウジアラビアの広範囲に及ぶ影響力を考えれば、ガザーリーの著書が怒りをともなった爆発的な反響を引き起こしたのも驚くには当たらない。ガザーリーを糾弾し、その動機と能力を疑問視する著作が厳格主義者によって次々に発表され、その著書を批判する大規模な会議もエジプトやサウジアラビアで何度か開かれた。また一九八九年には、サウジアラビアの新聞『アル・シャルク・アル・アウサト』が長文の反論をたびたび掲載している。サウード家の影響力が及んだのか、予想に反して、ガザーリーに批判的な本のほとんどがサウジアラビアではなくエジプトで出版されたことは特筆に値する。(原註84) イスラーム法の素養が足りないという信じがたい批判が多かったが、西洋かぶれ、あるいはたんに裏切り者と言いがかりをつけるものもあった。厳格主義者らのこの敵意に満ちた反応が、ガザーリーの主張によってムスリムに対する支配力が失われるのではないか、という不安のあらわれなのかどうかは判然としない。だが、少なくとも、あえて同じような自己批判を試みようとする他の学者をおじけづかせたのは間違いない。ワッハーブ主義批判には手をそめず、擁護論や世俗的な政治目標にしがみついていたほうがはるかに無難だったからである。(原註85)

ガザーリーは、著書をめぐる論争が収まった直後にこの世を去った。ガザーリーと面識があった私は、彼がイスラームの将来とサラフィー主義の運命をとても案じていたことを知っている。しかし今やその著書は、サラフィー主義の変質——その変質によって、一九世紀の終わりから二〇世紀の初頭にかけてリベラルな改革を訴えた法学者の努力が、少なからず水泡に帰した——に対する抗議の象徴となっている。この五〇年の間に、近代化の推進力となる可能性もあったサラフィー主義は、護教論的な思想に変質し、ワッハーブ主義と結びついたことによって、武力行使をも辞さない強力な厳格主義勢力を生み出すことになったのである。

第4章　現代のイスラーム厳格主義者たち

厳格主義者のものの考え方は極端だ。現在の厳格主義の潮流はワッハーブ主義とサラフィー主義の結合によって生まれたが、その根底には深い敗北感、疎外感、挫折感などがある。両者が融合した結果、現代世界の権力機構からはっきり疎外されたばかりでなく、イスラームの遺産と伝統からも遊離することになった。厳格主義といっても、それを標榜する正式な団体や学派が存在するわけではなく、神学上のある思想傾向をあらわすにすぎない。したがって、そこには多種多様の思想や主義主張が含まれるが、すべてに共通する特徴は至上主義的な考え方だ。それによって、得体の知れない「他者」（欧米諸国、一般の不信心者、いわゆる異端のムスリム、女性のムスリムなど）に対して独善的で傲慢な態度をむき出しにしながら、敗北感、無力感、疎外感などを埋め合わせようとする。この意味で、イスラーム厳格主義者を至上主義者（supremacist）と呼んでも間違いはない。というのも、至上主義者は世界を極端に二分し、自分たちだけが優れた立場にいると考えるからだ。厳格主義者は、たんなる護教的姿勢ではなく、「他者」に対して厳しく傲慢な態度で権力を誇示し、無力感や敗北感を克服しようとするのである。

厳格主義者の特徴は、主に次の二つの問題に対する考え方にはっきりあらわれる。

1．イスラームの原典が絶対的な生活規範であるかどうか
2．美的価値観や、「善」について考えて善を実現する生来の能力が人間にあるかどうか

当然ながら、厳格主義者は原典の役割を過大視するあまり、それを解釈する人間の力を軽視する。彼らは原典に安心立命を求め、クルアーンと預言者ムハンマドの言行録（ハディース）などを盾にして批判をかわし、理性や合理性が求められる難問から逃れようとする。厳格主義者に言わせれば、人間生活のほとんどの側面は原典によって規制されるばかりか、その「著者」によって原典の意味はすでに規定されているので、信徒は何も考えず原典を字義どおりに解釈し実践しさえすればいい。神の命令は余すところなくそこに記されており、解釈する人間の主観は、神の命令を理解し実行することには関係がないという。したがって、人間の美的価値観や道徳観は、意味のない余分なものと考えられているのである。

しかし、私から見れば、厳格主義者は完全性を備えた原典を敬うどころか、悪用しているとし

か思えない。原典に対する彼らの姿勢が偽善的で一貫性に欠けるのは、客観性を強調しながら、実は自らの社会的・政治的な欲求不満と不安を原典に投影し、その根拠をしいて見出そうとするからだ。たとえば、欧米諸国に怒りを覚えれば、その敵意を正当化するような法解釈を行い、女性を支配して己の無力を慰めたければ、女性は無力で男性に従うべきだと決めつける解釈を行う。いかなる場合でも、原典のおなじみの言葉は、厳格主義者の都合のいいように解釈されるのである。まったく字義どおり、客観的に解釈し、個人的主観を排除して原典の教えを忠実に実践している、と彼らはいつも主張する。だが、この言い分はたんなる言い逃れであり、正しくない。なぜなら、どんな場合でも、厳格主義者の解釈は完全に主観にとらわれているからだ。

私は他の著書で、厳格主義者の法解釈が完全に専制主義的・権威主義的なものだと述べたことがある。イスラームの原典は、社会の反動的・復古的な動向を裏づける典拠として、一部の特殊な集団にいつも悪用されてきた。（原註1）ガザーリーが厳格主義者を「ハディース」を武器にしている――彼らは継承されてきた教えや法を利用して敵対者を黙らせ、批判的・創造的思考の芽をつんだ――と批判したのもそういう理由からだった。とくに、厳格主義者が西洋の産物とみなす人権や美的価値観などに関して、この傾向が顕著に見られる。

護教論者とちがって、厳格主義者はもはや西洋の諸制度を吸収したり、それがイスラームに由来すると主張したりすることに関心はない。真正イスラームを再生すると称して、彼らはイスラームを西洋とは対極的立場にあるものと明確に規定し、西洋との共存の可能性を模索する護教論者の試みを、本質的に敗北主義だとはねつける。

厳格主義者によれば、ムスリムは植民地主義によって自尊心と尊厳を失い、イスラームに劣等感を抱くようになったため、西洋の機嫌をとろうとたえず無益な競争をするはめになったのだという。実のところ、人生には「まっすぐな道」である神の道と「曲がりくねった道」である悪魔の道の二つしかない。フェミニズム、民主主義、人権といった西洋思想を吸収し、イスラームと融合させようとするムスリムは、悪魔の誘惑に負けて、神の道を逸脱した革新（「ビドア」）を受け入れたというのである。

厳格主義者は、イスラームだけが人生のまっすぐな道であり、他人がどう考えようと、また他人の権利や幸福にどのような影響を及ぼそうと、その道を進まなければならないと信じている。注目すべきことに、そのまっすぐな道（「スラト・ミュスタキム」）が、神の法、すなわちいかなる道徳的・倫理的規範や価値観にも勝る特定の戒律体系にしっかりと支えられている、と彼らは主張する。別の言い方をすれば、きわめて限定された戒律や規則の集合体が、神のまっすぐな道を明確に定義しているので、理性に基づく道徳的・倫理的推論が入り込む余地はないということだ。神の意志は、生活のほとんどの面に関する一連の明確で厳格な法を通じてあらわされる。それゆえ、人間の唯一の目的は、神の法であるイスラーム法を忠実に実践し、神の意志を実現することだと彼らは言う。

一連の法に神の意志があらわされているのであれば、人間はその法に従うしかない。厳格主義義者は、イスラーム法の諸々の戒律や規則だけが道徳的な規範や価値観を規定し、それ以外に考慮すべきものはないと主張する。そして、この厳格に法を遵守《じゅんしゅ》する生き方を至上のものと考え、他の生き方に従う者を、不信心者（「カーフィル」）、偽善者（「ムナーフィク」）、偽信者（「ファースィク」）などと決めつける。彼らの見解では、疑問の余地のない厳格で絶対的な法として、クルアーンやスンナ〔預言者ムハンマドとその教友たちの範例・慣行〕をよりどころにすれば、道を誤ったかどうかを容易に見分けられるという。正しい道を進む者は法に従うが、道を踏みはずした者は法を否定し、おろそかにし、議論する。社会理論、哲学、理論的思考など、予想外の結果をもたらす思考法や問題の対処法は、どれも悪魔の曲がりくねった道にある。神の法の範囲を越えた生活は本質的に神の意志に反する違法行為であり、大いに攻撃し、処罰しなければならないというのである。

厳格主義者は、西洋に端を発すると考える社会的・政治的諸問題に対して、まったく皮肉な態度を見せている。実のところ、彼らの態度は、正常とは思えないほど矛盾している。前に述べたとおり、彼らは哲学、政治理論、道徳、美などの探究をあまりに主観的なもの（もっと悪く言えば、屁理屈を考え出すための西洋独自の文化）として退ける。厳格主義勢力の指導者は、医学、工学、コンピュータ科学といった科学畑の出身者が大半を占めているだけに、経験主義に基づく客観性と確実性を信頼していることは明らかだ。厳格主義者によれば、女性の性的誘惑から社会を守るなどの公共の利益は経験的に立証できても、道徳的・倫理的価値観や何が必要で何が魅力的かといった美的判断は、経験では測りがたいため無視しなければならない。それゆえ、数量化されにくい人間の尊厳、愛、慈悲、同情などの価値観を、法判断に盛り込むわけにはいかないというのだ。

美的判断を受け入れず、ヒューマニズムを西洋の堕落した思想とはねつける厳格主義者は、イスラーム文明の人文主義的な遺産を無意味なものとみなし、哲学、美術、建築、詩、音楽、道徳論をはじめロマンティシズムや恋愛などの分野でも、これまでムスリムが残した業績を無視する。西洋の影響を受けるずっと前に、恋愛、美、騎士道精神などに関する数々の書物がムスリムによって書かれていたが、その事実を彼らは無視する。どちらかといえば、このような厳格主義者の姿勢は、現代に生きるムスリムのよりどころのない不安感を増幅させるだけだ。しかし、それだけにとどまらず、経験主義そのものが西洋の産物だ、という説（この説のほうがもっともらしい）も勝手に黙殺するのである。（もちろん、私は経験主義が本当に西洋の産物だと主張しているのではない。それどころか、ヒューマニズムと同じく、経験主義は西洋で生まれたものではなく人類共通の遺産の一つにすぎない、という事実を厳格主義者が無視していると言いたいのである）

結局、厳格主義者のさまざまな取り組みや業績が、この世における神の王国の実現に寄与したのか、またその可能性があるのかは、今のところ何とも言えない。ただ、イスラームの知的遺産とイスラームの人文主義的・普遍的側面に、まさに壊滅的な影響を与えたと私は考えている。(原註2)

最近注目を浴びているテロリズムの問題に関して注意しておきたいのは、ビン・ラーディン、アイマン・ザワーヒリー、ターリバーンなども、大半のイスラーム過激派と同様、やはり私が厳格主義者と呼ぶ勢力に属しているということだ。ビン・ラーディンはワッハーブ主義の環境で育ったとはいえ、厳密に言えばワッハーブ派とは言えない。ワッハーブ派は内向的な特徴をもち、権力志向は強いが、主に他のムスリムに対して権力を行使する。それに対して、武闘派の厳格主義グループは、内向性と外向性をあわせもつ。つまり、ムスリムばかりでなく非ムスリムに対しても権力を行使しようとする。厳しい独裁政治と外国の干渉のせいで、現代のムスリムはたいてい無力感を抱いているが、このようなグループは、この無力感に対する大衆の反発から生まれたものだ。いろいろな意味で、彼らは極端な無力感を埋め合わせようと極端な権力志向をむき出しにする。そして至上主義的な厳格主義の信条に支えられ、その権力を象徴する行為はきわめて狂信的かつ凶暴なものになるのである。

至上主義的な武闘派グループが現代におけるイスラームの権威の空白を埋めてくれる、という主張は正しいとは思えない。アル・カーイダやターリバーンなどの武闘派グループは、暴力行為で衆目を集めるにもかかわらず、社会学的に見ても理論面から見てもイスラームの傍流である。ただし、こうしたグループは、現代イスラームの有力な思想的・神学的傾向を、極端な形であらわしているのは間違いない。彼らの過激な思想は、ある程度普及した厳格主義的神学理論を基にしている、と私は考えている。ビン・ラーディンは植民地独立後の時代が生んだ典型的なムスリムであることは確かだが、現代イスラームの基調をなす思想傾向の代表者でもある。

現代のイスラームには、イスラームの教えとされるものを無批判に受け入れたにせよ、西洋の伝統と思われるものを頑《かたく》なに拒否したにせよ、植民地独立後の状況に対する防衛反応として形成された側面が多分にある。今日のイスラーム世界にビン・ラーディンのような人物が出てきたのは、イスラームの遺産にも近代性にも違和感を抱き、どちらにも依拠することができなかった結果である。ビン・ラーディンはもとより、厳格主義勢力全体が近代に見捨てられた孤児と言ってもいいが、イスラーム文明の正しい血筋を受け継いでいる、という彼らの主張は根拠があるとは言いがたい。近代化によって彼らは生まれたが、非嫡出子《ひちゃくしゅつし》のように、産みの親である近代性にとってじゃまな存在であるばかりか、イスラーム文明にも根ざしていないのだ。

どんな宗教にも絶対主義的な過激思想に悩まされる時期がある。イスラームも例外ではないが、これまではつねにムスリムの主流派が、過激派を穏健派に変えるか、さもなければ絶滅に追い込んでなんとか主導権を握ってきた。(原註3) ハワーリジュ派以外に、カルマト派やアサッシン（ニザール派）といった過激派も存在し、ひたすらテロ行為をくりかえして大変な悪評を買っていたという事実が、ムスリムの歴史学者や神学者、それに法学者などの著作に記されている。だがこの二つのグループも、数世紀にわたるテロ活動の後に穏健化し、現在は北アフリカやイラクでわずかに残存するだけだ。イスラーム史を見れば、過激派グループはイスラームの主流からはじき出されるという重要な事実がわかる。過激派は周縁に追いやられ、いずれはイスラームの教えから逸脱した異端思想として扱われるのである。

とはいえ、現時点で問題なのは、これまで過激思想を周縁化してきたイスラームの伝統的な諸制度がもはや存在していないということだ。このため、かつてないほど現代のイスラームは困難な状況に追い込まれ、過去のどの過激派よりも、現代の厳格主義勢力がイスラームの道徳的規範や価値観にとって脅威的な存在になっているのである。おそらく、イスラーム世界の中心地であるマッカとマディーナが、これほど長きにわたって厳格主義を奉じる国家の支配下にあったことはイスラーム史上例がないだろう。

世界各地でイスラームについて講義や講演をしていると、よくこういう質問をされる。「イスラームそのものに、どこか過激思想を助長させるところがあるのではないか？　それ以外に、過激な非主流派があれほど大勢の信奉者を獲得し、世界の注目を浴びるようになった理由が考えられるだろうか？」「厳格主義者がイスラーム世界の少数派だとすれば、どうして宗教的権威の空白を埋められるほどの力を得ることができたのか？」　現実にはそんな恐れはないと私は考えているが、こうした恐れがあること自体、実にやっかいであり理解しがたいことだ。

このような質問に対して、私はよく次のように答える。ユダヤ教にはカライ派と呼ばれる学派が八世紀に生まれて、今日でも少数ながら存続している。この派の教義は、主としてタルムード〔ユダヤ教の口伝律法とその注解の集大成〕やラビ教義の伝統とその解釈法を拒否したことに特徴があった。カライ派は、聖書の字義どおりの厳格な解釈にすべての法的根拠を求め、人間の主観を介さず神の法を適用しなければならないと主張したので、当然ながら戒律は厳しく、ときには容赦のないものになりがちだった。ユダヤ教の中では今でも傍流の少数派にとどまっているこのカライ派が、巨万の富をもつとともにユダヤ教の聖地を支配するユダヤ国家から突然資金援助を受けたとしたらどうだろう。これが現実に起きたとすれば、カライ派は支持者の数を大幅に増やし、ユダヤ教の宗教的権威の座をめぐって争うまでになっていたのではないだろうか。

サウード家の援助のおかげで、現代のイスラーム世界で厳格主義が大きな勢力になったのは意外なことではない。現実の状況を考えれば、それは当然のことだった。しかし、もう一つ考慮すべき現実がある。それは、過激派グループが勢力拡大に成功すればするほど、その思想の過激さがひたすら増していくという実態だ。とくに、支持されながら迫害も受ける場合に、この傾向が顕著に見られる。迫害をはねのけて勢力を拡大し続けようとするため、過激派はいっそう先鋭化し、偏った世界観をいっそう強固なものにするのである。したがって、長年支援し、保護してくれたサウジアラビアに、厳格主義勢力が今になって楯《たて》突いているのは驚くには当たらない。アル・カーイダや一部のワッハーブ派の組織は、ワッハーブ派の教義に忠実ではないとしてサウジ政府を転覆しようとしてきた。近年、サウジアラビアでは、テロ事件や軍と厳格主義グループとの武力衝突が相次いで起きている。二〇世紀初頭、厳格主義の教義に背《そむ》いたサウード家の統治者に対してイフワーンが反旗を翻したように（七一～七三ページ参照）、今日の厳格主義グループは、サウジアラビアに似たような怪物を育てた代償を払わせようとしている。また今日のサウード家の統治者も、自らの政権の転覆をねらう厳格主義者という怪物を封じ込めるためには、非ムスリム（今回はイギリスではなくアメリカ）の支援を求めざるをえないのである。

国益のために過激な厳格主義を援助し、利用するのは、いわば危険な火遊びだ——火をつけた張本人にまで火が及ぶ恐れがある——ということは歴史が証明しているが、サウジ政府が厳格主義の支援を止めるとは思えない。かりに穏健派への支援に乗り換えたとすれば、イスラームの正統性を定める力を失うだろう。穏健なイスラーム信仰に関しては、はるかに有利な立場で正統性を主張できる国が他にあるからだ。サウジアラビアが方針を転換する可能性もないとは言えないものの、インドネシア、エジプト、マレーシアといった国々では、穏健なイスラーム信仰がもっと古くから社会に根づいているのだ。サウジ政府はあまりに長く厳格主義を擁護し、その過激な教義を正統なものとしてきただけに、大きな政治改革を行えるとは考えにくい。

厳格主義とイスラームの関係でもっとも注目すべき事実は、イスラームの弾力性である。サウード家の持続的な努力と厳格主義者の大層な犯罪にもかかわらず、イスラームの主流派は今でも健在だ。大半のムスリムは厳格主義者ではなく、彼らが実践しているのは伝統的な信仰に基づく伝統的なイスラームであり、厳格主義の教義とは明らかに異なるものだ。たとえば、厳格主義者は種類を問わず音楽を一切禁止するが、イスラーム諸国にはどこでも多彩な音楽があふれている。厳格主義者は女性が家庭の外で職につくことを認めないが、ほとんどのイスラーム諸国では、女性が労働人口のかなりの割合を占めている。本書で取り上げる厳格主義者の話は、イスラームの主流派にとって例外なのである。

それでも、厳格主義者は主流派を標的にして、自らが真のイスラームと考えるきわめて根本主義的な教義に改宗させようとする。私は、ここに穏健派のムスリムがはたすべき重要な役割があると考える。前述した理由から、法学者たちが過去の例にならって厳格主義勢力を周縁化してくれることは望めない。厳格主義の脅威を退ける明確な主張ができるかどうかは、穏健派にかかっているのだ。穏健派は、ムスリムが共有する歴史認識に訴え、穏健な姿勢こそがイスラームの中心であることを思い出させる必要がある。厳格主義者は、本来のイスラームを自らの社会的・政治的疎外感の克服に利用したが、穏健派は、本来のイスラームを断固として擁護し、権威の空白を埋める努力をするべきである。厳格主義者は、純粋なイスラームの教えを歪曲《わいきょく》し、身勝手でご都合主義的な目的に利用したが、穏健派は、純粋なイスラームの教えを取り戻す努力をするべきである。現代の厳格主義者は、イスラームの教えを変えてはならないと主張するが、穏健派は、自分たちこそ、何世紀も前から受け継がれてきた真のイスラームの守護者である、とイスラーム世界に納得させるべきである。

そのためには、まず穏健派が自らの信条を提示することが肝心だ。私の知るかぎり、本書がその初めての試みである。私が心がけたのは、イスラーム世界の思想家や学者に長年かかわってきた成果をまとめることだ。正直に打ち明ければ、ここには私の主観が入っていると認めざるをえない。第5章以降で説明する神学理論や法解釈は、穏健派を自任するか明らかに穏健派だと思われる人々の著作、講演、対談などを集約したものだ。私の考える穏健派のムスリムとは、敬虔な信徒としてイスラームの五柱（第５章参照）を忠実に実践し、代々受け継がれてきた教えを受け入れながらも、現在イスラームが直面する道徳的・倫理的課題に対処するためには修正も辞さない者だ。

伝統的な教義を一切修正せずに忠実に守るムスリムを、私はふつう保守派と分類しているが、本書では保守派の見方はほとんど考慮に入れていない。保守派も現代に何らかの改革が必要だという見方を認めようとしないため、事実上、厳格主義者との区別がつかない場合がよくあるからだ。実際、保守派も結局は伝統的な教義を字義どおりに解釈する方法を採り入れ、現代に合わせて再解釈する必要性を認めない。私自身が保守派の姿勢に納得できないのはともかく、現在の大方のムスリムが保守主義を支持しているとは思えない。いずれにしろ、保守派の教義については、比較対照のために取り上げるにとどめる。

私は意図的に他にも二つのグループの考え方を無視してきた。イスラームを批判する者、あるいは元ムスリムを、ときに「改革派」や「穏健派」とみなす傾向がこれまであった。とりわけ欧米で顕著なこの見方は、不適切きわまりないと私には思える。ここで私が思い浮かべるのは、著書の中で、信仰を捨てた理由を告白するか、生来のムスリムとしての立場を形式的に維持しているものの、イスラームにもはや何の魅力も説得力も感じない、と公言してはばからない人間である。したがって、この種の人間は、イスラームの五柱を忠実に実践することはおろか、イスラームの教えを望ましいものとも個人的に従う義務があるものとも思っていない。彼らをイスラームの批判者と呼ぶのはいいが、改革派と呼ぶのはとんでもないことだ。彼らが訴えているのは、イスラームの解体である。もっともらしいことを言っても、結局彼らはイスラーム共同体からの離脱を選んだのである。彼らをムスリムと認めるなら、「なぜ私はキリスト教徒でないか」という論文を書いたバートランド・ラッセルをキリスト教徒と認めてもいいということになる。

それでも、欧米の非ムスリムの著作には、このような批評家を真のイスラーム穏健派として扱っているものがあるから驚きだ。これは、自己嫌悪に陥って、イスラームをまったくばかげた嫌な宗教だと思うようなムスリムが真の穏健派だと言っているに等しい。もちろん、何を言おうと彼らの勝手だが、このグループに属する者を穏健派と呼ぶのはばかげている。いずれにしろ、本書の趣旨に反するので彼らの見解には触れていない。

私が考慮しなかったもう一つのグループは、魔法の杖を持つ改革主義者、とでも言うべき者たちだ。宗教的権威の危機に見舞われている現在のイスラーム世界は、素人法学者に悩まされるようになった。専門家を自任するこの連中は、方法論、証拠、異論などに頓着《とんちゃく》せず、自分の思いどおりに真のイスラームを規定する。といっても、彼らが特異な見解を提示していると言っているのではない。苦労して見出した証拠と確かな分析に基づく特異な見解ならば考慮に値する。私が指摘しているのは、現代のイスラーム世界で目につくようになった現象、つまり、法の専門家を自任する者たちが、何の資格もなくイスラーム思想を勝手に改革しようとしている現状だ。

この種の改革主義者の職業は、主としてエンジニアや医師、あるいは有能だと思われる社会学者や政治学者などだが、イスラームの知的伝統や原典に関する彼らの知識と理解力はたかが知れている。それにもかかわらず、あるいはそれゆえに、大ざっぱで根拠のない一般論で本来の真正イスラームを定義するような著書を発表する。イスラーム法学とその方法論の専門教育を受けたわけでもないのに、彼らはしばしば「ムフティー」〔イスラーム法の専門家〕を自任し、広範囲に及ぶ個人的な「イジュティハード」〔独自の新しい分析と思考〕と称するものを訴えるが、結局うぬぼれの強い独善的な法解釈を求めているにすぎない。

穏健派の信条を発表するにあたって、私がこのような自己中心的見解にあまり留意しなかったのは、宗教が独善的な思想に基づいているはずがないという事実を彼らが理解せず、自らの主観的な判断を唯一の根拠にしてイスラームを定義しているからだ。私はよく人にこう尋ねられる。イスラーム法に関して適切な助言ができる人物かどうかを、どのような基準で判断するのか、と。一概には言えないが、最低でも、そのような人間には、イスラーム法学の正規の訓練を二〇年以上受けることに加え、自国の文化に精通し、バランスのとれた人道主義的な考え方をもつことが求められる（たとえば、女性を嫌う人間は、女性に関連する問題に対して正しい裁定ができないからだ）。

私が言う穏健派とは、イスラームを信じて神に対する義務を忠実に守り、イスラームはどんな時代にも通用すると信じるムスリムのことだ。穏健派はイスラームを過去の遺物ではなく、たえず変化し続ける動的な宗教ととらえている。したがって、イスラームの過去の遺産を尊重しながらも現在の生活を大切にする。彼らが主張する改革は、神の意志を無視するものでも否定するものでもなく、むしろ全体的な教義の一貫性に配慮しながら、神の意志を完全に実現しようとするものだ。

穏健派は、釣り合いと節度があらゆる善と美徳の中心にある、と説くクルアーンと預言者ムハンマドの言葉を重要視する。彼らが理解しているか、少なくとも理解しようと努めているイスラームの神学理論では、釣り合いと節度こそが神の創造の基礎となる根本的な法であり、また個人的・社会的公正さや政治的公正さをもたらす主要な属性だとされている。激怒に駆られたときも、ひたすら身を律して穏健で冷静な姿勢を保とうとすれば、精神的にも道徳的にもすばらしい成果が得られるのだ。かつて預言者ムハンマドは、次のように説いたと伝えられている。「イスラームの特徴は中庸であり、ムスリムはいかなる場合でも、公正で釣り合いのとれた穏健な姿勢を保って模範を示さなければならない」この教えを肝に銘じ、このとおりの生き方をしようと最善をつくす信徒が世界中に少なからずいるが、私が言う穏健派とはそのような人々である。

穏健派の詳しい説明に入る前に、また厳格主義者の信条と比較する前に、まず両者の見解が一致する部分を明らかにしなければならない。つまり、圧倒的多数のムスリムがどのような神学理論を支持しているのかを確認しておく必要がある。これはイスラームを定義する教義と言ってもいい。なぜなら、イスラームの原典ではこれらの信条が不可欠なものとされており、またこの特定の信条が神学理論の基盤であるという点で、昔から意見が一致しているからだ。言いかえれば、まずわれわれは、ムスリムなら誰でも信じて疑わない教義を検討する必要があるのだ。

第2部　穏健派と厳格主義者はどこがちがうのか

第5章　あらゆるムスリムに共通する義務

他のあらゆる宗教と同様、イスラームにも基本となる一定の信仰行為がある。少なくともこの一連の行為が、イスラームを定義づける共通の特徴であると言ってもいい。とりわけ「イスラームの五柱（五行）」と呼ばれるものは不可欠だ。一般的に、イスラーム信仰の中心とされるこの五つの行為を忠実に実践することがムスリムの証だと言われている。イスラームの五柱とは次のようなものだ。

1. **信仰告白**（シャハーダ）

これは「アッラーの他に神はなし」「ムハンマドは神の使徒である」とムスリムが信仰を証言することである。イスラームの五柱の中で、もっとも根本的で重要なのがこの信仰告白だ。イスラーム神学では、信仰告白によって公にムスリムになることができるが、逆に告白を拒めば、ムスリムとは認められない。信仰告白では、まず、唯一神を堅く信じ、他の神は存在せず、神は誰から生まれたわけでも誰を生んだわけでもない、というイスラームの根本原理を公言する。さらに、ムハンマドは神が遣わした使徒であり、神の啓示を忠実に伝える預言者である、という信念を示す。ムハンマドは神ではなく人間にすぎない、と考えるところにイスラームの重要な特徴がある。ムハンマドの役割は、神の啓示を言葉どおりに伝え、神の命令どおりに行動することに限られていた。ムスリムは預言者ムハンマドを崇拝するのではなく、神の使徒として敬い、あらゆる点で見習うべき徳の高い模範的人間とみなしているのである。

これが信仰告白の基本的な意味とされているものだ。他にも非常に重要な意味をもつ関連教義がいろいろあるが、欧米ではなじみが薄いものもある。たとえば、イスラームがユダヤ教やキリスト教と関係があると知らされて驚く欧米人も少なくない。したがって、このような見解や教義を紹介する場合、クルアーンそのものに語ってもらうのがいちばん間違いがないので、ここではクルアーンから幅広く引用したい。

前述したように、クルアーンとスンナ（預言者ムハンマドの真の伝承）はイスラームの主要な法源であり、そこにはさまざまな信条や教えが含まれる。クルアーンを預言者ムハンマドに啓示された神の言葉と認めない者はムスリムとは言えない。イスラームの教義では、クルアーンはまぎれもなく神の言葉であり、編集・変更・改訂・改悪などは一切されたことがないということになっている。一方、預言者ムハンマドのものとされる口頭伝承をまとめたものがスンナだ。スンナには、さまざまな状況における預言者ムハンマドの行為の記録をはじめ、すべてムハンマド自身のものとされる教え、判断、指示、声明などが含まれる。クルアーンの場合とちがって、スンナはその信頼性――多種多様の伝承が本当に預言者ムハンマドのものかどうかということ――が問題になる。ムスリムなら誰もが、中には出所の怪しいものもあるということを承知している。しかし、まぎれもなく預言者の範例・慣行と証明されたものには、忠実に従う義務があると考えている。

ムスリムが信じる神はアラビア語でアッラーと呼ばれているが、キリスト教徒のアラブ人もイエスをアッラーと呼んでいる。これは注目すべき事実だ。なぜなら、欧米では、「ムスリムはアブラハムの神とはちがう神を崇拝している」「アッラーという言葉を使うのはムスリムだけだ」などと誤解されている場合が多いからだ。ムスリムは、自分たちがユダヤ教徒やキリスト教徒と同じ神を崇拝していると考えている。クルアーンの「啓典の民」という言葉は、主としてキリスト教徒やユダヤ教徒といった、アブラハムの神を信じる者をさしている（「主として」キリスト教徒やユダヤ教徒と私が述べた理由は、クルアーンではサービア教徒もこの範疇に入れているからであり、またゾロアスター教徒、ヒンドゥー教徒、シーク教徒などはもとより、儒教の信奉者まで啓典の民と考える法学者もいるからだ）。

クルアーンは啓典の民について触れた一節で、三つの一神教の信徒に対して、みな同じ神を崇拝していると念を押している。

「そして〔啓典の民（キリスト教徒やユダヤ教徒）に〕言え、『われわれは、われわれに下されたもの、あなたがたに下されたもの、いずれをも信仰する。われわれの神はあなたがたの神と同一である。われわれは神の帰依者《きえしゃ》である（原註1）』」〔訳註・以下、クルアーンの引用はすべて、『コーランⅠ、Ⅱ』藤本勝次、伴康哉、池田修訳（中央公論新社）による〕

イスラームの教義によれば、同じ基本的な教えを人類に伝える預言者の長い系譜はアブラハム（イスラームではイブラヒーム）から始まるが、その最後の預言者がムハンマドである。したがってムスリムは、アブラハム、モーゼ、イエスなどを同一の神が遣わした預言者として必ず信じなければならない。たとえば、クルアーンの一節には次のような言葉がある。

「使徒ならびに信者たちは主より下されたものを信ずる。一人一人が神と諸天使と啓典ともろもろの使徒を信ずる。われらは使徒たちのあいだでだれをどうと差別しない。彼らは言う、『われわれは聞き、そして従います。主よ、なにとぞお赦《ゆる》しください。われわれが行き着くところはあなたのみもとです（原註2）』」

このように、神はあらゆる預言者を平等とみなし、預言者はみな基本的には同じ教えを奉じていたのである。

同じ考え方は、ムスリムに呼びかけた次のような啓示にいっそう明確に表現されている。

「言え、『われわれは神を信じ、われわれに下されたもの、アブラハム、イシマエル、イサク、ヤコブならびに各支族に下されたもの、モーセ、イエスならびに預言者たちに主より授けられたものを信じます。われわれはこれらの人々のうち、だれがどうと差別しません。われわれは神に帰依します（原注3）』」

この一節では、すべてのアブラハムの系譜に連なる預言者を、分け隔てなく平等に信じるようムスリムに命じている。ただし、イスラーム神学では、一部の預言者が特定の部族や民族に遣わされたのに対して、ムハンマドはすべての人類に最後の完璧な神の教えを伝えたことになっている。また、初期の預言者たちのメッセージは、修正もしくは改悪されて当初の趣旨から逸脱したものになったので、本来の教えに戻すためにイスラームが授けられたと考えられている。

この良い例がキリスト教の三位一体説だ。ムスリムはイエスが自らを神であると主張したとも三位一体説を唱えたとも思っていない。クルアーンは処女懐胎《かいたい》説、聖母マリア、イエスの奇跡などを肯定し、イエス・キリストは精霊の助けを受けたと断言する一方で、キリスト教徒にはイエスの教えを誤解するか歪曲して、「イエスは神である」、あるいは「イエスは神の子である」と主張する者がいると批判している。したがって、イスラームでは、イエスはモーゼと同じくアブラハムの流れをくむ預言者であり、同じように神への帰依を説いたと考えられているのである。クルアーンの中で、イエスがムスリムの預言者として扱われているのは、人類への基本的メッセージがムハンマドのものと変わらないとみなされているからだ。クルアーンによれば、トーラー

（旧約聖書）やインジール（新約聖書）もアッラーによって啓示された聖典である。しかし、一般的には、さまざまな歴史的経緯で人間が手を入れたあげく改悪されたということになっている。それでも、アブラハム以降、神の啓示は本質的には変わりがなく、そこに示された道徳的・精神的な指針は基本的には同じものである、とクルアーンには記されている。たとえば、次のような一節だ。

「神は、ノアにおつげになった宗教を、おまえたちの宗教とお定めになった。それは、われらが汝に啓示し、アブラハムやモーセやイエスに、『信仰を守れ。このことで分裂してはならない』とつげたものと同じ宗教である」（原註4）

啓示や預言者の教えばかりではなく、創造においても本質的に一貫している、とクルアーンは述べている。したがって、預言者ばかりでなく、自然や創造物に対してもムスリムと呼んでいる場合が多い。啓示と創造によって、神の唯一性が証明され、神は、道徳的義務として感謝の祈りを捧げ、帰依すべき存在だと証明されているのである。（原註5）

2．礼拝（サラート）

ムスリムは一日に五回正式な礼拝を行う義務がある。シーア派の場合は、同じく一日に五回の礼拝を行うが、それぞれちがう時間に行うのではなく、三回に分けて行う。ムスリムはまた、週に一度モスクに集まって、金曜礼拝（「ジュムア」）と呼ばれる集団礼拝を行う義務もある。

礼拝はできるだけモスクで行うように推奨される。実際、各モスクでは、毎日五回の礼拝時にそれぞれ集団礼拝が行われているが、金曜礼拝に比べれば出席者が少ないのがふつうだ。通常、集団礼拝を主宰するのは「イマーム」と呼ばれる導師〔法学者〕である。「シャイフ」や「アーリム」といった別の名前で呼ばれることもある。

金曜礼拝は、集団礼拝の前にムスリムの会衆に説教を聞かせることを目的として行われる。説教では会衆全体が関心をもつ問題を論じることになっているが、現在は、特定の社会問題には触れず、主に一般的な教訓を授ける場合が多い。金曜礼拝の説教は検閲を受けないため、大衆運動や政治改革のきっかけとなることがよくある。歴史を振り返っても、金曜礼拝の説教が火つけ役となって、数多くの抗議行動や暴動が起きたのをはじめ、時の政権に対する本格的な反乱すら起こっている。今日では、政府が指示を出して説教の話題を規制しようとする国もある。金曜礼拝の終わりには、ムスリム共同体の社会的絆と連帯感を強める目的で、礼拝者たちはお互いに握手を交わし親睦《しんぼく》を深めるように奨励される。

一日五回の義務礼拝と週に一度の集団礼拝の他に、ムスリムは非公式の礼拝も推奨されるが、これは一日のうちでいつ行ってもかまわない。また、特別の活動のために行われる義務礼拝に自発的に参加してもいいし、どんな状況でもどんな場所でも神に祈り、赦しを請うてもいい。ムスリムは所定の礼拝時しか神に祈ることができない、というのはよくある誤解だ。イスラームでは、神と信徒の関係は直接的かつ個人的なものとされている。したがって、一日五回の決まった礼拝以外にも、厳粛な態度で神を敬い、心身ともに清らかで清浄な環境であれば、形式はどうあれ神を拝むことができるのである。

3. 断食（サウム）

ヒジュラ歴のラマダーン月が断食月と決まっている。断食は、毎日、日の出から日没まで、三〇日にわたって行われるが、この間、身体的に問題のないムスリムは飲食を控えなければならない。また、性交渉、暴力行為、罵詈《ばり》雑言《ぞうごん》なども慎むことになっている。あらゆる面で自制心を養うのが断食の目的であり、ムスリムは怒りを抑え陰口を慎み、すべての悪習を絶つことに集中的に取り組む。

〔訳註・ヒジュラ歴＝預言者ムハンマドがマッカからマディーナへ移住した年から起算する陰暦。イスラーム歴〕

ラマダーン月の間、ムスリムは自らの下劣で卑しい欲望を抑制し、弱みを克服するよういっそう努力しなければならない。イスラーム法源では、これを「ジハード・アル・ナフス」、つまり自己との闘いと呼んでいる。言ってみれば、一人一人のムスリムが断食月に個人的ジハードを行うよう求められているのだ。預言者ムハンマドの教えによれば、この自己を清める斎戒《さいかい》のための闘いがジハードの最たるものである。斎戒に加えて、神に近づく努力もいっそう求められる。神に対するそれまでの信仰を反省し、教えに背いたところがあれば悔い改めなければならない。また、断食には貧者の苦しみを理解させる目的もあるため、貧者に惜しまず援助することはムスリムにとって当然の行為である。実際、とくにラマダーンの間は、貧しい者に食事を供給する場を設けることがムスリム共同体の義務にもなっている。ラマダーンは、個人だけでなく共同体にとっても自己修養のための強化期間になる。ただし、健康なムスリムは、一年を通じて少なくとも週に数回は断食し、自己鍛錬に励み、自制心を養う努力を続けるように奨励される。

4. 喜捨《きしゃ》（ザカート）

喜捨は毎年財産の一定額（宗派によって二・五パーセントから二〇パーセントまで幅がある）を貧者に与える行為である。これに加えて、ムスリムはそれぞれ財産や能力に応じて、任意の喜捨（「サダカ」）を行うよう強く推奨されている。

喜捨を行うことは、クルアーンの中でとくにくりかえし強調されている義務である。とりわけ喜捨に値する者としてクルアーンが言及しているのは、貧者、孤児、困窮している親族、旅人、他の国からの訪問者や異邦人、戦争捕虜や捕らわれの身にある者などである。この場合、喜捨は彼らを困窮や束縛から解放する目的で行われる。また、知識を求める者、学者、困窮している学生などに喜捨を与えることも非常に称賛に値する行為とみなされる。法学者の大半が、ムスリムと非ムスリムを区別せずに喜捨を行うべきだと考え、非ムスリムの戦争捕虜や奴隷まで喜捨の対象に入れていることは重要だ。これに対して厳格主義者は、慈善行為はムスリムだけを対象にしなければならないと主張している。

5. 巡礼（ハッジ）

経済的にも健康にも恵まれたムスリムは、一生に一度はマッカへの巡礼を行う義務がある。

巡礼を行う理由についてはいろいろな説があるが、何より重要なのは、巡礼がムスリムにとって結束と基本的な平等の象徴になっているという点だ。巡礼の際には、みな同じような巡礼服を身につける決まりがあり、貧富の差が出ないように配慮されている。男性なら白い布、女性なら簡素な白衣を身につけ、すべての者が神の前に並んで立つのである。巡礼時の儀式は、ムスリムの同胞意識を強調するだけでなく、基本的にはアブラハムの系譜に連なる一神教の結束を強調する目的で行われる。カアバ聖殿（マッカの中心にある石造りの立方体の建物）の周りを回る儀式は、宇宙の森羅万象が神の周りを回る様子を象徴するものだ。

以上の五柱がイスラームの根本的な信仰行為であり、伝統的なイスラーム法では、すべてのムスリムが、少なくともこの五つの義務だけは忠実に守るように努力する必要があるとされている。一つでも拒めば、イスラームの教えに背くことになるので、原則として五柱は絶対的な義務と言ってもいい。ただし、実際に「実践する」かどうかは別の問題だ。五柱をイスラームの中心的教義であると認めて信仰告白さえ行えば、信徒として受け入れられるのだ。この点では、穏健派であろうが保守派や厳格主義者であろうが実質的なちがいはない。だが、いったい何をもって背教者とするかという点については、意見の食い違いが見られる。

この五柱の基本的な目的は、信徒に神との関係を深める継続的な努力を求めることにある。信徒は五柱によって、信心深さ、自制心、謙虚さなどを身につけ、他の信徒と同胞意識を共有し、信仰の証しとして他者への奉仕を重視することを求められる。五柱がイスラームの根本教義と評されているのは、それによって崇高な境地に達する（神に帰依して神性を実現する）可能性が開かれるからである。

ここで私はある事実について触れておかなければならない。それは、何世紀も前のムスリムには、イスラームの根本教義が、五柱ではなく六柱だと信じていた者がかなりいたということである。六番目の柱は、かいつまんで言えば、善行を勧め悪行を禁じる義務だ。今日では、これがすべてのムスリムに課された厳粛な宗教的義務だということに異を唱える者はいないが、六番目の柱と考えている者はほとんどいないだろう。基本的にこの宗教的義務は、トマス・アクィナスが自然法の第一原理と呼んだもの——あらゆる人間は善をなし悪を慎むべきである——によく似ている。

しかし、イスラームの教えは自然法の枠を越え、社会的・政治的義務まで含むものだ。ムスリムは自ら善行に励み悪行を禁じるだけでなく、可能であれば時と場所を問わず、他人にも善行を勧め、悪行を思いとどまらせることを求められる。この義務は、家庭はもとより社会や国家など、さまざまなレベルで適用される。親は子どもに対してこの義務を負い、個人は社会と国家に対して、また国家は社会に対してこの義務を負っている。たとえば、家庭では、道徳的に正しいしつけを行い、子どもを立派に育てることによって、親はこの義務をはたす。社会的なレベルでは、友人に飲酒をやめるように助言したり、あるいは祈りを勧めたりする場合もそれに当てはまる。また、統治者の前で率直に意見を述べ、不正や必要以上の苦しみを招く国家政策について真《しん》摯《し》に助言すれば、国家に対してこの義務をはたすことになる。政治の分野では深刻な犠牲が伴いやすいことを重視した預言者ムハンマドは、独裁者に真実を話すのは道徳的に大きな価値がある行為であり、その結果命を落とした者は殉教者となると説いている。

これがムスリムの義務であるということに異議を唱える者はいないとはいえ、この基本原理をめぐって過去にはおびただしい論争が生じ、さまざまな神学派や法学派の間でイスラーム史でもめったにないほど火花を散らす論戦も起こった。これは驚くには当たらない。というのも、この基本原理は、政治的合法性、法の役割、法の執行方法、反乱や反抗の正当性などに関する論争にかかわりがあったからだ。さらに、社会的・政治的な改革運動が制限されるのか、またイスラーム法に反すると思われる行為に対して自主的に行動してもいいのか、といった点についても数多くの疑問が出された。つねに議論の的になったのは次のような疑問である。「国家が弱いか存在しない場合、あるいはイスラーム法の執行に消極的な場合、たとえば個人もしくは村や部族のような小さな共同体の指導者が、イスラーム法を執行することが法的に許されるのか？」(原註6)

誰も異議を唱えないのはイスラームの五柱あるいは六柱だけではない、ということは強調しておく必要がある。イスラームの五柱以外はすべてムスリムの意見が食い違う、と私は言っているわけではないのだ。ムスリムの意見が一致する法や原則は広範囲に及ぶ。たとえば、親や年配の者を敬う、同胞には礼儀正しく思いやりのある態度で接する、貧しい者を憐《あわ》れみ助ける、真実を述べる、約束を守る、アルコール飲料を慎む、姦通・姦淫をしない、詐欺や盗みを働かない、といった善良なムスリムなら当然守るべき事柄に異議を唱える者はいない。こうした事柄をはじめとする多くの倫理的規範はイスラームにとってきわめて重要なものだ。ムスリムなら誰もが、このような規範をできるかぎり守って美徳を身につけ、他人の良き模範となるように求められているのである。私が五柱に焦点を当てたのは、通常これがイスラーム信仰の基盤とみなされているからであり、また五つがそろえばイスラームを定義づける特徴になるからだ。

ムスリムが本質的なところで結びついているのは確かである。しかし、どんな宗教であれ、実際の信仰のあり方はつねに千差万別だ。それは、教えを理解し、吸収しようとする個人の心理や経験がそれぞれちがうからだ。文化や社会環境が異なれば、同じ宗教の教義でも実践の仕方はまったく異なるはずだ。たとえば、独裁体制のもとで育った場合、教義の解釈の仕方がどうしても権威主義的なものになりやすい。多元的で民主主義的な文化の中で育った人間の場合は、やはり信仰においても、寛容さや個人の選択権を認め、大幅な個人的自由を肯定する傾向がある。

ここまではムスリムの共通点について論じてきたが、ここからは思想的にかなりばらつきが見られる問題、とくに、イスラーム穏健派と厳格主義者を分ける思想的立場や根本的な問題を重点的に取り上げる。注意しておきたいのは、神学上のほぼすべての問題について、双方の意見が一致する点がある程度存在するということだ。見解の相違がもっとも著しい問題についても例外ではない。神学上の諸問題には、必ずと言っていいほど双方がともに支持する説や信条がある。何と言っても、厳格主義者も穏健派もイスラームを信仰していることに変わりはなく、同じ聖典を信じ、同じ基本的な教えを学んでいるのである。それにもかかわらず、両者の考え方が大きく分かれる場合がよくあるのは、それぞれが基本的に相容れない世界観を固守しているからだ。往々にして、実利的な政治的思惑に対して原則に基づく道徳的規範をどれほど重視するかによって、そのちがいは生まれる。また、厳密な解釈に基づく法的規範に対して、イスラームの全般的な目標にどれほど重きを置くかによっても、立場を異にする場合がよくある。

次章からは、主要な諸問題について穏健派と厳格主義者の見解を比較・対照する。それは、イスラーム内部に重大な緊張関係をもたらした問題であり、また（毎日マスメディアをにぎわしているように）しばしばムスリムと非ムスリムの日常的な論争の原因となる問題だ。この議論を進めるにあたって留意したいのは、両者がどの問題についても同一か類似した前提や方針をもちながら、さまざまな理由からすぐに対立し、その考え方の開きがだんだん大きくなるという点だ。

私はまず初めに、イスラーム神学の中でもっとも根本的かつ重大な問題であり、穏健派と厳格主義者の対立の根本的な原因でもある問題を取り上げたいと思う。それは、神と創造の目的に関する問題である。両者の差は、もとをただせば神（神とは何かということ）に関する見解の相違から生じている。同じクルアーンの言葉を読みながら、神の属性、人間に対する神の要求、創造の目的、神と人間との関係といった重要な問題について、それぞれの解釈は著しく異なる。後で述べるが、これは現実生活とは関係のない抽象的な理論上の相違ではない。それどころか、現代のムスリムや非ムスリムを悩ます諸問題の根源にあるのは、まさにこのような基本的な問題なのである。

第6章　神と創造の目的

個人の神に対する関係は、イスラームのもっとも大きな原動力だ。神があまねく存在し、不変・不可分で永遠不滅の存在だという点に異を唱える信徒はいない。神の唯一性・完全性・至高性を信じることは、イスラームの根幹である。神には配偶者も仲間も並ぶ者もいない。また子もなく親もない。神には多くの属性があるが、慈悲と憐《あわ》れみがクルアーンではいちばん強調されていると言ってもいい。神は慈悲深く、慈愛に満ちている。また「寛容で優しき者」「罪を赦《ゆる》す者」「復讐する者」「公正なる者」「罰を与える者」「平静・平和を与える者」「愛し愛される者」「清らかな純粋な光」「美」「美を愛する者」「惜しみなく与える者」「壮大な創案者」「万物の創造主」「あらゆる善の根源」「維持者」「保護者」「全知者」「全能者」である。(原註1)

クルアーンは、人間は神に帰依し、神の命令に従わなければならないと強調し、神への信仰を気まぐれに任せてはならないと警告している。つまり、人間は神をありのままに理解しようと努めるべきであり、好き勝手な神のイメージをつくって、気まぐれに自らの欲求を満たそうとするべきではないということだ。人間は、優越者であり至高者である神に対して感謝の念を抱き、従順かつ謙虚な姿勢で近づかなければならないということに疑問の余地はない。

ここまでのことは明らかであり、保守派であれ厳格主義者であれ穏健派であれ、異存はないと私は思う。しかし、この後が問題だ。神と人間はどういう関係にあり、その関係からどのような可能性が出てくるのか？ 神は人間に何を求めているのか？ 神に帰依する究極の目的とは何か？

厳格主義者は、神と人間の関係をきわめて直接的なものととらえている。彼らに言わせれば、人間が造られたのは神を敬い神に帰依するためである。儀式を行うことが神への絶対的服従の決定的な証しであり、その完全な遂行が究極の目的となる。神への帰依は正しい儀式が行われるかどうかにかかっているため、イスラームを受け入れないかぎり神に帰依することはできない。したがって、神に帰依する機会を得るには、ムスリムになるしかないということになる。

厳格主義者によれば、帰依に関する規範は聖なる法（シャリーア）に規定されているが、ムスリムがそれに従って救いを得るには、これを厳密に解釈する必要がある。[原註2] ムスリムはその規範に注意深く従うことによって、死後は懲罰を免れ天国に入れるというのだ。この点では、厳格主義者の考え方は数学的とも言える。神の教えに服従すれば良い点をもらえるが、背けば罪を負う（悪い点をもらう）からだ。審判の日に神はその点数を正確に計算し、どちらの点が多いかで天国に入れるか地獄に落とされるかが決まる。彼らはまた、預言者ムハンマドが説いたとされる「審判の日に人間は細いロープの上を歩かされ、バランスを崩して地獄か天国のどちらかに落ちる」という伝承も重視している。しかし、穏健派はこの伝承の信頼性に疑問をもっている。人間の来世の運命が、方程式を使った計算の結果か、綱渡りのようなアクロバットの結果であるとは考えられないからだ。穏健派はこのような伝承にはクルアーンとの一貫性がなく、でっち上げにすぎないと考えているが、厳格主義者は歴史的信憑性があるとして字義どおりに解釈しているのである。

厳格主義者の認識の仕方では、神との関係は形式的でよそよそしいものになり、完全に優越者対劣等者の関係になる。神は畏怖《いふ》し服従すべき存在であり、神の報復に対する恐怖心こそ、真の信仰心の証しとなる。神の慈悲と憐れみに関しては、すでに法に組み込まれている、というのが厳格主義者の考え方だ。したがって、当然、神が定めた法そのものが慈悲深く憐れみ深いものと考えなければならない。神の慈悲と憐れみがどのような性質をもち、何を意味するかなど、人間が考察すべきではない。どちらも法の中に具体的な形であらわされている以上、人間はただ法を学びさえすればいいという。まるで神が人間の一生に必要な慈悲と憐れみを、全部イスラーム法におさめたと言わんばかりに、神の法を忠実に守りさえすれば、必要なだけ神の慈悲と憐れみを得られるというのだ。

また、イスラーム法が現実の社会にどのような影響を及ぼすかは取るに足らない問題であり、法が厳しいとか、法の執行が社会にわざわいを招くなどの見方は間違っているとみなされる。たとえば、アフガニスタンのターリバーンが、法の執行によってもたらされる社会的災厄に無頓着だったのはこのためだ――イスラーム法は神から授かったものと信じている彼らにとって、実際に法が支配地の住民にどのような影響を及ぼすかを検討することなど、意味がなかったのである。

穏健派の認識の仕方は、いくつかの点で厳格主義者とは著しく異なっている。穏健派の立場を説明するには、まず神と人類の信頼関係という考え方に触れておかなければならない。クルアーンは創造の瞬間を、人類が重い責任をゆだねられた瞬間だと表現している。神は人間に理性と善悪を区別する能力という恩恵を授けた。神は人間を神の代理人、すなわち現世の管理者に任命し、世界を文明化する責任をゆだねたのである。

穏健派は、神は本来道徳的な存在だと考えている。それに対して厳格主義者が考える神は、気まぐれだ――神は公正だが、何が公正であるかは神の意志で決まる。同様に、神は慈悲深いが、何が慈悲であるかは神の意志で決まる。たとえば、行為の如何《いかん》を問わず、神が審判の日に女性や白色人種を残らず地獄に落とすと決めても、神の意志というだけの理由で公正かつ完全な裁定ということになる。

穏健派の立場からすれば、これはありえない考え方だ。善・道徳・美などの客観的な基準を人間と共有しているという意味において、神は道徳的・倫理的な存在である。世界を文明化するとは、ビルの建設や道路の舗装を意味しているわけではない。それは、公正さ・慈悲・憐れみ・

善・美といった神の属性をこの世に広める懸命な努力を意味する。つまり、神性そのものをこの世に広めるのが人間の責任なのだ。その反対に、この世を堕落させれば（暴力、憎悪、報復、醜悪さなどを広めれば）、神に対して責任をはたせなかったということになる。クルアーンの教えによれば、この世を破壊し、荒廃させる行為はとりわけ重大な罪になる（創造の美を破壊してこの世を堕落させることは、神に対する究極の冒瀆《ぼうとく》行為とみなされている）[原注3]。また、生命、財産、自然などを破壊してこの世を堕落させる者は、「ムフシドゥーン」（悪事を働き世界を堕落させる者。被造物を破壊することによって実質的に造物主である神を攻撃する者）と決めつけられる[原注4]。

この世界は神によって人類に委託され、人類は神性を実現させる――神の本質的な属性をこの世に広める――任務を与えられている。この世に公正・慈悲・慈愛・美などが充《み》ちていけばいくほど、神の理想に近づき、堕落が広がればそれだけ神性から遠ざかる。

人間が神から理性を授かったのは、神性の意味と、神性とは逆の邪悪さの性質を探究するためだ。神はムスリムに神聖で重要な義務を課した。それは、善行を勧め悪行を禁じて、神の前で人類のための証人になることだ。保守派であれ厳格主義者であれ穏健派であれ、これがムスリムの基本的な義務であるということに異を唱える者はいない。

厳格主義者の解釈では、善行を勧め悪行を禁じるとは、神の法を適用し、審判の日に、ほとんどの人間は神への帰依を拒んだと証言することを意味する。一方、穏健派は、善行を勧め悪行を禁じるには、善と悪の性質はもちろん、神性とその欠如についても当然探究する必要があると考えている。善行を勧め悪行を禁じることは、世界を文明化し、堕落の進行を食い止めるための重要な義務だが、神性を探究し、この世にできるかぎり実現するためにたえず継続すべき行為でもある。完全無欠の神の属性を身につけるなど人間にはとうてい望めないとしても、その努力だけはねばり強く続ける必要がある。人類のための証人になるとは、ムスリムに課せられたさらに大きな責務であり、完璧な神性を求める懸命な努力を根気強く続けて、人類全体に模範を示さなければならないという意味だ。公正・慈悲・憐れみ・美といった神性を追求して人類の模範とならなければ、神の期待を裏切ることになるのである。

穏健派は、法の中に具体的な形であらわせないほど神は偉大だと考えている。法は神性の「探究」に役立つものの、神性をそのままあらわすものとは言えない。法の究極的な目的は善の実現であり、その中には公正、慈悲、憐れみなども含まれるが、厳密な規定によって法の目的が損なわれるのは本末転倒だ。もしも法の適用によって不公正、苦しみ、不幸などが生じるとすれば、法がその目的をはたしていないということになる。その場合、法はこの世界を文明化するどころか、堕落させていると言ってもいい。ようするに、法の再解釈、あるいは一時停止や再構築がどうしても必要になる場合が出てくるのである。

神への帰依が個人的にも全体的にも人間のきわめて重要な義務であるという点では、穏健派も厳格主義者に同意する。人間が自らの利己的で気まぐれな欲求から自由になりたければ、神の命令に従う他はない。神に帰依するとは、神以外の何ものにも絶対従わないという意味だ。ムスリムが人間の圧制者に支配されたり服従したりすることは、神に対する絶対服従の義務に根本的に反している。自由意志をもつ人間を、神以外の何ものにも服従させることはできないし、ムスリムは神以外の主をもってはならないと命じられているのである。

しかしながら、帰依に関する穏健派の概念には非常に重要な相違点がある。穏健派は服従をさまざまなレベルに分け、神に服従しながら帰依していない場合もありうると考えている。実際、神の命令に従ってはいても、自己愛的で身勝手な態度を改めない場合がある。神に関心がなくても、自己利益の追求だけが目的でも、また、神を愛する気持ちがなくても、森羅万象に存在する神性を探究して神に近づく努力をしなくても、とにかく神に服従することはできるのだ。罰を怖れるか報酬を求めて神に服従しているような人間は、自己の利益ばかりを考えて、世俗的な現実世界の形式的なものの見方にとらわれる。これを神への帰依と呼ぶなら、形だけの表面的な帰依だと言わざるをえない。なぜなら、その服従の仕方には、神の崇高な属性を自らのものにしようとする姿勢が認められないからだ。本来の意味の帰依とは、超越的で崇高な境地に達するまで自己を高め、見せかけの物質界を超越して究極の美との融合を模索することだ。必死に自己浄化の努力（いわゆる個人の内面的努力をあらわす「大ジハード（ジハード・アル・ナフス）」）を続け、自己を理解し神に近づこうと四苦八苦するうちに、人は高いレベルの服従を実現できるのである。

穏健派は、恐怖や法の順守による神への服従を、低俗とも言えるほどレベルが低いものと考えている。その場合、崇拝者と神との関係は希薄なものになり、自己利益、すなわち苦痛を避けるか快楽を求める本能的な欲求が動機になるからだ。穏健派が考える神への帰依とは、神を絶対的に信頼して神との関係を築くことだ。「イスラーム」とは服従を意味するが、言語学的に言えば、特定の服従を意味している。それは、完全な心の平安が得られるような服従だ。この原動力は、神を理解し、神性を自分のものにしたいという気持ちである。服従が有意義なものになるのは、神の尊い性質を吸収し、自分の中に再現しようと努力する場合にかぎられる。ここで言う性質とは、人間が地上に広めるべき神の属性、つまり、公正・慈悲・憐れみ・美などをさしている。

服従が究極的な段階に至れば、神をそのまま愛するようになる。そもそも、どのような人間が神に愛されるかは、クルアーンが一貫して述べている（公明正大な者、情け深く優しい者、寛容な者、ねばり強く自己浄化に努める者など）[原註5]。またその反対に、神に愛されない人間についても、クルアーンはくりかえし述べている（人を攻撃する者、不公平な者、腐敗をもたらす者、非情で容赦のない者、不誠実な者、うそをつく者、感謝しない者、傲慢な者など）[原註6]。神に愛されるかどうかは、神についてどう思っているかではなく、どのような行為をしたかによって決まる。その行動や性質が神の心にかなえば、神を愛していない者でも愛されるのである。

神を愛し神に愛される者の場合、神の優しさ、寛容さ、慈悲深さ、憐れみ、美などに対する感謝の念から、必然的に神を愛するようになる。本当に感謝していれば、愛さずにはいられないからだ。神は人間の愛に感謝し、必ずその愛に報いる、とクルアーンの中で約束している[原註7]。神を愛するには、神が愛するものを愛し、神が嫌うものを嫌う必要がある。イスラームらしい言葉を使えば、何事も神の意志と望みのままにということだ。それゆえ、人が本当の意味で神を愛そうとすれば、必ず自らも神の属性を欲し、切望するようになるし、攻撃性・不公平・残酷さ・背信行為・不誠実・傲慢さといった、神がとくに嫌うものを同じように嫌うようになる。

他の何より、また自分自身よりも神を愛するのが服従の最たるものだ。徹底して神を愛することの高い境地に達した者は、神の愛を受け、真の認識や知恵を与えられ、慈愛を受ける。(原註8) 神を愛していれば、必然的に神が創造するものや表わすものまで愛するようになる。神を愛しながら被造物を嫌うのは理屈に合わない。本当に神を愛するためには、神のすべてを愛するのはもちろん、ムスリムかどうかを問わずあらゆる人間を愛し、すべての生き物を愛さなければならない。また本当に神を愛するなら、神の創造物を破壊する行為を容認できるわけがない。神の愛を受けるほど高い境地に達する者の心には、正義への愛と万物に対する慈愛が充ちているはずだ。古典時代の学者たちが言うように、人間や動物、あるいは自然に対して怒りや憎しみを抱き、非情な態度を示すような者は、神の愛とは無縁な存在だ。ようするに、神を愛し神の愛を受けている者は、必ず神性を体現しているのである。

神との関係ではもう一つ重要な側面がある。それは神との協力関係だ。厳格主義者は愛などの感情よりも神を大切に考える。彼らによれば、絶対的な主として、神は自分に従う者に報い、従わぬ者には罰を与える。だが、神との関係はそれだけである。それに対して穏健派は、人間と神は近しい関係にあると説くクルアーンの言葉を重くみて、神はあまねく存在し、つねに被造物と交流していると考えている。(原註9) クルアーンによれば、神はたびたび仲裁に入り、愚行を犯した人間を救っている。したがって、神の慈悲がなければ、人間の無知と狭量さのために、数多くのモスク、教会、シナゴーグ〔ユダヤ教の礼拝堂〕、家庭などが破壊されていただろう、とクルアーンは断言する。(原註10) また、慈悲深い神は戦争の火を消し、人間を愚行から救うこともよくあったという。(原註11) 神の取りなしによって、戦争や暴力行為で人間が殺し合う事態を避けられるという考え方は、イスラームにおける神の慈悲の本質を理解するには非常に重要だ。神は人間の救済者であり保護者なのである。

また、「人間が神に一歩近づけば、お返しに神は一〇歩歩み寄ってくれる」という有名な言い伝えもあるように、神と人間との関係はたんなる裁く者と裁かれる者との関係ではない。むしろ人が神を求めれば、神も人に手を差し伸べてくれる、と穏健派は信じている。何より重要なのは、神性を追求する者や感謝を通じて神を愛するようになった者に神が報いるということだ。愛によってはじめて、神との密接な結びつきが可能になり、それが協力関係となってあらわれるのである。

預言者ムハンマドが述べたと伝えられている教えの中に次のような有名なものがある。「己を知る者が神を知る」穏健派にとって、神との協力関係を築く上でこの教えはきわめて重要だ。己を知るためには、自己批判的な反省とともに、卑しい利己的な欲求との闘いが必要だ。それができてやっと、自分が実は誰を、また何を崇拝しているのかがわかる。神を崇拝し神に帰依していると思っていても、冷静に自己を顧みながら大ジハードを続けていくうちに、自分が実際に崇拝し帰依しているのは自分自身に他ならないとわかってくるものだ。批判的な内省によって己を知ることは、自己崇拝につながる自己欺瞞《ぎまん》を克服するためには欠かせない。神に帰依しているふりをするか、自分をごまかしてそう思い込むうちに自己崇拝に陥るのが最悪の自己欺瞞だ、と穏健派は考えている。自我（ナフス）が批判的な内省に慣れていなければ、自分は神を崇拝しているとすぐに勘違いするが、実はその神の正体は、自己顕示欲、物欲、権力欲、支配欲といった自己中心的な欲求にすぎない。極端な場合、まぎれもない悪の権化、この世の醜悪さと腐敗の元凶である悪魔にとりつかれ、その命令に従う恐れもある。それゆえ、何の反省もせず自分を忘れる者は神を忘れるようになる、とクルアーンは述べている。また、逆の場合もよくある。つまり、真の神を忘れる者は自分を忘れ、偽りの自分を装ったり、自分にふさわしくない要求をするようになるのである。(原註12)

批判的内省と自己認識のプロセスは、帰依本来の目的と神の本質を明らかにするために欠かせないだけでなく、神との協力関係を築くためにも必要だ。ただ、それはきわめて私的で個人的な取り組みでもある。厳格主義者とちがって、穏健派は、この自己啓発と自己浄化のプロセスがあくまでも神との個人的関係の範囲内にあり、神とその個人だけが評価し判定すべき問題だと主張する。穏健派の考え方では、人が唯一絶対の神に従っているのか、それとも他のものを崇拝しているのかを判定する権利は誰にもない。この点はきわめて重要だ。なぜなら、前に触れたように、かつてアブドゥルワッハーブをはじめとする厳格主義者は、アッラー以外のものを崇拝しているとしてムスリムを非難し、「タクフィール」（六五ページ参照）を行って——偶像崇拝者、多神教徒、背教者、不信心者などと宣告して——大勢の者を殺害することを正当化したからである。

穏健派に言わせれば、ある人間がどれほど信心深いか、また神との関係がどれほど親密なものかを評価する権限は、誰にも与えられていないし、どの集団にも与えられてはいない。この件について、穏健派がよりどころにしているのは預言者ムハンマドの教えである。その教えでは、人の胸のうちを推測できると思い上がってはならないと強調されている。道義心のある者なら、当然自ら認めた信条に矛盾するようなふるまいはしないはずであり、イスラームを信仰していると言いながら、教えにまったく反する行為をするのは偽善者だ、とムハンマドは確かに説いている。だがその一方で、他人を悪く思うのは道義に反し、特定の個人に関する神の裁定を推測するのは傲慢だ、とムスリムに警告する伝承も数多く存在している。さらに、クルアーンの中で神がムハンマドに向かって幾度となく強調しているのは、ムハンマドは人々を支配するためではなく、神の言葉を伝えるために遣わされたということだ。したがって、神の使徒ムハンマドでさえ、人々の心の中を推測する権利がないのである。クルアーンには次のような言葉がくりかえし語られている。「赦したいと望む者を赦し、罰したいと望む者を罰するのは預言者ではなく神であり、神が望む者を近づけ寵愛する」預言者の務めは、あたう限り忠実に神の言葉を伝えれば終わりなのだ。(原註13)

自己認識は神との関係を築く上で重要だが、それにはもう一つ大事な問題がからんでいる。スーフィズムをはじめとするイスラーム神秘主義の見解によれば、真の自己認識に至れば、神だけが唯一まぎれもない内的現実だと悟るという。段階をふんでつねに神を思念し、厳しい修行を行うことによって、人は内奥に潜む輝かしい本来の自己に気づき、その結果、神との合一が実際に可能になるというのだ。だが、穏健派の見方はちがう。穏健派にとって問題なのは神の自己内在性ではない。むしろ自己を保ち神の唯一性を信じながら、神との協力関係を完全に守れるかどうかが問題なのだ。

神との協力関係を築く過程でとりわけ危険なのは、神に自己を投影し、勝手に神のイメージをつくり上げることだ。クルアーンがたえず釘を刺しているように、神を道徳的な高みに導いてくれる力ではなく、自らの正当性のよりどころにする恐れがあるのだ。批判的内省がなければ、自己認識ができない。そのため、神に自己を投影し、神を低劣な欲求と気まぐれを正当化する道具に変える危険性を避けることができない。こうして、神は人々を道徳的に高い境地に導くどころか、神の名を借りた諸々の愚行を承認する存在になり果てる。(原註14) 敬虔を装ってクルアーンの言葉を言いかえ、神を人間の気まぐれな言動の保証人にするべきではない。

現代の例に当てはめて考えればはっきりする。たとえば、名誉殺人〔家の名誉を守るために、家族の中の男性が、妻や娘や姉妹などの女性を殺害すること〕を例にとってみよう。(原註15) 名誉殺人の場合、親族の女性を殺した男性が、その行為を恥じもせず悔やみもしないのは、姉妹や娘の命を奪ったのは神の意志だという確信があるからだ。たとえば、姦淫の罪を犯した姉妹や娘を殺すのは、神がそれを望んでいると信じているからだ。このように、殺した男性のほうはあからさまに自らの行為を正当化する（これが神の意志だと信じて忌まわしい行為を正当化しても、怒り・報復・恥辱などがその行為の動機になっているのは間違いない）。本人は、罪を犯した女性が死ねば神は満足する、と信じて疑わないのがふつうである。もしもその殺人者が敬虔な信徒であれば、殺人を犯す前に、自分の人間的な感情を神に投影したとしても不思議はない。したがって、自分が何を道理にかなうと考えるか、また何が自分と家族の名誉を傷つけ、どうすれば汚名をそそげると考えるかはすべて神の意志だと思い込む可能性がある。彼がイメージする神は、慈悲深く寛容で情け深い神ではなく、怒りと復讐心に燃える神だ。神に対してこのようなイメージをもつのは、この信心深いと思われる男性が無頓着に自分の感情を神に投影し、それを神のものとみなしたからに他ならない。

その上、自己認識を欠いたまま神に自己を投影し、固有の主観的なレンズを通して神を見る者は、神を少しも愛していないと言われてもしかたがない。それどころか、そういう者は自分勝手に神のイメージをつくり上げ、そのイメージに心を奪われているのである。こうなれば、神はまったく利己的な目的に利用され、神との協力関係らしきものも自己中心的な権力強化と傲慢な言動のための手段となる。

神と創造の問題に関して、穏健派と厳格主義者の見解に共通点が多いのは当然だが、両者のちがいは、神への帰依をどう解釈するかという点に集約されている。帰依の概念が異なるのは、神の意志、つまり、神が人間に何を望んでいるかという点で意見の食い違いがあるからだ。穏健派は厳格主義者とは対照的に、イスラーム法の中に神の意志が十分あらわれているとも完全にあらわれているとも考えていない。神は法規定には収まりきれないほど広大無辺な存在である。穏健派にとって、真の帰依とは理解し愛する（自分自身を理解するとともに、神を理解し全身全霊をささげて無条件に愛する）ことを意味する。神が人間に望んでいるのは、神を愛することである——神が人間の愛を必要とするからではなく、神への愛によって神性を自分のものにできれば、それだけ人間の徳性が高められるから——というのが穏健派の考え方だ。本当に神を愛している者が、神の属性、とくに大いなる慈悲、憐れみ、寛容さ、美などを少しも体現できないのは、根本的につじつまが合わないどころかありえないと言ってもいい。そういう人間は、本当の意味で帰依しているとは言えないし、万物の創造主を愛しているとも言えないのである。

権力を懸念し、怖れるのもまた穏健派の神学理論の特徴だ。具体的に言えば、穏健派は神の名を借りて数々の悪行や残虐行為が行われてきた歴史を忘れていない。穏健派は神の至高性と帰依の義務を、神だけが絶対的な権威と権力をもち、他のものにはその資格がないという意味に解釈する。だがどんな宗教でも、信仰の中心には権威と権力が存在するため、ふつうは理屈では実際に解決しがたい問題が生じる。それは、「神の主権と個人の自主性との関係はどうなるのか、またその間のどこに境界線を引けばいいのか？」という問題だ。

法と道徳ほど、このような境界が重要な意味をもつ分野はない。というのは、この二つの高度な制御システムによって、これまで人間の行動は支配され、管理されてきたからだ。そこで、当然出てくるのは次のような疑問である。「法と道徳に関しては、神が主権をもつゆえに個人の自主性が排除されるのではないか？　そうでないにしろ、法に代表される神の意志と個人の自主性とのバランスをうまくとれるのか？」「法と道徳はもっぱら神が管轄する領域なのか、それとも人間にも何かはたすべき役割があるのか？」

この文脈で提起される問題（神の意志、権力、至高性、神の名のもとに他人を支配し食い物にする危険性など）の多くは、「神に代わって行動する資格や権限が、どの程度敬虔なムスリムには与えられているのか？」という難問と密接なつながりがある。実は、多くの場合、これまでの議論の根底にあったのはこの問題なのである。

第7章　法と道徳の性質

法の性質と役割ほど、穏健派と厳格主義者の見解が大きく食い違う問題はないだろう。イスラームの中心的な役割を担っているのは法であり、イスラームから法をとれば何も残らないと一般の信徒は考えている。しかし、その重要性にもかかわらず、法はイスラーム信仰の中でムスリムからも非ムスリムからも、もっとも理解されていない側面でもある。

たとえば欧米では、シャリーアを信じるムスリムは狂信者か原理主義者だ、と決めつける風潮さえある。厳格主義者のせいで、現在のイスラーム法のイメージが悪くなったのは否定できない。何しろイスラーム法という言葉を耳にしたとたん、アフガニスタンのターリバーン、サウジアラビアのワッハーブ派、スーダンの厳格主義勢力などによる蛮行を思い浮かべる人が大勢いるのだ。だが、イスラーム法を信じるムスリムをすべて狂信者と非難するのは、ラビ教義やタルムードを信じるユダヤ教徒をすべて狂信者と非難するようなものだ。実際には、イスラーム法をどのように考え解釈するかによって事情は大きく変わるのである。

イスラーム法には、クルアーンと預言者ムハンマドの伝承（「ハディース」と「スンナ」）という二つの異なる源泉がある。「スンナ」は、生涯にわたる預言者ムハンマドの言行と、その教友たちに関する口承記録である。「ハディース」と呼ばれる言行録はムハンマドの言行を何でもありのままに記録したとされているが、スンナは「ハディース」を含む広義の概念であり、さまざまな状況での預言者ムハンマドと教友たちに関する逸話をもさす言葉である。

イスラームでは、神の言葉そのものであるクルアーンは特別な位置を占めている。穏健派であれ保守派であれ厳格主義者であれ、ムスリムなら誰もが、クルアーンは天使ガブリエルを通じて預言者ムハンマドに伝えられた神の言葉だと信じている。クルアーンに関しては、預言者ムハンマドは神の啓示を文字どおり伝えたにすぎない。ムスリムはそのテキストを大切に保存し、元のままの形態と言語で後の世代に伝えてきたが、神のご加護によって、テキストが改変されたり削除されたりする恐れはないと考えている。したがって、啓示の意味と趣旨について見解の相違があっても、本文が完全に元のままであるという点では幅広い合意ができているのである。

クルアーンの本文が完全性を保っている、という信念には確かな歴史的裏づけがあるが、それが何を意味し、どういう文脈で語られたのかは、そう簡単には説明できない問題だ。クルアーンは明らかに預言者ムハンマドに対して語りかけている場合もあれば、ムスリム全体あるいは人類一般に語りかけている場合もある。また文脈によっては、ユダヤ教徒、キリスト教徒、多神教徒などに語りかけていると考えられる部分もある。このように語りかける相手が一定していないのは、その背景に歴史的な事情があるからだ。そのため、それぞれの言葉はまた別の意味と重要性をもつことになる。クルアーンのテキストが完全に保たれ、神が啓示した言葉として信頼できるという点では幅広い合意が得られている反面、その歴史的背景については多くの論議を呼んでいるのである。

預言者のスンナがクルアーンに次ぐ権威あるイスラーム法源だということは、大方のムスリムが認めている。スンナは明確な形式をもたない記録集であり、そこには、イスラーム初期のさまざまな局面で預言者ムハンマドとその教友たちが残した数々の範例・慣行がおさめられている。だが、同じイスラームの主要な法源であっても、クルアーンとスンナには大きな相違がある。スンナにはクルアーンのような合意に基づく単一のテキストがない。その内容は、少なくとも六つの主要なテキスト（ブハーリー、ムスリム、ナサーイー、ティルミズィー、イブン・マージャ、アブー・ダーウードがそれぞれ編纂《へんさん》したハディース集）に分散され、その他にも数多くの補助的なテキスト（たとえば、ムスナド・アフマド、イブン・ハイヤーン、イブン・フザイマーなどによるもの）が編纂されている。さらに、とくにシーア派の間で権威をもつハディース集もいくつかある（アル・カーフィーやアル・ワサーイルによるものなど）。

クルアーンとちがって、スンナは預言者ムハンマドの存命中に書き記されたものではない。また、少なくともムハンマドの死から二〇〇年の間に体系的に収集され、記録されたものもない。

ヒジュラ暦一世紀（西暦七世紀）に一部で収集が始まったものの、本格的にスンナの体系的な収集と編纂が行われるようになったのは、ヒジュラ暦三世紀（西暦九世紀）以降のことだ。時代が下るにつれて、スンナが伝える預言者の範例・慣行には、どう見ても歴史的信憑性に欠けるものが多くなる。実は、イスラーム法学の中でもとりわけ手間のかかる分野が、この伝承の真偽を見極める作業である。その上、預言者に関する伝承が真正なものか捏造《ねつぞう》されたものかは一概に決められない（その伝承に対する研究者の確信の度合いに応じて、信憑性の度合いも変わると考えられている）。したがって法学者や神学者は、伝承の真正さにはピンからキリまで程度のちがいがある、という見方をする。ムハンマドに関する伝承が本物かどうかは解明できる、と学者たちはとかく考えがちだが、実はこの問題には複雑な歴史的事情がからんでいる。このような伝承は、長い年月に及ぶ歴史的進展の結果として生まれたものが多く、往々にして、ムハンマド没後の社会的・政治的状況を反映しているのである。

信憑性の問題以外にも、スンナがクルアーンと異なる点はいくつかある。明らかにちがうのは、その文体と言葉だ（スンナはクルアーンのように詩的で美しい響きをもたない）。また、クルアーンと比べて、扱うテーマや問題がはるかに広範囲に及んでいる。

クルアーンが主に問題にしているのは倫理・道徳だが、スンナはありとあらゆるものを含み、道徳的な原理原則の表明から、個人的・社会的行動規範に関する細則、さらには神話や歴史物語にまで及んでいる。スンナのすべてがそのまますぐに法的基準になるわけではない。法学者によれば、法的拘束力をもつように意図されたものもあれば、拘束力がほとんどない説明にすぎないものもある。何より重要なのは、スンナと総称される膨大な伝承の集大成が、素人には近づきがたいほど複雑だということだ。あるテーマに関するスンナの主張を系統的・総合的に分析するには、かなりの専門的な知識と訓練が必要だ。これは、スンナが対立し、競合する多様な思想や見解を反映していることにも原因がある。系統的・総合的な分析ができなければ、特定の思想に非常に有利な、きわめて偏った解釈をすることになるが、現代のイスラーム世界ではこのような現象は珍しくないのだ。

とはいえ、イスラームの基本的な儀式の多くがスンナの伝承に基づいている、ということは留意しておきたい。また、スンナによって、クルアーンの啓示の文脈とともに、イスラームの教えの歴史的な成り立ちと役割をも理解することができる。したがって、この膨大な口頭伝承を安易に無視したり、クルアーンだけを重視したりすれば、イスラームの信仰体系が深刻なダメージを受けるのは避けられない。

イスラームにおいてクルアーンとスンナが非常に高い権威的地位を占め、倫理・道徳、法、学問などの尽きせぬ源泉であることに疑問の余地はない。しかし、法源としてはあまりに重層的・多面的であり、二つあわせて考慮すれば問題が複雑になる面もある。クルアーンとスンナが、学問的にも道徳的にも重要なよりどころとなるのは確かだが、逆用される危険性もある。つまり、快楽主義的であいまいな道徳観のよりどころとして悪用された場合、堕落や腐敗ではないにせよ、停滞をもたらす恐れがあるということだ。たとえば、スンナには女性を非常に力づけるような伝承が数多くある反面、女性を卑しめ軽視するようなものも多い。この問題に関してスンナを系統的に分析し、クルアーンとの整合性を保ちながら、イスラームの倫理的目標の推進に寄与するような解釈をするには、学問的にも道徳的にも視野の広い、偏りのない見方が必要である。法学者は、クルアーンとスンナ以外にもいろいろな方法を用いて法判断を下してきた。似かよった事例であれば、先例から類推して新しい事例に同じ裁定を下す。伝統的に、公正さや公益への配慮といった原則を適用して、事情や状況の変化に対応してきたのだ。

重要なのは、いわゆるイスラーム法は何冊かの本におさまるようなものではないということだ。イスラーム法は、何世紀にもわたって法学者の法規定や見解を記録した膨大な文献の中にある。スンナ派の法学派では、シャーフィイー、マーリク、ハナフィー、ハンバルの四大法学派が今も残っており、シーア派では、ジャアファル学派（イラクやイランに居住する者も含めシーア派の主流）とザイド学派（主にイエメンに多い）の二つが残っている。実質的には、宗派のちがいこそあれ、方法論と法判断に関しては、ジャアファル学派はシャーフィイー学派に、またザイド学派はハナフィー学派に非常に近い。カーディー・ヌウマーンに代表されるイスマーイール学派は、今もシーア派に所属しているが、ごく少数の支持者が主としてインドに居住するだけだ。スンナ派でもシーア派でもない、イバード派と呼ばれる第三の宗派に属する法学派もある（六六ページ参照）。このイバード学派の支持者はオマーンに多い。このような法学派が、独自の法規定と見解をもつ教義をそれぞれ築き上げたのである。

往々にして、特定の学派に属する優れた法学者が、学派の創始者よりもはるかに影響力のある著作を残す場合がある。たとえば、『ムフタサル』の著者ヒラーキー（三三四／九四六年没）や『ムグニー』の著者イブン・クダーマ（六二〇／一二二三年没）は、ハンバル学派を代表する法学者として、名祖イブン・ハンバル（二四一／八五五年没）をしのぐ影響を後に与えることになった。ハナフィー学派の創始者アブー・ハニーファ（一五〇／七六七年没）には数多くの弟子がいたが、中でも、カーディー（裁判官）のアブー・ユースフ（一八二／七九八年没）、シャイバーニー（一八九／八〇四年没）、ズファール（一五八／七七四年没）の三人はとりわけ影響力が強く、それぞれが師の教えを独自に解釈した著作を残している。また、議論の余地はあるものの、マルギーナーニー（五九三／一一九六年没）の著書『ヒダーヤ』とサラフスィー（四八三／一〇九〇年没）の数巻よりなる大冊『マブスート』は、アブー・ハニーファと三人の高弟たちのどの著作よりも重要だとみなされている。

シャーフィイー学派の名祖シャーフィイー（二〇四／八一九年没）には現存する著書が何冊かあり、そのすべてが今でも非常に影響力をもっているが、マーワルディー（四五〇／一〇五八年没）の記念碑的な大著『ハーウィー』やシルビーニー（九七二／一五六九年没）の注釈書『ムグニー』といった後続の法学者の著作も、それに劣らず重視されている。

また、マーリク学派の名祖マーリク・イブン・アナス（一七九／七九五年没）が『ムワッタア』

と呼ばれるきわめて重要な著書を残すと、さらに広範囲の問題を網羅した『ムダワナ』が弟子のサフヌーン・タヌーヒー（二四〇／八五四年没）によって書かれ、すぐに同学派にとって不可欠な法学書になった。後の法学者にも、非常に独創的な著書によってマーリク学派の法学理論の発展に多大な貢献をした者がいる。たとえば、イブン・ルシュド（五二〇／一一二二年没）、カラーフィー（六八四／一二八五年没）、シャーティビー（七九〇／一三八八年没）などだ。ジャアファル学派やザイド学派、それにイバード学派についても同じことが言える。

時代も場所も異なるさまざまな法学者たちの力で膨大な法学文献が蓄積されたおかげで、各派の学説は時とともに洗練され、完成されたものになっていった。

大事なことだが、イスラームの法的伝統全体をあらわすこのような無数の法学文献には、現存する法学派の法規定や見解だけでなく、すでに消滅した数々の法学派の見解も記録されている。かつてイスラーム文明には、一三〇もの法学派が存在していた時期があったが、諸々の理由からその大半が消滅した。つまり、存続する法学派はもちろん、これまでイスラームの地に存在したあらゆる法学派がイスラーム法をあらわしていると言ってもいい。たとえば、以下の法学者が創始した学派はもはや現存していない。イブン・シュブルーマ（一四四／七六一年没）、イブン・アビー・ライラ（一四八／七六五年没）、スフヤーン・アル・サウリー（一六一／七七七年没）、ライス・イブン・サアド（一七五／七九一年没）、シャリク・ナハーイ（一七七／七九三年没）、アブー・サウル（二四〇／八五四年没）、アウザーイー（一五七／七七三年没）、ジャリール・タバリー（三一〇／

九二二年没）、イスハーク・ビン・ラハワーイ（二三八／八五二年没）、そしてザーヒル学派の創始者ダーウード・ザーヒリー（二七〇／八八三年没）。ザーヒル学派の法学者イブン・ハズム（四五六／一〇六四年没）が著した『ムハッラー』と呼ばれる数巻の大冊は、ザーヒル派が消滅して久しいにもかかわらず、専門家の間では今でも大きな影響力をもっている。

「イスラーム法」は、何世紀にもわたって蓄積されてきた法規定、法判断、法的見解などの不定形な集成をさす総称であり、どの問題についても、その法解釈は千差万別だ。イスラームの法的伝統は、法学理論、法諺《ほうげん》、法的見解（ファトワー）、実際の判例などを扱った法学書と、明確な法規定を書きとめた百科全書（アフカーム）の中にあらわされているが、前述したとおり、イスラーム法が扱う領域は幅広く、儀礼的慣行から刑法、民法、商法、国際法、憲法などまでが含まれる。

そこで出てくるのは次のような疑問だ。「このような実際の法学的伝統が、神あるいは神の法とどのような関連があるのか？」「法的な論議・判断・見解を総合したものを、はたして聖なる神の法と呼べるのか？」

こういった疑問は、イスラーム法のまさに論理的支柱である重大な特徴にかかわるものだ。イスラーム法と習慣的に呼ばれるものは、実際にはシャリーアと「フィクフ」という二つの異なるカテゴリーに分けられる。シャリーアは神の意志をあらわす永遠に変わることのない法であり、真理と正義に至る道である。基本的にシャリーアは神の領域に属する理想の法であるため、当然この世の人間にとっては未知のものだ。したがって、人間は全力をつくしてこの法を遵守するように努力しなければならない。それに対し、フィクフは人の定めた法であり、永久不滅の神の法を解釈し、実現しようとする人間の試みである。人間の努力の産物であるフィクフは、シャリーアとちがって、誤りやすく変更しやすい不確かなものだ。

こういう背景を考えれば、法に関する厳格主義者と穏健派の根本的な見解の相違を浮き彫りにできる。穏健派はシャリーアとフィクフを明確に区別し、いわゆるイスラーム法のほとんどが実は人間の産物であり、そこには誤謬・変更・発展・破棄などがつきものだ、という立場をとる。神の命令を示すシャリーアは完全無欠だが、人間にとっては手の届かないものでもある。人間が最善をつくしてこの法を解釈しようとするのは当然だが、十分理解できたと確信するのは傲慢であり、思い上がりである。したがって、法学者はいわゆるイスラーム法には間違いが起きやすいと謙虚に認める必要がある、と穏健派は主張する。シャリーアの解釈に全力を注いでも、その解釈が神の意志そのものだと思い込んではならないということだ。

建前上は、厳格主義者もシャリーアとフィクフを区別するとはいえ、その区別は意味がないほどあいまいになっているのが実情だ。厳格主義者の主張によれば、フィクフの範囲、もしくはフィクフを適切に適用できるのは、神が議論や異論の余地を残してくれた問題に限られ、神がムスリムに代わって明確な裁定を下した問題には適用できないという。つまり、神が議論の余地を残した問題だけに人間の解釈が許されるというわけだ。

これまでのところ、厳格主義者の方法論は議論の対象にはなっていない（人間は神の断固たる命令に素直に従う義務がある、という点に異議のあるムスリムはあまりいないだろう）。だが問題は、人間による解釈が許されないと彼らが考える範囲や領域が、あまりに広範囲に及んでいるということだ。人間生活のほとんどの問題について神はすでに厳格な法を啓示しており、後はムスリムがそれを施行するだけだ、と厳格主義者は考えている。彼らによれば、啓示された法の九割は議論や変更の余地がなく、残りの一割についてのみフィクフの適用が許される。つまり、シャリーアは人間の営みの九割を網羅しているので、法的問題の九割については、神の意志を字義どおり厳密に解釈することができ、人間の推測、議論、異論などの余地があるのは一割にすぎないというのである。

厳格主義者がアブドゥルワッハーブの例にならい、唯一正当な法体系を提示している法学派としてハンバル学派を選んだことは興味深い。ただし、その選択はきわめて恣意的でご都合主義的なものだ（それは同学派の法学者の取捨選択についても言える）。たとえば、彼らはイブン・タイミーヤやイブン・カイイム・ジャウズィーヤといった、ハンバル学派の特定の法学者を恣意的に選び出し、その見解を疑問の余地のない不変の学説とみなす。さらに、そういう学説についても都合のよい取捨選択をする（自らの世界観や思想の裏づけになるものは何でも採用し、その他のものはすべて無視する）。[原註1] また、同じハンバル学派でも、リベラルで合理的な考え方でよく知られていたイブン・アキールやナジュムッディーン・トゥーフィーといった法学者の学説は、引用されることも言及されることもない。前に述べたように、この種の自分勝手な取捨選択は、まさにアブドゥルワッハーブの流儀と同じものだ。当然とも言えるが、厳格主義者が支持するのは、ふつう女性や非ムスリムに対してもっとも敵意を示している法学者である。

一般的には、イスラーム法学でハンバル学派ほど厳格で保守的な学派はない。非常にリベラルで合理的な考え方をもつ著名な法学者も一部例外的に存在するが、ハンバル学派は、厳密なテキスト解釈を主張する頑固な直解主義で知られている。その柔軟性に欠ける厳格な姿勢のために、この学派は一九世紀には消滅の危機に瀕し、わずかにアラビア半島で命脈を保っていた。クウェートなどの湾岸諸国でさえ、ハンバル学派を見限り、柔軟性にまさるマーリク学派に乗り換える国もあった。ところが、サウジアラビアが誕生し、いわば取捨選択したハンバル学派の教義を採択すると、この学派の運命は一変する。サウジアラビアによって消滅の危機から救われただけではない。サウジ政府の協力で、スンナ派のあらゆる厳格主義勢力が、この教義を好んで採択するようになったのである。(原註2)

法と道徳に関する厳格主義者と穏健派の意見の食い違いは、現在、これまで以上に深刻で重大なものになっている。前に触れたように、厳格主義者はもとより保守派も穏健派も、クルアーンが不朽の聖典だと信じている。これまでクルアーンが改悪されたり改変されたりしたことは一度もなく、神の啓示は預言者ムハンマドに下されたときのままである。ところが、スンナ、つまり預言者の伝承〔範例・慣行〕については、事情がまったく異なる。厳格主義者はスンナを強制的な法的規範と考えている。預言者の言行を記録したハディース集は数多く存在するにもかかわらず、彼らはそのうちの一つにおさめられた唯一の伝承を法的なよりどころにする場合が多い。たとえば、ブハーリーの『サヒーフ（真正集）』〔『ハディース――イスラーム伝承集成 I〜VI』（中公文庫）所収〕を代表とする特定のハディース集を、疑問をはさむ余地のない絶対的規範とみなすのである。（原註3）中には、ブハーリーのハディース集を少しでも疑問視するムスリムは不信心者だ、と主張する者さえいる。

問題は、このような伝承には、理にかなわないもの、女性や非ムスリムをひどく見下すもの、クルアーンの倫理観・道徳観とは明らかに矛盾するものが少なからずあるということだ。その上、研究者が指摘するように、厳格主義者はきわめて恣意的に預言者伝承の重要度を決めている。実際、彼らの流儀は、ムハンマド・ガザーリーがその名高い著書の中で「ハディースを武器にしている」と表現した現象に非常によく似ている。（原註4）

厳格主義者がこのようにイスラーム法学の諸々の理論や学説をずさんに扱うのは、クルアーンとスンナに対する彼らの考え方にも原因がある。法学理論や学説でどれほど複雑な問題が取り上げられていようと、クルアーンとスンナが万能薬のように人生の難問をことごとく解決してくれる、と彼らは考える。確かにこの二つに依拠すれば、たいていの問題はうまく片づくが、機械的に解決策を与えてくれると思い込むのは見当違いだ。ところが、厳格主義者の間では、クルアーンとスンナは完璧な生活規範であり、そこにはムスリムが直面するあらゆる社会的・政治的問題の解決策が示されている、ということが教義として認められている。このような教義に従う者は、解決法は十分に示されているので、後はそれを適切な問題に適用する意志と決断力があれば事足りる、と単純に思い込みやすい。こうして厳格主義者は、クルアーンとスンナをまるで出来合いの答えが入った自動販売機のように扱い、現実が彼らの主張と齟齬《そご》をきたせば、間違っているのは答えではなく人間のほうだと決めつけるのである。

それとは対照的に、穏健派は預言者ムハンマドのものとされる伝承に対し、系統的な方法で歴史的検証を行う。前述したように、これらの伝承はクルアーンとはちがって、ムハンマドの死後数世紀たってから文書化され保存されたものであるばかりか、ムハンマドの死後に生じた歴史的事情、宗派間の論争、政治的対立などを明らかに反映している。現代的手法で批判的検証を行った結果、多くの伝承が疑わしいかまったくのでっち上げである、というのが穏健派が下した結論だ。また、報告者が一人しかいないものも多かった。つまり、「ムハンマドがかくかくしかじかのことを言うのを聞いた」と語る人間が一人しかいない伝承が少なくないのだ。穏健派は、どんな報告であれ、当時の状況を綿密に調査し、それが歴史的にも論理的にもつじつまが合うかどうかを確かめる。そしてその結果に納得できない場合には、信頼性に欠けるとして却下する。たとえば、何か大事な教えを伝える場合、ムハンマドは必ず聴衆を集めさせたということが歴史的に証明されている。穏健派は、このような史実に反する報告があれば、その重要性にかかわらず疑いを抱き、そのときの状況を調査する。信仰の重要な側面や比較的重大な問題にかかわる場合、ムハンマドが一人だけに教えを説いたとは考えにくい。きわめて重要な問題であるか、ムスリムに大きな影響を及ぼすような問題であれば、当然、聴衆を召集したり、大勢の前で教えを説いたりしたはずだ。ごく親しい友人に特定の状況で特定の教えを説いたのであれば、理解できるし、話は別だ。手短に言えば、穏健派は、判断を左右する証拠が理にかなった信頼性のあるものかどうかを確かめようとするのである。

クルアーンについても、合理的な分析によるテキスト解釈の妥当性をめぐって、穏健派と厳格主義者の間で意見の対立がある。厳格主義者はクルアーンを法的規範と考える傾向がある――彼らの関心は、とくに、結婚、離婚、遺産相続、刑罰といった具体的な規定をあらわす章句に集中している。彼らはこのような規定を、ムハンマドに啓示された時代の歴史的背景など無視して押しつける。厳格主義者は、クルアーンの全体的な指導原理にまったく注意を払わず、明確に示された道徳的・倫理的指針を分析しようともしない。道徳的・倫理的な目的よりも、むしろ細部の具体的な規定を重視していると言ってもいい。

確かにクルアーンは諸々の事柄に関する具体的な規範を示している、ということは穏健派も認める。だが、穏健派の立場からすれば、法解釈の際に主として重要な役割をはたすのはクルアーンの道徳的・倫理的な目的なのである。法解釈で大事なのは、一連の厳密な解釈基準に盲従するのではなく、クルアーンの究極の目的を追求することだ。クルアーンに示された行動規範は、人種的・民族的平等、人事での強制からの解放、信教の自由、女性の財産権など、道徳的・倫理的な目的を促進し奨励するものばかりであり、合理的な姿勢でこのような目的を理解し、実現するのがムスリムの義務である。またこの目的は、自己および社会に神性を求める義務にもかかわるものだ。

クルアーンの具体的な諸規定は、ムハンマドの時代にムスリム共同体が直面していた特定の問題、あるいは現代でもあり得る一定の時代状況に対応するためのものであり、それ自体が目的をあらわしているわけではない。当時このような諸規定が啓示されたのは、正義・公正・平等・慈悲・憐れみ・博愛といった一定の道徳的な目的を達成するために必要だったからだ。したがって、ムスリムはクルアーンの道徳的な目的を学び、具体的な規定を手本にしながら生活の中で実践しなければならない。ところが、厳格主義者はクルアーンの諸規定を範例ではなく目的そのものと考えているため、正義、公正、慈悲といった道徳的原則に及ぼす影響などお構いなしにそれを実行しようとする。

クルアーンの具体的な規定と究極の目的との関係に関する議論は、それよりもはるかに根本的な問題と密接なかかわりがある。それは、「シャリーア（神の意志をあらわす永遠の法）の究極の目的とは何か？」という問題だ。従来、法学派は数々の問題をめぐって対立してきたが、この件では意見が一致し、すべての学派が、人類の利益をはかるのがシャリーアの目的だと考えている。おそらく、厳格主義者と穏健派の論争は、すべてこの原則に関する両者の解釈のちがいに集約されると言ってもいいだろう。

厳格主義者は、厳密に法を適用することが人類のためになると信じている。したがって、理性的な法解釈を絶対認めない（それどころか、法的規範を見つけて字義どおり厳密に従えば問題は片づく、と信じている）。彼らの見解によれば、法の約九割は神が明確な形で示したものであり、人事も九割方は神の意志で決まる。神は細部に至るまで人間の営みを管理し、人間の裁量権を認めた人事は一割程度しかないため、議論の余地が残された不明確な法は一割にすぎないという。

このような説は穏健派の考え方とは根本的に食い違っている。逆に、「本当に神が人生の問題の大半を片づけてくれたとすれば、なぜ神は人間に理性を与えたのか？」という反論も出てくる。イスラーム神学理論によれば、世界創造の瞬間に、神は最高の栄誉に値するすばらしいものができたと宣言した――つまり、理性（「アクル」）である。しかし、厳格主義者の考え方を認めるとすれば、神は人間が理性を行使する余地をあまり残してくれなかったことになる。

さらに、穏健派の支持する神学理論では、最終的に間違った結論に達しても、神の意志を探し求める者は報われるとされている。最終的な結果ではなく、神の意志に従おうとするその懸命な努力に神が報いるのである。人間に対して神がほとんど盲従しか期待していなければ、努力に報いるのは筋が通らない。

穏健派はまた、この世界に神性を実現すれば人類の利益につながり、シャリーアの究極の目的をはたせると考える。別の言い方をすれば、シャリーアの目的は、結果を問わず厳格な規定を適用するのではなく、究極の道徳的・倫理的目的を達成し、この世に神性の本質を顕在化させることなのである。

このような論争は、理論上・学問上の論議にとどまらず、現実にもさまざまな影響を及ぼす。たとえば厳格主義者は、背教行為に対して死刑を命じる慣行を何の疑いもなく受容する。穏健派がこれを認めないのは、クルアーンの記述と合致しないからだ。そもそもクルアーンは、預言者ムハンマドに向かって次のように語っている。

「よって、汝、教えるがよい。汝は、一人の訓戒者にほかならないのだ。彼らの支配者などではない」(原註5)

この章句が明言するとおり、ムハンマドでさえ自らを支配者と考える権利はなく、人々を強制する権力をもたないのだ。

また、これを再確認するように、思想信条は強制できないと強調する伝承も数多く存在している。たとえば、こういう言い伝えがある。ムハンマドの時代に、キリスト教徒の二人の娘をもつ、フサイン・ビン・サリーム・ビン・オーフという名のムスリムがいた。彼は娘たちに改宗をすすめるが、なかなか聞き入れてもらえない。思いあまった末に預言者ムハンマドを訪ね、娘たちを強制的に改宗させる許可を求めたところ、ムハンマドは断固として断ったという。その後まもなく下ったクルアーンの啓示は、どちらが正しい道かは明白であり、信じたい者は信じ、信じたくない者は信じなければよい、と説き、(原註6)「宗教にはむり強《じ》いがあってはならない」と明言している。(原註7)穏健派は、この章句が何より優先される一般原理であり、個々の預言者伝承によって否定されることはないと考えている。したがって、背教に対するどんな刑罰も認めない。
背教問題の他にも、厳格主義者の考え方には穏健派が承服できない点がいろいろある。たとえば、「法廷での女性の証言は男性の証言の半分しか認められない」「離婚に対する女性の権利はきわめて制限される」「理由の有無にかかわらず、男性はまったく自由に四人まで妻をもつことが許される」「不公平に、また正当な理由もなく非常に厳しい刑罰を適用できる」といった点だ。深刻なのは、サウジアラビア、（ターリバーンの支配下にある）アフガニスタン、ナイジェリア、スーダンなどの国々で見るとおり、胸が痛むほど気まぐれで身勝手とも思えるやり方で、イスラーム法と称する法を適用している問題である。そこには、憐れみ・慈悲・公正・公平などかけらも見られない。

さらに気がかりなのは、関連も根拠もない証拠に基づいて、厳格主義者がある種のまったく息苦しい厳格な教義を押しつけていることだ。実際、彼らの支持する教義は、明らかに人間の心から優しさや思いやりを排除することを目的にしたものが多い。彼らは、芸術や美はもとより、独創的な想像力を刺激するものを根こそぎにし、ムスリムをロボット化しようとする。また、彼らによれば、ほとんどの人事は神の意志で決まるため、食べる、飲む、着る、座る、歩く、トイレに行く、性行為をするなど、生活のほぼすべての面にわたってそれぞれの行動規範に従う義務があるという。人間の活動一つ一つに対して、遵守すべき決まりがあるのだ。以下に挙げるのは、今日イスラーム世界の各地で、厳格主義者が一般的に遵守する「禁則」の代表例である。

- あらゆる形態の歌舞音曲を楽しむ
- 宗教番組を除くテレビ番組を視聴する
- 花を贈る
- 拍手喝采する
- 人間や動物の姿を描く
- 劇に出演する（演技は偽りの一種であるとみなされている）
- 小説を執筆する（小説は偽りの一種であるとみなされている）
- 動物や人間が描かれたシャツを身につける
- あごひげを剃る
- 左手でものを食べたり書いたりする
- 立ち上がって人に敬意を表す
- 誕生日を祝う（預言者ムハンマドの誕生日も含む）
- 犬を飼ったり可愛がったりする
- 死体を解剖する（犯罪捜査や医学研究の場合も含む）

サウジアラビア以外のイスラーム諸国を訪れてみればわかるように、こういった禁則は守られていないどころか、受容されてもいない。厳格主義者はこの状況を現代のムスリムが正道を踏みはずした証拠とみなし、イスラームを再び受け入れるように仕向ける必要があると考えている。実のところ、彼らは自らが奉じる厳格な教義を強制しようとしている。それにもかかわらず、大半のイスラーム社会は厳格主義的な教義を退け、穏健な教義を採択しているのである。

非常に複雑でたえず変化する社会状況に対応するためには、法は順応性のある動的なものでなければならない、というのが穏健派の考え方だ。したがって、基本的に穏健派は、預言者ムハンマドの時代以降に生じた一時的な社会文化面での変化を認めている。実際、法と道徳に関する議論は、過去と現在のイスラーム信仰に根本的なちがいがあるということを明示している。手短に言えば、歴史と近代性に対する認識のちがいによって、厳格主義者と穏健派の考え方にさらに大きな差が出てくるのである。次章ではそのちがいについて述べる。

第8章　歴史と近代性へのアプローチ

イスラーム法の解釈論争のまさに根底には、歴史をどう見るかという問題がある。歴史をもはや変化のない不要なものと見るか、つねに変化し前進するものと見るかは、どの宗教の法体系も直面する複雑な問題だ。歴史が動的なもので、時代が変化するにつれて人間も変わるとすれば、次のような深刻な疑問が出てくる。「たえず進化し、変化し続ける民族に対して、神がある時点で介入し、絶対不変の命令を下したのはなぜか？」「流動的で変転きわまりない人間の歴史に、神がつねに存在するというのは筋が通るのか？」やがて、神の意志そのものがたえず進化し変化しているのではないか、という当然の疑問も生じるが、もしそれが本当とすれば、どうして神が永遠不滅・絶対不変の存在であり得るのか？　万物の創造主が歴史を造ると言っておきながら、神の意志は歴史とともに変わる、と主張するのはおかしいのではないか？

こういった諸々の疑問に対して、穏健派も厳格主義者も、神が自らの意志を十全に示した時期や瞬間が過去にあったのかどうかを問わざるをえなかった。また、世界各地に住むムスリムの気質や習慣の変化に合わせて、どの程度イスラーム法を変える必要があるかという判断も当然重要な問題になった。神の意志と命令を実行するにあたって、厳格主義者と穏健派の間にとくに根本的な意見の対立を招く問題は、歴史に対する認識の仕方である。イスラームの普遍的な不朽の教えを理解する上で、これは大きな影響を及ぼす重要な問題だ。

厳格主義者が信仰の基本的な前提としているのは、彼らが「イスラーム黄金時代」と考える特定の時代に、イスラームが余すところなく開示されたということである。イスラーム黄金時代とは、預言者ムハンマドがマディーナを支配していた時代と、預言者の存命中に親しい教友であり、支持者であった四人の正統カリフ――アブー・バクル（一三／六三四年没）、ウマル（二三／六四四年没）、ウスマーン（三五／六五六年没）、アリー（四〇／六六一年没）――の時代をいう。また、預言者の教友ではないものの、ウマル・イブン・アブドゥルアズィーズ（一〇一／七二〇年没）が第五代正統カリフとみなされる場合も多い。原語の意味では「賢明なカリフ」を意味する、「正統カリフ」すなわち正しく導かれた者とは、ふつうスンナ派の信条を反映し、信仰に篤く、宗教知識に通暁《つうぎょう》する公平・公正な統治者をさす言葉である。（原註１）一般に、スンナ派のムスリムは最初の四人のカリフを敬い、その業績を称えるが、厳格主義者はとくにその傾向がはなはだしい――イスラーム最初期のおよそ五〇年に及ぶこの期間を非常に理想化し、完璧な正義と公正さが実現された黄金時代だと信じている。彼らにとって、時代や地域を問わず、これほどの正義と公正さを達成できる政治体制は他にはありえず、それ以降のイスラーム史は、まぎれもなく堕落の時代とみなされる。したがって、ムスリムは当時の諸制度や行動規範を忠実に模倣し見習うことによって、黄金時代を復活するべきだ、と彼らは考えている。まるでその黄金時代に歴史が頂点に達し、可能性が完全に開花したと言わんばかりに、ムスリムはもちろん、全人類がその初期の時代を再現するよう努める必要がある、と思っているのである。

現代の厳格主義者が深い疎外感を抱いていることは前に述べたが、理想化された過去に固執すれば、現在に対する疎外感が強まるのはありうることだ。だが、彼らが過去の理想的な時代に執着して疎外感を強めるのには、いくつかの要因が存在する。その代表的なものが、一部のイスラーム国家に見られる息の詰まるような専制政治だ。(原註2)

専制政治の結果、無力感ばかりか絶望さえ生まれる。国民はどうしても、政治権力に対して自分の意見や見解はまったく取るに足らず、妥当性がないと感じてしまう。率直な発言が非常に高くつくだけでなく、独創的に物事を考えるのもきわめて危険だ。ほとんどの場合、生計を立て家庭を築くといった、自分の心配だけをしたほうが身のためだ、と国民は思い知らされる。専制的な社会では、社会的倫理観や国のために尽くしたいという政治的意欲をもつ人間の生き方は非常に限られ、国の厳しい監視のもとで慎重に世渡りをしていくか、さもなければ国家権力の弾圧を覚悟の上で生きるかしかない。専制政治のもとでは、国民の多くが人間としての尊厳と自尊心を奪われるのである。

当然ながら、このような専制政治の最大の被害者は、経済手段に乏しく、低い社会的地位から抜け出す機会に恵まれない知識階級だ。一般的に、知識階級は社会的にも政治的にも意識が高く、自らの社会的義務はもとより権利についてもよく認識している。その上、現在の地位に甘んじることなく、高度な教育と勤勉な努力によって、経済的にも社会的にも政治的にも高い地位を望めると考えている。その証拠に、女性解放運動や人権運動などの盛り上がりは、社会の識字率の上昇に正比例している。また、識字率や教育レベルが高い社会ほど、安定した民主主義国家を築きやすい。

厳格主義者がなぜ疎外感を抱くかを考える場合、とくに注意を払う必要があるのは、専制政権の常套手段である拷問の影響だ。拷問が日常的に行われる国事犯監獄は、これまで一部のきわめて厳格なイスラーム過激派の温床になってきた。重要なのは、実際の拷問から生まれた体験談や恐怖の物語が社会に広まり、それが一つの文化的特徴となって、緊張感や恐怖感を高め、自尊心の欠如を深めるのに大きな役割をはたしているという事実だ。このような物語の影響もあって国家との関係が剣呑《けんのん》になった結果、厳格主義者は国家を敵対勢力の一部と見るようになる。また、被害者意識と疎外感を一段と強め、自分たちが過酷な扱いに耐えている間も、世間は冷たく無関心な態度をとっていると思い込む。もちろん、これも厳格主義者が結局社会と絶縁することになった一因だ。

何より重大なのは、日常的な拷問によって、残虐行為と一般的な価値観に対する感受性が鈍化し、急進的な姿勢に拍車がかかることだ。たとえば、極度に過激な厳格主義勢力の指導者、サーリフ・サラーヤ（一八七五年処刑）やシュクリー・ムスタファー（一九七八年処刑）は、穏健なムスリム同胞団に所属していたが、エジプトの獄中で激しい拷問を受けて急進的な立場に転じている。また、長年にわたる激しい弾圧に耐えていたシリアのムスリム同胞団は、一九八二年になって過激化し、武力的手段に訴えるようになった。さらに、中東の中でも、人権侵害でとりわけ悪名高いサウジアラビアが、きわめて狂信的・暴力的なイスラーム過激派の代表的な供給国でもあるのは偶然の一致ではない。

組織的に人権を侵害していることに変わりはないものの、イスラーム世界の専制政権は通常二つのカテゴリーに分類される。厳格主義者かどうかを問わず、また思想傾向にかかわらず、あらゆる反政府勢力を標的にして迫害するか、それともイスラーム主義勢力、とりわけ厳格主義勢力を標的にするかのいずれかである。一番目のカテゴリーに入るのは、たとえば、サウジアラビア、サッダーム・フセインが支配していたイラク、シリア、リビア、インドネシア、スーダンなどの国々だ。これらの国々は、反政府主義者の疑いがある者をみな逮捕して拷問にかけるが、その中には、人権に対する国の姿勢や、管理機関に横行する汚職と縁故主義を批判する人々も含まれる。国の方針と合致しない教義を唱えれば、厳格主義勢力も迫害される。

厳格主義勢力が迫害されるかどうかは、もっぱらその思想がどの程度国の方針と食い違っているかにかかっていると言ってもいい。現に、フセインのイラク、リビア、シリアといった国々では、国の世俗的ナショナリズムと矛盾するとして、大多数のイスラーム勢力が激しい弾圧を受けている。またサウジアラビアでは、大半の厳格主義勢力は安全を保証されているが、シーア派の大多数に加えて自由主義者、スーフィー、世俗主義グループなどは厳しく弾圧されている。

二番目のカテゴリーには、たとえば、エジプト、パキスタン、クウェート、アルジェリア、モロッコ、チュニジア、ウズベキスタンなどが入る。このような国々は、武闘派組織を含むすべてのサラフィー主義・厳格主義グループを組織的に抑圧する方針をとり、個人や集団を情け容赦なく攻撃し、抹殺する。

私は、どちらのカテゴリーであろうが、その国の方針が及ぼす影響は同じだと考えている。まず第一に、厳格主義グループに対する国家の厳しい武力弾圧に伴って、イスラーム社会に不安と恐怖が蔓延する。第二に、サウジアラビアなどの一部の特殊な例を除き、大半のイスラーム政権が、総じて厳格主義勢力を抑圧する方針を打ち出す。こうなれば、彼らの疎外感ばかりか被害者意識をも助長し、その世界観を支える陰謀説に油を注ぐだけだ。最後に、イスラーム世界の評判の悪い専制体制と結局衝突せざるをえないため、厳格主義者が大衆の同情をある程度得られるのは間違いない。ふつうなら彼らの教義を腹立たしくやっかいなものと思うような人間でさえ同情するようになる。

ただし、厳格主義者の疎外感は、独裁政権への敵意よりも複雑だ。彼らは、西欧諸国による植民地支配が今でも終わらず、イスラーム世界の中でもとくにアラブ諸国は、まだ完全に西洋の支配下にあると信じている。彼らの見解によれば、イスラエルは、アラブ諸国の団結を阻止するために建設された衛星国である。またイスラーム諸国の統治者は、宗主国のために働く手先にすぎない。統治者は政権の座を保証してもらうために、イスラームの諸々の組織や勢力を抑圧するのだという。つまり、現代版植民地主義は安上がりのイスラーム対策を考え出し、西洋教育を受けた世俗主義的な統治者を権力の座にすえて代役を務めさせている、と厳格主義者は信じているのである。ほとんどのイスラーム政権が、厳格主義者からこのような非難を浴びせられたが、その中には、エジプト、ヨルダン、チュニジア、モロッコ、シリア、イラク、クウェート、バーレーン、アラブ首長国連邦、オマーン、スーダン、ウガンダ、パキスタン、インドネシアといった国々も含まれている。

サウジアラビアは厳格主義勢力をとりわけ強く支持した。サウード家が宗主国のイギリスの支援を受けて政権を手中におさめ、アメリカ政府との間に親密な関係を築いたにもかかわらず、一九七〇年代から一九八〇年代まで、サウジアラビアは実質的に厳格主義者からの批判を免れていた。一九九〇年代の初めに第一次湾岸戦争が勃発すると、状況はいくぶん変化する。サウジ政府がアラビア半島にアメリカ軍を迎え入れ、協力する姿勢を示したことから、政府を批判する動きが見られるようになった。とはいえ、大多数の厳格主義グループは、サウジ政府との思想的な同盟関係を依然として保ち、その資金援助に依存していた。最近になってアメリカがアフガニスタンとイラクへ侵攻すると、ようやくビン・ラーディンやターリバーンに同情的な多くのグループが、サラフィー主義・ワッハーブ主義の教義に背く異教徒の政府としてサウジ政府を非難し始めた。つい最近も、サウジアラビアで政府と厳格主義グループとの間で武力衝突があった。しかし、九・一一のテロ事件の余波を受けて、サウジ政府がやむをえず厳格主義勢力と距離を置くことはあっても、イスラーム世界における厳格主義の強力な後援者としての立場を放棄するとはとても思えない。ただ、彼らに対して、欧米諸国ではなく異端のムスリム（自由主義者やフェミニスト）との闘いに、その情熱を向け直すよう説得することは大いに考えられる。

厳格主義者は、イスラームに対する継続的な共同謀議《ぼうぎ》の黒幕はイギリスとフランスだと批判していた。だが、アメリカが世界の超大国として支配的な力をもつようになると、今度はアメリカが首謀者にされた。ソ連のアフガニスタン侵攻とボスニア戦争やチェチェン紛争以降は、ロシアも反イスラーム国家のリストに加えられた。アメリカがアフガニスタンやイラクへ侵攻するまで、ロシアのやり方は野蛮だが、アメリカはむしろ巧妙に舞台裏で陰謀を画策する、と厳格主義者は考えていた。

厳格主義者は、欧米諸国、とりわけアメリカが、他の面でもイスラーム世界を攻撃していると非難する。彼らによれば、軍事支配は支配権を確立する過程のごく一部にすぎず、文化侵略のほうが致命的で深刻な影響を及ぼすという。なぜなら、西洋文化の流入によって、イスラーム世界のいたるところに欧米のファッション、習慣、価値観などが行き渡るからだ。このような文化侵略はさまざまな形であらわれ、その方法や仕組みもまちまちである。欧米諸国の代理人とも言うべき統治者たちは、欧米の映画やテレビ番組、音楽、美術などの流入を許容し、イスラーム世界の各地に欧米の営利団体や教育機関を設立する。また、欧米諸国は、カリフ制などのイスラームの制度と比べて、民主主義をはじめとする西洋の諸制度のほうが根本的に優れている、という考えをムスリムに植えつけて、イスラーム世界の強大化を阻《はば》もうとしている。厳格主義者によれば、このような文化侵略の目的は、真のイスラームの価値観を崩壊させ、黄金時代への回帰を阻止することにあるという。ようするに、彼らがしばしば西洋に対して敵意をむき出しにするのは、こういう理由があるからだ。

この西洋への敵意と切っても切れない関係にあるのは、植民地時代の経験と植民地独立後のイスラーム諸国の失敗だ。イスラーム国家の多くは、専制政権であるばかりでなく、世界市場で競争するための産業基盤や技術的インフラを、近代化によって整備することにも失敗した。ほとんどの厳格主義者は、その失敗が西洋のせいだと非難する。もちろん、その世界観に強い影響を及ぼしているのは、現在も続くイスラエルとの対立とその軍事的・技術的優位性だ。彼らが和平にあれほど反対するのは、一つには、イスラエル建国の目的が、イスラーム世界の封じ込めをもくろむ西洋世界の戦略の一環として、ムスリムを打ち負かし、屈辱を与えるためだと信じているからだ。もう一つの主な理由は、エルサレムにある神聖なアクサー・モスク〔岩のドームと呼ばれる聖地の南側に位置するモスク〕に関係がある。ほとんどのムスリムが、イスラームの第三の聖都とされているエルサレムと、とくにアクサー・モスクを特別な場所と考えていることは間違いない。

その重要性を示すかのように、エルサレムをめぐって十字軍との間で激しい攻防戦が展開され、何世紀にもわたって大勢のムスリムの血が流されてきた。そういう事情があるだけに、エルサレムを占拠し、アクサー・モスクを管理するイスラエルとの和平を、厳格主義者は強く拒むのである。

厳格主義者は近代主義に反対しているわけではなく、少々矛盾するが、近代性という概念が文化的に偏っていると考えているのだ。人権、女性の権利、少数者の権利、宗教の自由、市民社会、多元主義、民主主義といった概念を含む近代的な文化は、彼らにしてみれば西洋文化とほとんど変わらず、それゆえ縁もゆかりもない異質の文化なのだ。ただし、近代化と近代的な文化とははっきり区別している。近代化と西洋化を分けて考えると言ってもいい（前者は認められるが、後者は拒否される）。真の近代化とは、時代をさかのぼり、イスラームの黄金時代を再現することだ、と彼らは主張する。といっても、科学技術の進歩を拒絶しようとするわけではない。それどころか、彼らのもくろみは、「西洋で生まれた科学技術を学ぶのはムスリムの義務だが、西洋文化に侵される危険を回避するため、社会科学や人文科学を学んではならない」というかにも単純なものだ。こういう理由から、大勢の厳格主義者が欧米に留学しても、学ぶのはもっぱらコンピュータサイエンスを含む物理科学の分野であり、社会科学や人文科学はまったく眼中にないのである。現代の科学技術を身につければ、預言者ムハンマドがマディーナとマッカに築いた都市国家をモデルにした社会を創造し、イスラーム黄金時代を再現しやすくなる、と彼らは信じている。

いくら気の利いたことを言っても、結局、厳格主義者のこのような見解にはほとんど意味がない。事実上、彼らは近代性と歴史の進歩が人間の最終的な到達点だと主張しているに等しい。真の近代化を達成するにはイスラームの黄金時代に回帰する必要がある、と彼らが訴えるのは、預言者ムハンマドと正統カリフの時代に歴史が頂点に達した、という自らの信条を肯定するために他ならない。ただ、現代の科学技術を利用すれば、社会的・政治的ユートピアを実現するための力を獲得できる、と信じているところに厳格主義者の特徴がある。

前に述べたように、厳格主義者は哲学や民主主義理論などの特定分野の学問を罪深いものとみなしている。それだけでなく、欧米の大学でイスラームに関する講座を受講しないようにムスリムに警告する。なぜなら、欧米の学者が機に乗じてムスリムの心をかき乱し、信仰に疑問を抱かせると考えているからだ。それに、欧米の学者を通じて、ムスリムがムウタズィラ学派（理性を重んじる神学派）やシーア派といった、異端の学派や宗派の思想に触れることも懸念している。厳格主義者によれば、過去の堕落した思想や数々の異説を知れば、イスラームの正道に必ず疑念が生じるという。だが不幸にも、学問分野を厳しく制限したことで、彼らは思想的にますます孤立した偏狭な立場に追い込まれているのである。

厳格主義者はさらに踏み込んだ要求をする。彼らの基本的な教義に従えば、ムスリムは積極的に反西洋的な文化的習慣を採り入れなければならない。ところが、この種の文化的反抗は表面的なものになりやすい。たとえば、歯を磨くときには、歯磨き粉を使わず「ミスワーク」と呼ばれる小枝で磨かなければならない、と彼らは訴える。その理由は、できるだけ非ムスリムと異なる行動をとることはムスリムの義務であり、預言者ムハンマドもかつてミスワークで歯磨きをしていたからだという。確かにムハンマドはミスワークで歯磨きをしていたが、そもそも当時は歯磨き粉が発明されていなかった。

厳格主義者のこのような論法は、かなり奇妙なこじつけだと言わざるをえない。その証拠に、ムハンマドとその教友たちが使用しなかったにもかかわらず、彼らは今までのところ傘の使用を禁止していない。それに対して、ネクタイはイスラームの正道から逸脱した西洋的革新（ビドア）の産物とみなされ、着用が禁じられている。また、彼らはムハンマドの時代にはなかった下着類の着用を禁止していないが、サウジアラビアでは、胸を大きく見せる目的でブラジャーを着用することが禁止された例もある。その裁定を下した法学者は、これが一種の詐欺的行為だと主張した。

厳格主義者の考え方は、「実質的にも形式的にもムスリムは非ムスリムと異なる行動をとる義務がある」ということを前提にしたものだ。そのため、たとえば拍手喝采をするような場面で、ムスリムはいっせいに「アッラーは偉大なり」と大声で三回唱えること（「タクビール」）を求められる。その習慣の実用性に関係なく、ムスリムは非ムスリムとはちがう行動を要求されるのだ。その結果、非常におかしな現象が生まれる。講演者が見事な話をしようが、つまらない話をしようが、聴衆は三回のタクビールを義務づけられる。誕生日を祝う、病人に花を贈るなどの慣行を禁止するのも、それと同じ論法だ――両方とも西洋的な習慣と決めつけられるので、ムスリムはまったく異なるか正反対の行動をとらざるをえない。奇妙なことに、厳格主義者は、西洋の文物を否定し、替わりのものを採り入れるべきだと言いながら、西洋の兵器をはじめ、携帯電話やコンピュータなど、先進技術から生まれた製品を平然と使用している。

厳格主義者の反西洋主義的な思想は、彼らのアイデンティティを支える中心的要素であるとともに、近代性への対応の中核をなす部分でもある。イスラーム史のごく一部を理想化し、それを黄金時代と断言しているように、彼らが目標にするのは過去の時代だ。とはいえ、彼らの思想がこの黄金時代に根ざしているわけではない――その性急で独断的な思想からすれば、イスラーム史でさえ十分理解できているとは考えられない。

では、何が厳格主義者のアイデンティティを支えているのか？　たとえば、私が注目したのは服装だ。彼らの服装は、史料に記録されたムハンマドの時代の身なりよりも、むしろハリウッドがつくったイメージにそっくりである。史料によれば、ムハンマドが活躍した六世紀には、男はよく一枚の布を身にまとっていたという。その布もふつうは全身を覆うようなものではなく、ほこりにまみれた、裂け目や穴だらけの代物だったようだ。重ね着をして頭に長いターバンを巻くのは、特別に裕福な印だった。染めた衣類は、大多数のムスリムには手が届かないほど高価なものだった。ところが、厳格主義者が由緒正しいとするムスリムの服装を見れば、彼らが実際の史料よりもハリウッドやエジプト映画に詳しいのは一目瞭然だ。この一例だけをとっても、彼らのアイデンティティが、西洋に対する反応によって形成されたことがわかる。厳格主義者の特異な思想は、真のイスラームを史実に基づいて実現しようとする試みから生まれたわけではない。いろいろな意味で、厳格主義者は自らを無限循環の中に閉じこめた。特定の時代を理想化して近代性から遠ざかり、近代性から遠ざかるにつれてますます過去を理想化する。そして過去を理想化すればするほど近代性を嫌うようになったのである。

穏健派は、いわゆるイスラーム黄金時代、あるいはムハンマドの存命中でも、イスラームが頂点に達したとは信じていない。イスラームの潜在的な可能性は尽きることがなく、今後ますます大きく開花すると考えている。したがって、穏健派にとって、歴史とは過去の成功と失敗の興味深い記録であり、決して再現できるものではない。むしろわれわれは、現在の要求と過去の教訓を注意深く分析することによって、それぞれの時代が突きつける特有の課題を解決しなければならない。つまり、弁解がましく過去を理想化する必要はないということだ（過去の誤りを認めて教訓を学ぶ必要はあるが、称賛すべき成功例を理想化してはならない）。イスラームは進歩の原動力となり、時代とともに道徳的・倫理的に向上する機会をたえず与えてくれると穏健派は考えている。

預言者の伝承の中に、「知恵と知識には国籍がないので、神に仕え、この世界に神性を実現するためであれば、その出所を問わず自由に学ぶことができる」と説いているものがある。そのとおりに社会科学や人文科学の成果を十分に活用するのも、穏健派の際立った特徴だ。このような学問分野の進歩によって、社会力学、行動様式、政治機構、経済構造、市民社会の役割、制度の役割などに関するわれわれの認識が深まると考えているからだ。各時代に何が求められ、何が問題だったのかがわからなければ、イスラームの道徳的・倫理的目的を達成することはできない。また、たえず進化し、変化する環境や状況を理解できなければ、神の代理人として、善行に励み悪行を戒める責務もはたせない。

前述したように、クルアーンがムスリムに課した義務は他にもある。それは、世界を文明化し、流血、争い、恐怖などが蔓延する堕落した状態を阻止するというものだ。それゆえ、人類の遺産に境界は設けられないし、ムスリムの努力を通じて、イスラームは世界を文明化し、堕落を防ぐ取り組みに貢献しなければならない、と穏健派は考えている。

穏健派は、近代的な課題への対応に欠かせない柔軟な考え方と歴史的正当性との間で、うまくバランスをとろうとする。そのバランスのとり方は思想家によって異なるが、肝心なのは、イスラームの歴史的遺産を、知識の進歩や近代的な新しいものの見方といかに調和させるかという問題だ。近代になって、知識、記憶、知覚、理解力、考え方、現実、社会政治的構造などに関する理解が深まり、イスラームも、同時代の新たなものの見方を考慮せざるをえない状況に置かれている。たとえば、記憶の信頼性と証言の正確さ、ジェンダー〔社会的な性別・性差〕および階級の意味と役割、専制政治の社会的影響と市民社会の役割といった問題について、現在では数多くの研究が行われている。穏健派が取り組んでいるのは、「こういった新たな発見や認識とイスラームの伝統が、お互いにどのような影響を及ぼすのか?」という問題だ。いずれにせよ、穏健派が近代性を関係のないものとして無視したり、イスラーム史を異常なものとして退けたりすることはない。

穏健派の西洋との関係は多面的だ。それを証明するような一つのエピソードがある。二〇世紀の初めに、エジプトの穏健派の学者タフターウィーはパリを訪れて非常に驚いたという。パリが清潔でよく整備された美しい街だっただけでなく、市民が勤勉で時間を厳守し、教養豊かで前向きだったからだ。エジプトに戻ったタフターウィーは、有名な文章を書いて物議をかもした。彼はこう述べている。「パリには、イスラームはあったがムスリムはいなかった。エジプトでは、ムスリムはいるがイスラームはない」これは明らかに誇張した表現だが、彼が言いたかったのは、非ムスリムのパリ市民が無意識にイスラームの道徳的価値観を体現していたのに対し、イスラーム国家であるはずのエジプトではいまだに実現されていない、ということだ。タフターウィーは、勤勉で時間を厳守し、教養があって前向きな人間を、理想的なムスリムと考えていた。物事を前向きに考えず、無知蒙昧《もうまい》で礼儀を知らなければ、イスラームの理念に反することになるのである。

タフターウィーの批評からは、穏健派が強い不安を抱いていたことが読みとれる。穏健派は、公正、公平、正直、勤勉、創造性、生産性、時間厳守といった、望ましく称賛すべき一定の普遍的価値観が存在すると考えている。「文明化のための」価値観（社会的経済的進歩をもたらし、文明化を促す価値観）とも呼ばれるこれらの価値観を実現するにあたって、ムスリムは率先して道徳的に優れた模範を示す義務があるとされている。ところがイスラーム社会には、このような価値観を認めずに時代に取り残された地域が多い。その一方で、西洋はこのような価値観をなんとか採り入れ、今や文明の先頭に立っている。したがって、穏健派が西洋諸国を称賛し、敬意を払うのは当然なのだ。そのリベラルな民主主義思想がわざわいして穏健派は祖国でよく迫害を受けるが、自由を求めて亡命するところと言えば欧米しかない。祖国の専制政権によって投獄され、拷問を受けた学者の多くが、民主主義体制の整った西洋諸国に逃れるのは、イスラーム社会にとって嘆かわしい事実である。

一般的に、穏健派は西洋に敬意を抱いていると同時に、イスラームを西洋に影響を受けたものとも対立するものとも考えていない。どちらかといえば、イスラームの道徳的・倫理的価値観に従って西洋の文化的習慣を吟味し、良いものは採り入れ悪いものは遠ざけようとするが、その取捨選択の範囲はきわめて広い。たとえば、国家による規制までは求めないにしろ、穏健派の学者には、男女のデートの習慣を容認する者は一人もいない。とりわけ未成年のデートは認めない。また、大方の穏健派は、美人コンテストや、大半の西洋諸国で許されている慎みのない身なり（肌の露出基準）に反対している。退職および解雇自由の原則が普及し、簡単に解雇されるのは許せないと思う者も少なくない。（原註3）とはいえ、イスラーム社会に受け入れられるだけでなく、むしろ望ましい西洋文化も非常に多いし、時間厳守、学問の自由、市民の倫理観といった西洋文化の所産を賛美する文章もよく見かける。

ただし、ほとんどの穏健派は、イスラーム諸国に対する西洋諸国の外交政策に同意できず、とくに中東諸国に対するアメリカの政策に異議を唱えている。政策の動機に関しては意見が分かれるものの、イスラエルがパレスチナ人を犠牲にしてアメリカから絶対的な支持を受けていることを、大半の者が不愉快に思っている。だが厳格主義者とちがって、穏健派はイスラーム世界と西洋との衝突が不可避であるとは考えない。それどころか、ムスリムが人間的に成長し、イスラーム諸国が民主化と発展を遂げるには、内省的な自己批判によって、自らの後進性の原因を探る努力が必要だと思っているのである。穏健派のムスリムは、ふつう植民地主義と帝国主義の歴史的影響を否定しないが、原則として、自らの過去の過ちをその影響のせいにすることはない。たとえば、厳格主義者とはちがって、中東諸国が発展もできず近代化や民主化もできないのは、イスラエルに責任があるとは思っていない。

この章で取り上げた問題に関するかぎり、厳格主義者の姿勢でいちばん問題になると思われるのは、何かにつけてイスラームを西洋と対立させる点だ。穏健派にしてみれば、このようなイスラームの定義は気まぐれで許しがたい。厳格主義者が依拠するのは、「ユダヤ教徒やキリスト教徒に付和雷同してはならない」というクルアーンに記された神の命令と、「非ムスリムとのちがいを外見で示せ」と預言者ムハンマドが説いたとされる他に類のない伝承だ。しかし、神の命令については、彼らはその目的を誤解している。神がムスリムに命じたのは、思慮深い賢明な生き方をすることだ。また、類例のない預言者伝承については、歴史的に不確かで信頼できないため、ムスリムの行動規範とは認められない。何より重大なのは、厳格主義者がイスラームを独自に解釈し、他者を否定するばかりか苦しめるための道具にしていることだ。このためにイスラームが変質し、取るに足らないと思われるほど表面的な規定にこだわる宗教になりかねない。自らの信仰を真剣に考える穏健派としては、厳格主義者のしばしば悪意に満ちた反動的なやり方を認めるわけにはいかないのである。

第9章　民主主義と人権

現代では、ムスリムであれ非ムスリムであれ、民主主義と人権はイスラームとは根本的に相容れないと考える者が少なくない。私の見方によれば、今日のムスリムが直面する課題の中でとりわけ重要なのは、イスラームが個人の権利を尊重する民主的な秩序を支持できるかどうかという問題だ。確かに、民主的な統治を実現させるためのモデルはいろいろある。また、人間が共有する基本的で普遍的な権利とは何かについて、世界中の人間の間で合意ができていると言えばうそになる。

だが、穏健派と厳格主義者がともに直面している主な問題は、原則として自らの政府を選択し、自らを管理する法を定める権利が人間にあるかということだ。はたして、敬虔なムスリムが、人事について人間の主権を認めるようなシステムを本気で受け入れられるのか？　それとも、主権は神にあり、人間は自らの判断で自由に物事を行ってはならないと定められているのか？　イスラームの神学と法は、ムスリムが民主主義的政治体制を信じて実現することを堅く禁じているのだろうか？

人権についても、これと似たような問題がある。実際、多くの点で、人権問題は民主主義にまつわる難題と密接に関連している。個人的人権を保護し、促進するためには、制度上の保証が必要となるが、民主主義以外の政治体制にそれができるかどうかはきわめて疑わしい。とはいえ、イスラームと人権に関する問題を考える場合、関連のある事柄でもそれぞれが異なる問題をはらんでいるため、区別して考える必要がある。争点になるのは、「個人の権利に関するイスラーム法独自の概念が存在し、それが国際社会が公認する人権と一致したり、衝突したりする場合があるのではないか？　独自の概念がまだ存在しないとしても、現代的な視点からイスラームの知的伝統を詳細に分析すれば、イスラームの教えと合致する個人的権利の明確な概念を導き出せるのではないか？　別の言い方をすれば、現代のわれわれがイスラーム法源を見直し、イスラーム史では前例がない個人の人権という概念を認めるような解釈ができるのか？」といった問題である。

だが、ムスリムが避けて通れない問題は他にもある。それは、「イスラームの教えは、個人の権利という概念と根本的に相容れないのではないか？」つまり「イスラームの教えには、個人の権利を認めたり信奉したりすることを許容しない側面があるのではないか？」という問題だ。また、それとは多少ちがうが、ある種のイスラーム法——たとえば、相続における女性の取り分、刑事事件における女性の証言、結婚と離婚の規定に関連する諸問題、特定の刑事罰などに関する法――は現行の国際的な人権基準にそぐわないのではないか、またそうであるなら、両者の矛盾を解消するために、イスラーム法か国際人権基準のいずれかを変えることは可能なのか、という疑問も出てくる。

民主主義と個人の権利が、イスラームにかぎらず世界の多くの文化圏で論争の的にされるのは、両方の概念が西洋独自の歴史的経験から生まれたものだからでもある。この西洋生まれの民主主義と個人の権利を、西洋以外の世界へ持ち込むことが望ましいのか、あるいは、それがそもそも可能なのかは非常に議論の分かれる問題だ。数々の国際条約や宣言で、人間が共有するとされる権利がいろいろ取り上げられるが、すべての文化や人間が共有する「特別な」権利など存在しない、と主張する者はムスリムにも非ムスリムにも大勢いる。その種の権利を詳細に説明しようとすれば、必然的に「偽の普遍的特性」をもてあそぶ結果になると彼らは言う。(原註1)

確かに、国際条約や宣言に記載されている権利は、内容的に大きなばらつきが出やすい。たとえば、そうした国際文書は、信仰や言論の自由に対する個人の権利やプライバシーの権利はもちろん、住居を得る権利、十分な食物や生計の手段を得る権利、さらには有給休暇や有給の育児休暇の権利にまで言及する。そのため、「世界人権宣言」や「政治的および市民的権利に関する規約」などが言及する権利をいちいち取り上げて、イスラームと合致するかどうかを検討することは不可能だ。ここで重要なのは、穏健派や厳格主義者が原則として、あるいは一つの概念として人権という考え方そのものを受け入れられるかどうか、さらには、イスラーム固有の人権概念があるのかどうかという点に焦点をしぼることである。

ほとんどの穏健派ムスリムは、民主主義も人権もいわゆる偽の普遍的特性であるとか、両方とも他の文化には適さない西洋独特の制度や概念である、といった考え方には非常に懐疑的だ。そのような主張の裏には、ある種の自民族中心主義が隠れている場合が多い。というのも、それは結局、西洋人でなければ、本質的に法の原則に縛られる民主主義的政治体制のもとでは暮らせないし、人権について理解も尊重もできないと言っているに等しいからだ。なるほど、民主主義や基本的かつ絶対的な個人的権利という概念を生み出したのは西洋かもしれないが、だからといって、非西洋人が——想定上の文化的境界によって——永久に専制政治に苦しむ運命にあるとはかぎらない。穏健派の見解では、倫理的に望ましい目標として人権を尊重することは、偽の普遍的特性どころか、道徳上の基本原則である。実のところ、独自の人権概念がイスラーム法にすでに存在すると言えばうそになるものの、概念としての人権と統治システムとしての民主主義は、イスラームの神学理論と法にまったく矛盾しない、というのが一般的な穏健派の見方だ。さらに踏み込んで、イスラームは民主主義や人権と矛盾しないばかりか、民主主義的政治体制を「要求し義務づけている」という説もある。

穏健派はイスラームの教えに依拠しながら、すべての人間が少なくとも、尊厳と自由に対する権利をもっていると主張する。そもそも民主主義と人権に対する穏健派の信念は、圧制が神と人間に対する重大な犯罪であるという考え方に基づくものだ。クルアーンには、圧制者はこの世界を堕落させ、圧制は神に対する犯罪だ、と記されている。また、神はすべての人間に尊厳を与えたとクルアーンが明言しているように、(原註2)穏健派は、人間にはみな尊厳を保つ資格があると考えている。

人間の尊厳を構成する不可欠の要素は自由と選択である。言うまでもなく、拘束されても投獄されても、また、抑圧されても自分の意志で行動する手段を奪われても、人間は自尊心を著しく傷つけられたと感じる。自由を否定する手段の中で、もっとも組織的で圧倒的な力をもつのは、国家による専制政治や圧制だ。国家権力の圧制によって、国民は国家に逆らうかどうかに関係なく尊厳を奪われる。近代の国民国家はかつてないほどの力で国民を監視し、その生活に強引に干渉している、というのが大方の穏健派の見方だ。それに、国家は武力行使の独占権をもっているため、反対者を追いつめて逮捕し、拷問にかけさえすれば、脅威と暴力によって国民の行動をコントロールできる。注目すべきことに、クルアーンはこのような専制政治や恣《し》意的な権力の行使を激しく非難し、これに対して抵抗するか、それが不可能ならば国を出て、もっと公正・公平な国へ移住するようムスリムに忠告している。それどころか、専制政治に苦しむ不本意な生活を我慢し、圧制に甘んじて服従するムスリムは、自分自身に不当な仕打ちをしているに等しい、とクルアーンは述べているのである。(原註3)

第二代カリフで預言者ムハンマドの親しい教友でもあったウマルが、人間は生まれながらにして自由である、と明言したという伝承はよく知られている。ウマルは統治者の一人に対して、不当な行為は人を隷属させ服従させることにもなると教え諭《さと》し、「神が人を自由なものとして創りたもうたのなら、人を虐《しいた》げる権利が誰にあろうか？」と詰問したという。穏健派は議論の際にこの種の伝承をよく引き合いに出し、自由は人間の誰もが生まれながらにもっている権利であり、自由を奪えば、その人間を服従させ隷属させるのも同然だと主張する。神への服従が意味をもつのは、服従するかどうかを人間が自由に選べる場合に限られる。選択の自由がなければ、神への恭順《きょうじゅん》や服従はまったく無意味なものとなる。選択の自由（自由意志）は神の恵みであり、神への服従の不可欠な要素である。それゆえ、神を敬うか拒むかは自由に選べるのだ。

人間が人間に隷属や服従を強いられることは、神に対する絶対服従の義務とは根本的に矛盾する。実際に、ムスリムと非ムスリムが合意して、神のみを崇拝し、互いに相手を支配者として崇めることがないようにクルアーンは勧めている。(原註4) この一節は穏健派から見れば、人間は互いを支配すべきではないという重要な基本原則を肯定するものだ。倫理にかなう唯一の服従は神に対する服従であり、他の人間への服従は圧制以外の何ものでもない。このクルアーンの教えは、ムスリムと非ムスリムが支配・被支配の関係を避けるための方策を模索するように奨励しているのである。

穏健派が民主主義を必須のものと考える理由はもう一つある。それはイスラームの「ハック」という概念だ。この概念も、イスラームの法と神学に人権と民主主義の思想を根づかせる上で重要な役割をはたしている。「ハック」には二つの意味がある。一つは権利あるいは資格であり、もう一つは真理である。イスラーム法の「ハック」の理論によれば、神と人間はどちらもそれぞれの権利を有している。重要なのは、人間が権利をもっているとすれば、誰がそれを侵そうが脅かそうが、失うことはないという点だ。原則として、その権利は不可侵のものであり、国家ですら無効にすることは許されない。個人が自らの権利を放棄しようとしないかぎり、神でさえ個人の権利を取り消すことはない（その権利を否定する正当な理由は誰にもない）。ようするに、イスラーム法によれば、個人の権利は何であれ神聖なものとされているため、国家ですら無視も侵害もできないのである。

こうした教義は、イスラームの人権概念の基盤を築くために欠かせない。穏健派はイスラームの教義に従って、神には当然権利があり、個人にもまた権利があると認める一方で、神の権利は審判の日に神自らがその所有権を主張するが、個人の権利はこの世の人間がその所有権を守り、主張する必要があると考えている。つまり、来世では神が自らの権利を行使するが、現世では人間が個人の人権を認め、その神聖さを守らなければならないということだ。

伝統的なイスラームの教えでは、公正さは中心的で根本的な価値基準である。伝統的な学者たちは公正さをイスラームの義務として強調し、神の目から見て公正な非ムスリム社会のほうが不公正なムスリム社会よりも優れている、と主張する者さえいた。また、不公正がはびこる社会では、神への帰依などありえないと論じる者もいた。カワーキビー（四〇ページ参照）をはじめとする穏健派は、不公正が社会に蔓延すれば、人々の心に神への服従とは程遠い習性や特徴が浸透する結果になると主張した。たとえば、身の安全を脅かされる生活から生じる恐怖や不安。生き残るために信念を偽らざるをえなければ不正や偽善が広がり、行動が結果につながらなければ自信喪失や日和見主義も生じる。また、最終的に権利を奪われることになれば苦悩が生じる。ようするに、不公正は神性の欠如を意味し、公正は神性の存在を意味する。したがって、神だけが完全な公正を実現できるとしても、人間はできるかぎり公正な社会を実現するよう懸命に努力しなければならないのである。

公正な社会が成立するには、まず一人一人が当然の権利を与えられる必要がある。完全な公正とは、はたすべき義務と与えられるべき権利が完璧に釣り合った状態を意味する。穏健派は、公正さを実現するためには、社会の権利と義務のバランスをとるのに最適な統治システムを構築しなければならないと考えている。また、不公正を是正し、圧制から守ってくれるような社会的勢力や機関を自由に利用できるシステムを見出す必要もある。それがどんなシステムであれ、有力な諸機関を利用する機会と説明責任の両方が必要になるというのが穏健派の考え方だ。

人類の歴史を振り返れば、こうした条件を満たせるのは立憲民主主義による統治システムしかない、ということは明らかである。非民主的なシステムでは、国家に対して権力の濫用の責任を問うのがきわめて困難であるばかりか、社会的不均衡や不公正を是正できる機関の利用もままならない。さらに、憲法で認められた一連の義務と権利に基づく統治システムだけが、人間の基本的な尊厳を尊重できることも歴史が十分証明している。

クルアーンと預言者ムハンマドの教えは、人間には特定の資格や保護を得る権利があると明言している。伝統的なイスラーム法学では、人間の「保護利益」と呼ばれるものに基づいて人権概念を構築した。保護利益として認められたのは、生命、知性、血統、名声、財産の五つだ。この説によれば、保護利益とは、政治や法によって保護はもちろん、尊重し促進すべきとされている利益である。具体的には、人間の生命（生命）、人間の思考力（知性）、結婚して出産し、子どもを育てる権利（血統）、誹謗《ひぼう》中傷を受けない権利（名声）、財産を所有し、公平かつ公正な代償なしにその財産を奪われない権利（財産）などだ。伝統的な学者の中には、血統と名声はプライバシーの権利を含んでいると論じる者もいた。その裏づけとして、彼らが引き合いに出したのは、第二代カリフであるウマルの前例だ。それによると、国家がスパイ行為によって不法に入手した証拠は刑事訴追《そつい》に用いてはならない、とウマルは裁定したという。古典期のイスラーム法学で使われていたこの五つの保護「利益」という用語の代わりに、大方の穏健派は、五つの基本的な「権利」と呼ぶべきだと主張している。

古典期の学者たちは、五つの保護利益（権利）で人間に与えられるべき権利をすべて網羅できるとは考えていなかった。この五つの利益（権利）は、人間に属すると認められてしかるべき基本的な権利をあらわしてはいたものの、包括的なものではなかった。言い方を変えれば、この公認された権利は、人間の権利について考察して得られた最終結果ではなく、スタート地点にすぎない。

古典期のイスラーム法学では、保護を強化するために三つの区分からなる分類方法が考案され、保護利益に関連する問題はすべて「不可欠事項」「必要事項」「贅沢事項」に分類された。

- 「不可欠事項」は、問題となる利益（権利）を守り維持していくための、基本的で不可欠なものからなる。これがなければその利益（権利）を守れない。
- 「必要事項」は、いくぶん重要性が低い。問題となる利益（権利）を守るにはとても重要だが、不可欠とは言えないものだ。不可欠事項とちがって、これがなくても利益（権利）は守れるとはいえ、大きな損害を被る。
- 「贅沢事項」は、利益（権利）を守るのに不可欠なものでも、重要なものでもないが、これがあれば利益（権利）を申し分なく享受できる。

例を挙げて説明したほうがわかりやすいかもしれない。前述したように、生命はイスラーム法で保護されている利益（権利）の一つだ。殺人の禁止は、この生きる権利を守るための「不可欠事項」であり、食物と住居を保障する福祉法も、生命を維持するための「不可欠事項」である。十分な医療、初等教育や大学教育、衣類、雇用などを提供することは「必要事項」と考えられる。大学院教育を受ける手段、輸送手段、個人的な心理カウンセリング、有給休暇などを提供するのは「贅沢事項」と考えてもいいだろう。

古典期の学者たちは、何が「不可欠事項」「必要事項」「贅沢事項」に当てはまるのかを正確に定義したのではなく、原則として、健康でまともな品位ある生活に不可欠な物事と、さほど重要でも不可欠でもない物事とを区別しようと試みたにすぎない。「変化する状況と時代の要請に応じて」何をどう分類するべきかを判断し、決定するのは各時代のムスリムの責任だと彼らは言う。それゆえ、各事項に当てはまるものをすべて具体的に規定し、変更できない固定的な基準をつくるのは賢明ではないと考えられていた。

彼らの学説によれば、公正・公平な社会とは、不可欠事項を神聖で不可侵なものとして扱う社会である。不可欠事項に加えて必要事項も保護の対象にできれば、いっそう公正・公平だとみなされ、贅沢事項まで提供できれば、この上なく公正・公平な社会とみなされる。

古典期の法学文献には、この五つの保護利益――生命・知性・血統・名声・財産――を守るための必要条件について徹底的に議論された形跡が残されているが、残念ながら、現代ではこれらの議論はすっかり忘れられている。現に、今日のイスラーム諸国では、国民の不可欠事項や必要事項をないがしろにしている国がきわめて多い。たとえば、サウジアラビア政府は身勝手な処刑を数えきれないほど行っているが、これは人間の生命という第一の保護利益を明らかに侵害する行為である。また、イスラーム諸国で当たり前のように行われている恣意的な拘留や拷問も、生命や知性ばかりか名声をも侵害する行為だと言ってもいい。

穏健派は、保護利益に関連する問題を「不可欠事項」「必要事項」「贅沢事項」に分類するこの貴重な教義を足場にしたいと考え、少なくとも、こうした伝統的な議論を、現代の個人的利益を保護するための権利に当てはめるべきだと主張する。尊厳、自由、五つの保護利益、服従と圧制に反対する教えなど、伝統教義に由来する価値観は、イスラームの遺産から自然に発展した一連の人権概念として、現代でも通用するものだ。このような人権概念によって、イスラームの民主主義は強化されるだろう。

穏健派の考えでは、イスラームの遺産には、民主主義の原則を支持するような概念や慣行が他にもいくつかある。クルアーンは、何事も「協議」(「シューラー」)に基づいて行えとはっきり命じているが、これは圧制と権威主義が望ましくないことを神が改めて強調したものと解釈できる。ムスリムは、意志決定のプロセスを独裁者や独裁的な集団に占有されてはならず、民主的な協議によって意志決定する方法を見出す必要があるのだ。

協議の他に、マディーナ憲章と呼ばれる文書もある。はじめてマディーナに入った預言者ムハンマドは、マディーナ憲章を作成し、(マディーナの非ムスリムはもとより)各部族の責任、義務、権利などを明確に規定した。

預言者ムハンマドは、マッカ(現在のサウジアラビアにある)で生まれ育ち、そこで教えを説きはじめた。マッカでの布教は一〇年ほど続いたが、教えを拒む貴族や有力者たちから、日増しに激しい迫害を受けるようになっていった。ついにムハンマドは、快く自分を歓迎し、自分の教えや信奉者を受け入れてくれる都市への移住を決意する。この都市がマディーナだが、当時のマディーナには複数のアラブ系とユダヤ系部族が存在していた。その上、イスラームに改宗してムハンマドの教団に加わる者もいれば、相変わらず多神教を信じてイスラームに改宗しない者もいた。マディーナの長老たちと協議した結果、ムハンマドはムスリム共同体を率いてマッカからマディーナへ移住させ（この移住は「ヒジュラ」と呼ばれる）、マディーナの指導者に選ばれる。その直後、ムハンマドは長老たちとの入念な共同作業によって、後に「マディーナ憲章」と呼ばれることになる文書を作成した。この歴史上の前例は、イスラームの正当的な政治体制は立憲政治であるという考え方を裏づけるものだ。

穏健派がよりどころとしてよく引き合いに出すもう一つの前例は、イスラーム初期に存在した「解き結ぶ者」（「アフル・アル・ハッル・ワ・アル・アクド」）と呼ばれる選挙人集団である。第二代カリフのウマルは、死去する前に、イスラーム国家のさまざまな共同体を代表する有力な長老たちを集めて組織をつくり、自分の死後、一時的に国家を統治するとともに、イスラーム国家を統治する第三代のカリフを選ぶ任務を託した。この集団が「解き結ぶ者」と呼ばれていたのは、代表者である彼らの決定によって、共同体が束縛されるか解放されるかが決まるということを示すためだった。後に、この集団は諮問《しもん》機関同然になって決定権を失ったものの、さまざまなカリフに助言を与えた。

最後に挙げるのは、「合意」（「イジュマー」）の概念だ。多くの穏健派が依拠するこの概念は、ある問題の是非に関する集団内の見解の一致を意味する。古典期の学者たちは法学的な文脈で合意を活用したが、妥当な合意を得るための必要条件についてはたびたび意見が衝突した。彼らが議論した問題は多岐にわたる。法学者の見解だけを重視するべきか、それとも一般人の見方も考慮するべきか、というのもその一つだ。中には、預言者ムハンマドの教友たちの合意が証明されないかぎり、神学上の論争であれ法的論争であれ、異論の多い問題に対して決定的な答えは出せないと論じる者もいた。また、どのような問題に対して合意を適用すればよいかについても議論が交わされ、神学上の問題に限定するべきか、それとも法的問題の解決にも適用するべきか、という点で意見の対立があった。さらに、合意によってもたらされる結果についても議論している。たとえば、「いったん合意とされるものが得られれば、議論する必要は永久になくなるのか?」「一時は存在した合意がやがて破綻し消えてしまったらどうなるのか?」といった問題が話し合われた。

とりわけ激しい論議を呼んだのは、合意らしきものが実際に得られた場合、それに異を唱えて逆らうのは罪深い行為(あるいは多少なりとも無法な行為)なのか、という問題だった。多くの場合、古典期のイスラーム法学者は、そもそも合意が得られるという考えに懐疑的だったし、合意に達したとしても、本当に合意ができているのかどうかを立証できるとは思っていなかった。

穏健派のムスリムは、この合意の概念を解釈し直して、これが民主主義の多数派による統治に近い考え方だと証明しようとした。国家の統治という点では、国民が政治的主権をもち、国民の意志が拘束力や強制力をもつ、と穏健派は主張する。「イジュマー」は全員一致の合意ではなく、単純多数の存在を意味するものであり、ムスリムかどうかにかかわらず、一人一人の国民の見解や投票は、多数派の意志、つまり国民全体の意志を確認する上で重要だとされている。ただ、大方の穏健派は、多数派による専制——あるいは多数派による少数派の抑圧——を避けるために、すべての個人の基本的権利を保証する立憲的なシステムが必要だと考えている。したがって、多数派の意志が尊重されるのは、あくまでも憲法の範囲内に限られ、憲法が規定する境界線を踏み越えれば、その意志は尊重されなくなる。つまり、その場合、多数派の意志は違憲と宣告されるのだ。穏健派の中には、憲法の守備範囲を個人の権利に限定せず、イスラームの倫理的・道徳的原則も含めるように主張する者もいる。そうすれば、多数派がイスラームの倫理的・道徳的原則に抵触する法を望んだとしても、その法は憲法違反として無効になるからだ。

通常、民主主義を論じる場合、「もっとも」重要ではないにせよ、とくに重要なのは主権の問題だ。民主主義では誰が主権者なのか？ 究極的、最終的な権限をもつのは誰なのか？ この問題に対する穏健派の考え方はさまざまだが、意味するところはみな同じように思われる。

ある説では、最終的な権限は神にあるため、神が主権者であるとされる。それでも、人間が自らの自由意志で物事を行えるように、神はすべての権限を委譲し、来世でしかるべき人間に報酬や罰を与える権利だけを保持しているという。また、人間の法に関するかぎり人間が主権者だが、永遠の法に関しては神が主権者であるとする説もある。この考え方によれば、永遠の法ではなく人間の法を運用するのが人間の義務である以上、この世で神性を実現する目的であれば（つまり、永遠の法に従う努力をするかぎり)、人間は自由に法を定めることができる。法の制定によってこの世で神性を実現する意志がなければ、そうした法は必然的に違憲と宣告されるという。さらに別の説は、神の問題は神に委ねられ、国家の問題は人民に委ねられているから、主権者は人民であるというものだ。この最後の考え方は、徹底した世俗主義の立場にもっとも近い。

穏健派の間でかなり論議の的になってきた問題はもう一つある。それは、イスラーム民主主義において、宗教法であるシャリーア〔イスラーム法〕がどのような役割をはたすべきかということだ。これはとりわけ困難な問題だと考えられてきただけに、多種多様の見解が存在するが、私は四つの主な見解に分類している。

一部の穏健派の主張によれば、法の大部分は人間の手に委ねられるべきだが、核となる「ハッド〔複数形はフドゥード〕」と呼ばれる一群の法は例外だという。「ハッド」は、とくにクルアーンにおいて明確に規定されている法をさす。この法で処罰される犯罪は、たとえば、姦通罪や窃盗罪などだ。「ハッド」法には厳しい刑罰規定が盛りこまれているが、刑の執行には、その罪に対する非常に専門的で厳密な立証が要求されるため、刑罰が軽減されるのがふつうだ。実際、規定された刑罰を科すことは困難であり、めったにない。たとえば、姦通罪には一〇〇回のむち打ち刑が科せられるが、姦通を立証するためには、陰茎が完全に膣に挿入されていたと証言できる四人の目撃者が必要となる。これだけでも条件が厳しいのに、さらに四人の目撃者の中で、完全に挿入されたところは見なかったと証言する者が一人でもいれば、完全な行為を目撃したと証言する者は名誉毀損で罰せられる。そのため、他に立証できる者がいない申し立てをするには、危険を覚悟しなければならないのだ。当然ながら、これは姦通行為に関する中傷を抑止する効果がある。いずれにしても、非イスラーム政権を選べば自由に「ハッド」法を撤廃できるが、イスラーム政権が選ばれた場合には、「ハッド」法を適用しなければならない、というのがこの考え方だ。

それに対し、この立場を否定する穏健派の思想家もいる。彼らの見解によれば、イスラーム民主主義はシャリーアを一切適用せず、立法機関によって制定された法だけに依拠するべきだという。シャリーアは道徳的・倫理的指針にすぎず、一般市民が全面的に法の制定にかかわる必要があるというのだ。

第三の見解は、イスラーム民主主義では、立法機関が適切と判断すればどんな法でも制定してよいが、クルアーンと矛盾する法を無効にできる最高裁判所を置く必要があるというものだ。

そして最後は、法は国民のものであり、立法機関は国民が適切と考える法を、何でも自由に制定できなければならないという見解だ。ただしその法は、シャリーアに由来する一定の基本的道徳規準を満たす必要がある。道義に反する法は、立法機関が制定したものでも、違憲とみなし、無効にすべきであるという。

こうしたさまざまな見解に共通して認められるのは、神権政治を拒む姿勢だ。程度の差こそあれ、どの見解も、国家は人間には責任がなく変更もできない神の法を執行するために存在する、という考え方を拒否している。といっても、穏健派ムスリムは、神の導きが不要で役に立たないと思っているわけではなく、神が語りかける対象は人々の「心」であり、「制度」ではないと考えているだけだ。制度が神の代理人のようなまねをすれば、神を侮辱し、人間を虐待することになる。崇高かつ不変の神性は、制度や一個人が実現できるものではないのだ。

さらに、穏健派は、神の法の専門家である法学者が、従来の役割を引き続きはたし、人々に対して助言と指導を行うべきだと主張する。イスラーム史において、法学者が直接権力を握った例はない。つねに市民社会の側にいた法学者の真の権力基盤は、国家によって与えられた地位ではなく、その人望と、理性や知識を通して人々の心に訴えかける能力、それに法学の確かな学識であった。イスラーム国家において、法学者は多くの国民を説得し、何らかの法を制定させることもできるが、立法機関によって法が制定される以上、それは人間の法であり、神の法ではない。法として制定されるのは、その法が公正で望ましいもの、支持者にとってもっとも有益なものと代表者たちが判断したからだ。代表者たちはまた、支持者が望むなら自由にその法を変更できる。

重要なのは、神性は国家の強制によって実現できるものではない、と穏健派が考えている点だ。したがって、国家が神の代理人として法を執行するようになれば、結局国家が完全に神にとって代わることになり、神性は決して実現されないのである。

厳格主義者にとって、以上の見解のほとんどは異端の考え方だ。彼らから見れば、民主主義は西洋の産物であり、それだけでも拒絶する理由になる。ましてや、彼らはイスラームの統治システムの基盤として、カリフ制を再生させるように主張しているのだ。このモデルとして想定されているのは、預言者ムハンマドの死後、相次いで統治を行った四人の「正統カリフ」だ。厳格主義者は、正統カリフ時代の統治システムに似たものをつくろうとしているのである。

厳格主義者が承認できないのは、正統カリフ時代の統治形態が単一ではなく、それぞれのカリフが異なる政策を実施し、多様な制度を採り入れていたという点だ。実際、カリフ制は特定の統治理論に基づくものではなく、過去のさまざまな時代に、ムスリムの大衆を統合するために工夫された歴史上の制度にすぎなかった。ようするに、カリフ制は、ムスリムを結束させる象徴になってはいたものの、必ずしも特定の統治理論を具現化したものではなかったのである。それゆえ、大半の穏健派は、原則としてカリフ制の再興に反対していない。ただし、それはあくまでも、カリフ制が連邦制度や同盟という形でイスラーム国家を統合できる場合に限られる。民主主義の統治原則を損なわなければ、カリフ制は一つの旗のもとにイスラーム国家を統合できる象徴になると認めているのだ。だが、厳格主義者は、カリフ制を統合の象徴とはとらえていない——彼らが思い描いているのは、イスラーム黄金時代に存在した理想とされている統治システムの復活である。

厳格主義者によれば、カリフ制の黄金時代と言われている時代に存在していた統治システムは、「シューラー」制度と呼ばれるものである。彼らはこれが西洋の民主主義制度より優れていると主張する。前述したように、「シューラー」とはクルアーンに記された概念であり、協議による統治を意味する。だが奇妙なことに、厳格主義者の言い分では、「シューラー」と呼ばれる完結した本格的な統治理論があるかのような印象を受ける。彼らの著作を入念に調べると、「シューラー」制度という言葉が、公正で慈悲深く信心深い専制君主がイスラーム法を適用し、常設の諮問機関に定期的に意見を求めながら統治を行うという意味で使われていることがわかる。厳格主義者によれば、公正な統治者とは、神の法を適用する統治者である。統治者は人格、信仰心、宗教知識などに関する厳しい条件を満たせば、神の法を知ることができる。統治者はクルアーンの命令に従って協議を行う必要があり、知識と厚い信仰心をもつ人々と協議した後、正しい行動方針を選ぶのだという。

興味深いことに、厳格主義者の著作では、選ばれた指導者にしかるべき統治を続けさせるための制度上の仕組みについてはほとんど触れられていない。また、イスラーム法学に基づく法的規範を遵守させ、目にあまる職権濫用をさせないためにはどのような措置をとるべきかについても、ほとんど語られていない。諮問機関が並はずれて敬虔な統治者を指名しさえすれば、当然その信心深さが十分歯止めになると思っているのである。

厳格主義者は、実のところ、イスラーム史で例を見ないほど強大な権力を国家に与えようとしている。現代の国家は、近代以前には想像もできなかったほど強大な権力を振るい、人々の生活に介入する力をもっている。厳格主義者はこの桁外《けたはず》れの権力を利用して、神の意志だと自ら信じるものを強制しようとする。たとえば、男性にはモスクへ礼拝に行くように、また女性にはヴェールを着用するように国家が強制すべきだという。神の法は本質的に公正なものなので、神の法を施行すれば正義は実現される。このような秩序の中では、個人の権利は必要ない。それどころか、人権概念そのものが西洋の知的侵略の一環だと彼らは信じている。神の法を適用することによって、神の権利と人間の権利は完全に実現されるというのである。

興味深いことに、現在のところ本物のイスラーム国家は存在しない、と厳格主義者たちは考えている。何よりも、フランスやイギリスを起源とする法を施行しているため、現在のイスラーム政権はどれも正当なものではない。それゆえ、手はずが整いしだい、現行の政治体制はすべて転覆させるべきだという。これが、厳格主義者と保守派を分ける数少ない明確な相違点の一つだ。保守派もやはりイスラーム国家は神の法を適用する義務があると考えているものの、その義務を怠る政権をくつがえしていいとは考えていない。保守派が概して暴力を目的達成の手段として認めないのに対し、厳格主義者は暴力行使を是認している。

現代に限れば、厳格主義者の政治的理想にもっとも近い国家は、サウジアラビアとターリバーン政権下のアフガニスタンだ。厳格主義者の考えでは、アメリカがわざわざターリバーン政権を打倒したのは、正真正銘のカリフ制を確立しかけていたターリバーンを攻撃し、イスラーム黄金時代の復活を断固阻止するつもりだったからだという。また、前述したように、イラク侵攻やアメリカとの親密な関係を理由に、厳格主義者は最近ますますサウジ政権への対決姿勢を強めている。大方の厳格主義者は、アメリカのアフガニスタンとイラクへの侵攻に協力したことによって、サウード王家の忠誠心の正体がわかった、明らかに真のイスラームを奉じていないサウジ政権は転覆されても仕方がない、と考えているのである。

私の見るかぎり、残念ながら、厳格主義者の国家観は大量の流血を招くばかりで、公正な専制君主が統治するユートピアなど決して見つからないと言わざるをえない。古典的なイスラーム法学の説にもあるように、公正さと専制政治は正反対のものであり、両立することはありえない。彼らはさんざん苦渋《くじゅう》を味わった末に目を覚まし、ユートピアをつくろうとしていたはずなのに、生み出したのは悪夢だけだったと気づくにちがいない。

次章では、イスラーム国家における非ムスリムの扱いについて取り上げる。民主主義が機能するには、すべての国民が平等な扱いを受けなければならない。誰もが法のもとで平等の権利を享受でき、均等な機会を与えられる必要がある。イスラーム民主主義が可能かどうかという問題は、イスラーム国家に居住する非ムスリムの立場と必然的な関係がある。だが、問題は、非ムスリムに与えられる、形式的な法的権利や憲法上の権利にとどまらない。寛容の精神を定着させ、市民社会の隅々まで完全に行き渡るほど普及させられるかどうかも問われるのだ。法の保護が及ばないところでも、寛容の精神があれば、社会の中で多様な宗教的・思想的勢力が平和共存できるはずだ。まさにこのような理由から、現代のイスラームにとって、非ムスリムとの交流やムスリムと非ムスリムの関係が非常に重要な問題になるのである。

「一人一人の人間がもつ究極的な道徳的価値に関する認識」とでも言うべきものも、多元的民主主義国家において、異教徒間の力関係に影響を及ぼすと思われる重要な問題だ。たいていの宗教は、その宗教を信じる者だけが来世で救済され、異教徒はみな神の怒りに触れて苦しむ運命にある、と決めつけるきらいがある。確かに、それぞれの宗教が、真の救いの道は他にはないと主張したところで、それほど驚くには当たらない。だが、寛容の精神がなければ、民主主義の基盤となる成熟した市民社会はできない。そこで問題は、宗教の排他性と寛容の精神は相容れないのではないかという点だ。もっとはっきり言えば、宗教が決まったように信者以外の者を「おまえたちは地獄の業火《ごうか》で焼かれる運命だ」と糾弾するのは、その人間の道徳的価値を傷つけることになるのではないか？

多くの理論家が指摘するとおり、そもそも寛容とは異質な者に我慢することにすぎない。異質な者を大目に見るには、場合によっては必要悪として、その存在を受け入れるだけで事足りる。このような理論家の説によれば、多元的民主主義の基盤となる市民社会を構築するためには、寛容の精神だけではとうてい十分とは言えず、積極的に容認し、共感し、協力する姿勢がさらに必要になる。それによって、宗教グループはもとより、多種多様なグループが結束して共同事業に乗り出し、あらゆる人間の人権と平等な道徳的価値を守ることができるという。また、宗教的信条によって救済されたり呪われたりする者が決まると考えるのは、人権や人間の平等という市民社会の道徳観と合致しないとしている。だからといって、救済や天罰に関する宗教的信念をすべて捨て去るべきだ、と主張しているわけではない。正確に言えば、宗教的信念には排他的で近寄りがたい性質があるため、宗教に関しては、厳密に個人的な範囲にとどめて、公の場ではどんな役割も与えない、ということだ。

これについては今まで長い間議論が交わされてきた。本書でこの問題を包括的に論じるつもりはないが、どんなものであれ、強固な宗教的信念は、協調性を重んじる民主主義的な倫理観に同じような難題を突きつけるものだと私は思っている。そうは言っても、万人が受け入れやすい宗教だけに対して、公の場での役割を認めるべきだという意味ではない。異質な者を否定したり、抑圧したりしないかぎり、宗教は公の場で正しい役割をはたせると私は信じている。

では、イスラームは異質な者を否定し、抑圧する宗教なのか？　それは、クルアーンの、非ムスリムに関する教えや、彼らの道徳的価値と救済の可能性に関する教えをどのように解釈するかにかかっている。

第10章　非ムスリムと救済について

非ムスリムにどう対応し救済や天罰をどう考えるかに関しては、同じ聖典に依拠しているとは思えないほど、厳格主義者と穏健派の見解には大きな開きがある。両者の対照的な立場は、解釈の仕方しだいで、神の意志がまったくちがうものになるという根本的な問題を提起している。聖典の意味は、読む者の倫理観に著しく左右されるばかりでなく、その解釈の仕方にも影響を受ける。ただ、ここで両者の実践的な解釈の技術や方法論にまで立ち入るつもりはない。この章で主に取り上げるのは、解釈によって得られたクルアーンなどの法源に関する両者の神学的・法学的な見解である。

救済の問題に対する厳格主義者の考え方はわかりやすい。それは、来世で救済されるのは信徒だけで、しかも厳格主義に従った正しい信仰をもたなければ救済されない、というものだ。彼らによれば、地獄は何層かに分かれており、ムスリムの異端者や罪人か、それとも非ムスリムかによって基本的に行き先が異なるが、非ムスリムが最下層に落とされるという。ただ、「非ムスリムは永久に地獄から解放されないのか」「ムスリムの異端者や罪人は、罪を償うまで地獄から解放されないのか」といった問題については意見が分かれている。

このような考え方はある意味で当然だ。不信心者が何らかのとがめを受けない宗教などまず存在しないからだ。ところが、厳格主義者は現世の生活にもその極端な考え方を当てはめ、ムスリムの支配地域に住む非ムスリムに、「ズィンマ（庇護《ひご》）」を与え「ズィンミー（庇護民）」として扱う伝統的な慣行を無条件に受け入れる。ズィンマ制度に従えば、ムスリムの庇護を受けその支配地域に住む特権の見返りとして、非ムスリムは人頭税を払わなければならない。また兵役は免除されるものの、大統領や首相といった、国政に深く関与する高い地位にはつけない。だが過去には、非ムスリムがとくに財政政策や徴税の分野で重要な職についた例がある。厳格主義者がはたしてこの過去の慣例を認めるか、あるいは、これも初期のムスリムが正道を踏みはずした証拠だとはねつけるかは何とも言えない。

厳格主義者は、基本的にズィンマ制度に準じながら、非ムスリムにはきわめて教条主義的に対処する傾向がある。たとえば、「ムスリムは非ムスリムを公正に扱わなければならない」とするクルアーンの命令はもちろん、庇護された非ムスリムに害をなせば、誰であろうと預言者自身の証言で最後の審判の日に裁かれる、と明言した有名な伝承もそのまま受け入れる。だがその一方で、ムスリムの国では、非ムスリムを低い地位にとどめ、格差を見せつける必要があるとも主張する。たとえば、「非ムスリムは独特の記章を身につけなければならない」とし、「モスクよりも高い教会やシナゴーグを建ててはならない」。また、「非ムスリムは何事にもムスリムを立てなければならない」としている。一例を挙げれば、非ムスリムに対してムスリムのほうから先に「あなたに平安がありますように」という挨拶をしてはならず、非ムスリムから挨拶をされた場合には、一定の表現を使って挨拶を返さなければならない、というのである。

ムスリムはそれ以外の表現を使うことは許されない。このような侮辱的で道義に反する戒律は、ほとんどの場合、九世紀から一〇世紀の出所が怪しい諸々の預言者言行録を典拠にしたものだ。伝統的な法学者の大半は、当然ながら、この種の伝承が実際の預言者の範例・慣行と合致しないまったくのでっち上げだと言明している。イブン・タイミーヤのように、非ムスリムに対する屈辱的な扱い方を支持する法学者も中にはいたが、その敵愾心《てきがいしん》は主に歴史的背景によるものだった。タイミーヤの時代には、複数の外敵によって領土と住民が包囲され、イスラーム文明がまさに危機にさらされていたのである。それでも、この法学者たちはワッハーブ派などの厳格主義者に多大な影響を与えた。その結果、これらの屈辱的な戒律は、アフガニスタンのターリバーンによって強制されたほか、サウジアラビアでもある程度守られている。ただし、今では大半のイスラーム諸国でその正当性が否認され、実施されていない。

厳格主義者が、キリスト教徒でもユダヤ教徒でもない非ムスリムをどう扱うかも判然としない。従来、キリスト教徒とユダヤ教徒だけが啓典の民と呼ばれ、「ズィンミー」として庇護の対象とされてきたが、問題はそれ以外の非ムスリムの扱い方である。イスラームが、インド、中国、サハラ以南のアフリカなどの国々に普及するようになると、伝統的な法学派は見解の修正を余儀なくされ、ヒンドゥー教徒や仏教徒、それにゾロアスター教徒にもズィンミーとしての身分を保証した。だが、厳格主義者がこの過去の妥協案を快く受け入れるかどうかはわからない。もし彼らがこれを認めなければ、ムスリムでもなくキリスト教徒やユダヤ教徒でもない人間は、必然的に追放されるか命を奪われることになる。

厳格主義者は、何をおいてもイスラームが普及し、他を圧倒することが重要だと考えている。そのため、ムスリムの支配地域に住む非ムスリムには、うんざりするほど劣等感を抱かせる必要があるという。こうすれば、やがて非ムスリムは真実に目覚めてイスラームに改宗し、卑しい身分から抜け出せるというのだ。

厳格主義者の世界観は、極端な二分法――イスラームは完全な善の象徴であり、非ムスリムの世界は悪の象徴であるという考え方――から生まれる。一部の伝統的な法学者の著作を根拠に、彼らが強く主張するのは、「アル・ワラ・ワ・アル・バラ」(忠誠と離反の教義)として知られる神学理論である。それによれば、ムスリムは愛情の対象はもちろん、同盟者や友人にもムスリムのみを選ばなければならない。非ムスリムと手を結んだり彼らの援助を求めたりするのは、困窮して力を失うなど、特別な場合にかぎり許される。ただし、力が回復すれば、直ちに優位な立場を取り戻さなければならない。ムスリムではないということがそもそも「道徳的な」誤りとされ、非ムスリムを大事にすれば、信仰よりも感情を重視し、信仰の弱さを露呈しているとみなされる。模範を示す目的で非ムスリムに親切な態度をとるのはかまわないし、必要があれば手を結んでもいい。だが、いかなる場合でも、非ムスリムを愛することはありえない。非ムスリムを愛するのは、不道徳なものを愛するに等しいからだ。また、できるだけ早く非ムスリムに対して優位に立つように努めなければならない。究極の目的は、卑しいズィンミーであろうが改宗者であろうが、とにかく全世界をイスラームのもとに結集させることにある。言いかえれば、善（イスラーム）の陣営は悪の陣営を愛してはならないということだ。善の陣営は、悪の陣営を支配するか善に変えるかのいずれかを選ぶしかないという。

穏健派の立場はこれとはまったく異なる前提に基づいている。それは、他ならぬ創造の目的とイスラームの役割に関する解釈から生まれたものだ。「非ムスリムの存在は一時的な状況だ」「ムスリムはこの状況を改善する努力をするべきだ」「世界を最終的にイスラームに改宗させなければならない」といった厳格主義者の見解を、神の意志に根本的に反するものとして穏健派は否定する。クルアーンは、人間社会の多様性を認めているばかりか、「期待」すらしている。その証拠に、こういう章句がある。

「おお、人々よ、われらは、おまえたちを男女に分けて創造した。おまえたちを種族と部族に分けておいたが、これは、おまえたちがたがいに知りあうためである。神にとっておまえたちの中でもっとも尊い者は、もっともよく神を畏れる者である」(原註1)

他にも、多様性が神の意志と創造の目的の一部だとあらためて明言したものがある。「もし欲したもうならば、汝の主は人間をただ一つの民族となさったかもしれない。しかし、人間は依然として仲間割ればかりしている。（……）それも、こうなるように神が人間を造りたもうたのである」（原註2）

クルアーンは多様性の原理を裏づけているだけでなく、人間に難題を与えてもいる。すなわち、「お互いを知る」ことだ。多様性は病でも害悪でもなく、創造の目的の一部であり神の豊かさを再確認するためのものとされている。お互いを知るという目標を神に与えられたムスリムは、その目標を達成するために、ムスリムだけでなく非ムスリムとも協力する義務がある。シーア派の第五代のイマーム、ムハンマド・バーキルは、「共存によって人間は初めて幸福になれる」と述べている。

たとえば、クルアーンは幾度となくこう強調している。神が望めば、人々をそれぞれまったく同じように創造したはずであり、人類はすべてイスラームを信仰していただろう、と。（原註3）また、預言者ムハンマドに対し、どんな有力な証拠を示しても従わない者がいるし、ムハンマドもそのような者に従うことはないと告げ、人間の多様性が必然的なものだと力説している。（原註4）神の意志によって人間が各々異なるとすれば、それは神が人間の自由意志を尊重している証拠であり、人間は寛容の美徳を受け入れる義務がある、と穏健派は主張する。多様性も神の意志のあらわれである以上、人間がそれを損なっていいはずはないからだ。

寛容の義務に加えて、クルアーンは、協力して善を追求する義務も人間に課している。これは大変重要な問題だが、欧米の読者にはなじみがないと思われるので、クルアーンの言葉をいろいろ引用して説明したい。たとえば、ある一節にはこう断言されている。

「われらはおまえたちそれぞれのために、法と道とを設けた。もし神が欲したもうたならば、おまえたちを単一の民となしたもうたであろうに。しかし、おまえたちに授けられたもので、おまえたちを試してみようとされたのだ。されば、争って諸善を行なえ。おまえたちすべてが帰るところは神のみもとである。そうなったとき神は、おまえたちが論争していた点について教えたもうであろう(原註5)」(傍点は筆者による)

同じく、ムスリムに融和を訴える次のような言葉もある。

「最善の方法によらずして啓典の民と議論するな。ただし、彼らの中でも不義をなす輩は除く。そして言え、『われわれは、われわれに下されたもの、あなたがたに下されたもの、いずれをも信仰する。われわれの神はあなたがたの神と同一である。われわれは神の帰依者である(原註6)』」

「知恵とよい勧告とをもって、主の道に招け。もっともよい方法で彼らと議論せよ。汝の主は、道から迷い去る者のことをいちばんよく知っておられる。また、正しい道に導かれている者のこともいちばんよく知っておられる(原註7)」

すでに言及したが、次のような一節もある。

「啓典の民よ、われわれとおまえたちのあいだになんの差別もないみことばのところに来るがよい。われわれは神以外の者を崇めることなく、なにものをも神に併置することなく、また神をさしおいて、おたがい同士を主と呼ぶこともないからである」(原註8)

この章句の前半は、ムスリムをはじめキリスト教徒やユダヤ教徒に、みな同じ神を崇拝していると言い聞かせ、後半は、この世界で共存するための原理(神の実在を認めるならば、お互いを支配しようとするべきではないということ)について述べている。

同じテーマは「サラーム」篇とでも言うべき章句の中でもくりかえし強調されている(「サラーム」は「イスラーム」のもとになった言葉であり、平和、平安、静穏などを意味する)。サラーム篇とは、クルアーンの章句の中で、異宗教間の寛容な姿勢とともに、この世に神性を実現する道徳的共同事業の必要性を説くものをさす。それによれば、異教徒に対応する場合、人間には神に対する道徳的義務があると気づかせる努力をするべきだが、頑固に拒まれれば、相手の平安を祈りながら立ち去るべきだという。また、意見が食い違うのは個人的な理由からではないし、敵意や恨みはない、と相手を安心させる必要があるとも述べている。たとえ相手が教えを拒んで背を向けても、相手の平安を祈るのが唯一の適切な対処法なのである。(原註9)

イスラームへの招集が失敗しても、ムスリムと非ムスリムは、お互いを容認して善の追求のために団結する方法を模索し、その仕組みをつくり上げる義務がある。クルアーンは簡潔にこう述べている。

「たがいに助けあって善を行い、神を畏れよ。罪と違反において助けあってはならない。神を畏

れかしこめ。神は処罰にきびしいお方である」(原註10)

この命令は、この世に神性を実現し、公正・慈悲・憐れみ・博愛・美といった美徳を確立せよという全体的な命令と背中合わせの関係にある。善を追求するためにに協力するといっても、「相違点を減らせ」「同化せよ」という意味ではない。むしろ、この世で善行に励むために「共通点を見出せ」ということだ。現に、集団によって戒律や規範が異なるとしても、それが協力の妨げになってはならない、とクルアーンは断言している。穏健派が依拠する教えの真に重要な意味を伝えるため、長い引用になるがクルアーンの言葉を見てみよう。「食卓の章」と題された長い章の中で、クルアーンは預言者ムハンマドに対して次のように語っている。

しかし、神の裁きの記された律法をもっている彼らが、どうして汝を裁判者にたてるだろうか。(……)

まことにわれらは、導きと光明が記された律法を下した。神に帰依した預言者たちは、それによってユダヤ人を裁き、また教法師や律法学者も、それぞれ心に託された神の啓典のみことばによって裁き、その証言者となった。それゆえ、おまえたちは人間を怖れてはならない。このわしを畏れよ。わしのしるしをわずかばかりの価に換えてはならない。神が下したもうたものによって裁かない者どもこそ不信の徒である。(……)

われらはマリヤの子イエスを遣わして、以前に下された律法を確証するため、あの者どものあとにつづかせた。また、われらは彼に導きと光明とを蔵する福音書を授けた。それは、以前に下された律法を確証するものであり、敬虔な人々への導きと戒めとなるものである。

それゆえ、福音書の民は、神がその中に啓示したもうたものによって裁くべきである。神が下したもうたものによって裁かない者どもこそ邪悪の徒である。

われらは以前に下された聖典を確証し、またそれを保護するため、真理をもって汝に啓典を下した。それゆえ、神が下したもうたものによって彼らを裁け。汝に下された真理を離れて、彼らの好みに従ってはならない。**われらはおまえたちそれぞれのために、法と道とを設けた。もし神が欲したもうたならば、おまえたちを単一の民となしたもうたであろうに。しかし、おまえたちに授けられたもので、おまえたちを試してみようとされたのだ。されば、争って諸善を行なえ。**おまえたちすべてが帰るところは神のみもとである。そうなったとき神は、おまえたちが論争していた点について教えたもうであろう。[原註11]（強調は筆者による）

とくにアブラハムの教えを信奉する者は、善行に励むように強く勧められている。ムスリムと彼らの間には、ある種の道徳的・精神的類似性があるのは確かだが、クルアーンの中には、その他の者と協力して神の意にかなう世界を築いてはいけない、とは一言も記されていない。

クルアーンは、互いに協力して善を追求する義務を人間に課すと同時に、法的規範の多様性と多元的共存を明確に認めている、と穏健派は主張する。実際、各々の人間に何らかの特徴的な相違点があるのは神の意志でもある。そう考えると、あらゆる相違点を無視して人間に単一の法的規範を押しつけるのは、クルアーンの記述に反しているということになる。戒律、信条、儀礼などが人によって異なるとしても、すべての人間を結びつける道徳原理は存在する。宗教的な儀礼や行事、それに司法機関などに関する法は、どれも異なるのが当然であり、むしろ異なるのが望ましいが、ムスリムと非ムスリムが協力して善を追求する余地が十分なければならない。

穏健派のこのような立場に対し、厳格主義者は「ワラー」（非ムスリムと同盟関係を模索すること）の問題を取り上げたクルアーンの章句を引き合いに出して、イスラームではムスリムと非ムスリムの積極的な提携ばかりか、友情関係さえ禁じられているということを証明しようとする。概して、このような章句は、ムスリムにイスラームの敵と手を結ばないよう求めている。ところが、不思議なことに、アブラハムの系譜に連なる宗教は基本的にはみな同じ一神教であると説き、相違点や多様性を尊重せよと命じた同じ章で、非ムスリムとの同盟を禁じてもいるのだ。このため、二種類の章句は根本的に矛盾している、と論じる欧米の学者もいる。厳格主義者はこの明らかな矛盾について、融和を促す章句は、同盟を禁じる章句によって帳消しにされ無効になっていると主張する。それに対して穏健派は、状況的視点からクルアーンの本文を見れば、さまざまな歴史的状況に応じた教えが複雑に重なり合った結果、そのような矛盾が生じたことは明らかだと訴える。

マディーナに新しく築かれたイスラーム共同体への支持を訴えた章句は、ユダヤ教徒やキリスト教徒を全面的に非難していない（「善を行なう者は、その主のみもとに報酬がある」と記されている）。(原註12) むしろ、「衝突が起きた場合には」、非ムスリムに味方をしてはならないとしながらも、彼らの共同体と法の独自性を認めている。非ムスリムとの同盟を禁じた一つ一つの啓示の背景には、対極的立場を強調せざるをえなかった歴史的状況が存在するが、その場合でも、激しい敵対関係にあるかぎり「敵である」非ムスリムを積極的に支援してはならない、とクルアーンは命じているにすぎない。つまり、ムスリムと非ムスリムの間に敵対関係が存在した時期にかぎって、同盟を禁じる章句が啓示されたということだ。したがって、ムスリムに害を及ぼす敵を助けるな、とクルアーンが命じたのは当然なのである。ただし、初めから対決姿勢を示せと命じているわけではなく、むしろ特別な事情がなければ、すべての人間は善行に励む義務があると述べている。この問題は、戦争に関する穏健派と厳格主義者の見解を後に取り上げるときに、もっとはっきりするはずだ。

クルアーンを分析した結果、穏健派は厳格主義者とは反対に、ムスリムが非ムスリムを支配することは神の意志でも望みでもないと考えている。人々をイスラームのもとに結集させるのがムスリムの義務であっても、あらゆる人間が一つの宗教を信仰するなどありえないと肝に銘じる必要がある。何より大事なのは、人々がお互いを知る必要があるということだ。といっても、力を合わせて美徳や善を追求するのが究極の目的でなければ、お互いを理解してもまったく意味がない。この観点からすれば、ムスリムの領土に住む非ムスリムを、低い地位にとどめようとする悪意に満ちた教義は認められない。穏健派の見解では、非ムスリムに独特の記章を身につけるように命じたり、教会の建築に制約を設けたりするのは、基本的にクルアーンの教えと矛盾する行為であり、非難されても仕方がない。非ムスリムの尊厳を奪えば、善を行えという神の命令に背くことになるのだ。

さらに、圧倒的多数の穏健派ムスリムは、国民国家や民主主義の時代に合わないという理由で「ズィンマ（庇護）」制度を認めていない。独自の慣習や法の適用を含む自治の見返りとして、宗教的少数派やときには少数民族に対して人頭税を要求するこのシステムは、中世には広く実施され、さまざまな状況でムスリム自身が用いたし、また異なるムスリムに対しても用いられた統治法の一つだった。しかし、近代的な環境のもとでは廃止せざるをえない。第一、今の時代に適用すれば、公正さと人間の尊厳というイスラームの目標がくつがえされるからだ。中世には、相互依存関係によってこのシステムは正当化されていた。つまり、中世の世界では、平和条約を結んだ間柄でも、弱者が強者に租税を納めるのが当たり前だったのである。たとえば、十字軍を派遣した国々に対して、ムスリムはたびたび人頭税を払わされた。しかし現代において、ムスリムが一方的にこのシステムを適用すれば、屈辱感と疎外感を招いたあげく、美徳と善を追求する共同事業に深刻な支障が出る恐れがある。

ムスリムが非ムスリムに対して優越性を主張する態度をとっているとすれば、このシステムを正当化しても不思議はない。だが実際にイスラーム至上主義的な態度をとっているのは厳格主義者であり、穏健派は、それが根本的にイスラームの神学理論、とりわけ救済の理論に反すると考えているのだ。厳格主義者がこのような態度をとるのは、唯一の真理を把握しているのは自分たちだけであり、他の者はみな地獄に落ちる運命にあると考えているからである。神の恩寵を得られるのは一つのグループだけで、他のグループは呪われているという考え方は、他者は自分よりも価値がないという傲慢な信念につながる恐れがある。厳格主義グループの場合、救済と天罰に関する独自の見解から、至上主義的な信念が生まれ、それが非人道的な残虐行為の正当化に利用されたのは間違いない。

救済の問題は、クルアーンでも特別な扱いを受けているように、穏健派の思想の中でも特別な意味合いをもっている。原則として来世を治めるのは神だけであり、それゆえ神の裁量権は無限である。いつ誰が赦されるかを神は自由に決められるのだ。クルアーンには次のように記されている。

「神が彼らを容赦したまおうと罰したまおうと、汝〔預言者ムハンマド〕にはなんの関係もない。彼らは不義の徒だからである。天にあるもの、地にあるもの、これみな神に属する。欲したもう者を赦し、欲したもう者を罰したもう。神は寛容にして慈悲深いお方である（原註13）」

無限の裁量権をもっているだけでなく、神は人間の思想や行動の結果について深い関心を抱いている。クルアーンはイスラームが神の真理であると明言し、ムハンマドがアブラハムの預言者たちの系譜に連なる最後の使者だと信じるように要求している。たとえば、次のような一節がある。

「われらは宗団ごとに、そのとり行なっている祭式を定めた。それゆえ、このことについてかれらに汝と争わせてはならない。汝は主に呼びかけよ。汝は正しい導きに沿っている。もし彼らが汝に議論をしかけるならば、言ってやれ、『神はおまえたちの所業をもっともよく知りたもう。神は、おまえたちが食い違った意見をいだいていることについて、復活の日におまえたちのあいだを裁きたもう(原註14)』」

しかし注目すべきことに、クルアーンは他にも救済に至る道が存在する可能性を完全に排除しているわけではない。救済の問題は、神の慈悲を授かる資格が誰にあるかにも関係している。クルアーンは、これもまた神の自由裁量に任されると主張するにとどまらず、好き勝手に神の慈悲を振り分けようとする人間に対して怒りをあらわにしている。「われらが汝を遣わしたのは万民への慈悲のゆえにほかならない」と断言した章句(原註15)の他に、現世でも来世でも、神の慈悲を授かる者を決めるのは神だけであり、人間が勝手に推測しようとするのは罪深い行為だと述べている箇所もある(原註16)。

原則として、神の裁量によって「万民」に神の慈悲を受ける資格が与えられるが、ムスリム以外の人々にも吉報と呼ばれるものが与えられる。

「神より賜わった家畜の上に御名を唱えるように、われらは宗団ごとに祭式を定めた。おまえたちの神は唯一の神である。それゆえ、このお方に帰依せよ。そして、汝は謙虚な人々に吉報を伝えよ(原註17)」

この章句は、たとえ道はちがっても神をめざして進むことができる、と暗に伝えている。興味深いことに、神を崇拝する者は吉報を授かる権利があり、どの道を選ぼうと、神への帰依が肝心だ、とクルアーンは認めているのである。

それに加えて、複数の宗教の教えと法が正当だと認めている点も興味をそそる。クルアーンにはこう記されている。

「まことに、信仰ある人々、ユダヤ教の信者、キリスト教徒、それにサビア人など、神と終末の日とを信じ、善を行なう者は、その主のみもとに報酬がある。彼らには恐れもなく、また悲しむこともない（原註18）」

また、次のような一節も趣旨は同じだ。

「啓典の民の中にも、神を信じ、おまえたちに下されたものと彼ら自身に下されたものとを信じ、神のみ前にへりくだり、神のみしるしをわずかな価に換えたりしない者もいる。これらの者のためには、主の報酬がある。神は計算の早いお方である（原註19）」

前に触れたように、啓典の民とは主にユダヤ教徒とキリスト教徒をさしている。

穏健派は、クルアーンの言葉の中にはとらえがたいが重要な主張が含まれていると考えている。

善行に励む敬虔なムスリムが救われて、来世で豊かな報酬を受け取ることに疑問の余地はない。だが前述のとおり、クルアーンは、神の慈悲にあずかる者を断じて推測してはならないと明言し、非ムスリムにも神の恩寵を受けられる可能性を残している。注目すべきことに、こうした指摘がくりかえし登場するばかりか、非ムスリムには救われる資格がないと思い込んではならない、ということがたびたび強調されているのだ。

これは他者に対してムスリムがとるべき基本的な態度に通じる、と穏健派は考えている。つまり、神が非ムスリムをどう扱うつもりなのかは何もわからない。そのため、ムスリムは「万民」に美や善を追求するための可能性が授けられているという観点から、他者にかかわる必要があるということだ。また、ムスリム以外の者はすべて地獄に落ちるという傲岸不遜《ごうがんふそん》な信念を抱くべきではない。さもないと非ムスリムを不当に扱いかねない。神は、たとえムスリムでも、盲目的崇拝に陥って神の声を代弁するかのような独善的なふるまいは許されない、と強調している。人間がつねに謙虚な姿勢で自らの立場をわきまえれば、行動が見違えるように変わる場合もあるのだ。

穏健派の見解に対する厳格主義者の反応は一言に要約できる。それは「破棄」という言葉だ。つまり、寛容や非ムスリムとの協調を説くクルアーンの章句を、ことごとく空疎で無効であるとして退けるのだ。彼らによれば、寛容さと非ムスリムとの平和共存を勧める教えをすべて無効にしようと決めたのは、神に他ならないという。寛容さを勧める章句は、ムスリムの力が弱く、非ムスリムに敵対的な政策をとるわけにはいかなかった時代のものであり、ムスリムが強い力をもつようになると、神は非ムスリムをことごとく滅亡させるように（あるいは、少なくとも敵対的な姿勢をとるように）命じたというのである。

穏健派の立場からすれば、厳格主義者のこのような見解はまったく意味をなさない。この種のご都合主義的な論理は、公正かつ道徳的な慈悲深い神には似つかわしくない。神が人間に道義をわきまえた行動をとるように自ら指示しておきながら、後からまったく日和見的に、その指示をくつがえすというのは理屈に合わない。簡単に言えば、これは穏健派が崇める神ではない。クルアーンを十分尊重していれば、このような倫理に反するご都合主義的な解釈はできないはずである。

だが残念ながら、厳格主義者は自らの世界観と矛盾するクルアーンの教えを、どれも破棄されたものだと決めつけている。この場合、ジハード篇と彼らが呼ぶ章句によって、寛容さに関する教えはすべて破棄され無効にされている、と彼らは言う。ジハードといわゆるジハード篇の章句については次章で論じるが、実のところ、その典拠がジハードの教義であろうが他の法学理論であろうが問題ではない。根本的な問題は、彼らの不寛容で挑戦的な世界観である。というのは、それによって、プリズムを通して見たように、神とクルアーンに対する見方が歪んだものになるからだ。厳格主義者が、イスラームに自らの世界観を投影するための理論や手段があれば何でも利用しようとしているのは間違いない。これは重要なことだが、彼らが怪しげな解釈に訴えて、一部の章句が解釈する人間ではなく神によって破棄されたと決めつけるのも、まさにその世界観がクルアーンによって裏づけられたものではないからだ。このように、厳格主義者は一部の章句を無視する責任を神に押しつけ、自らの責任を回避するのである。

第11章　ジハード、戦争、テロリズム

イスラームに関連する問題で、ジハードとテロリズムほど毎日のように世間の注目を浴び、マスメディアに取り上げられるものはない。実際、非ムスリムとの共存や協力が可能かどうかの議論の根底には、必ずと言っていいほどジハードの問題がある。ジハードについては諸々の説があるが、途方に暮れるほど、人によってその解釈の仕方は異なっている。疑いなく、その多くは正確さに欠けるか、さもなければもっとたちが悪い。その一方で、とくに現代では、ムスリムの言動によってジハードの概念がまぎらわしくなり、ひどく混乱しているのも確かである。とりわけ欧米のマスメディアによって報道され、テロリストが悪用するジハードは、聖戦の概念によく関連づけられるが、不信心者に対して神の名のもとに広く行われるその聖戦によって、人々はイスラームが不寛容な宗教だというきわめて通俗的なイメージを抱きやすい。何より困るのは、テロリズムの問題によって、世界第二位の信徒数を誇るイスラームの評判が損なわれたことである。

この問題に関して穏健派と厳格主義者の立場がまったくかけ離れているのは驚くにあたらない。ただ困るのは、穏健派よりも厳格主義者のほうがはるかに声高だという点だ。厳格主義者は銃を使って主張するが、穏健派にはどんな武器があるのだろうか？

現在の論争を説明するには、伝統的な遺産を前面に出したほうがわかりやすいかもしれない。私は、過去が未来を決定すると考える学者の意見には反対だが、ジハードと戦争の問題に関するかぎり、過去の伝統がこれまで強い影響を及ぼしてきたのは確かだ。

ジハードはイスラーム神学理論の根本原理であり、本来は「努力・奮闘・精進・忍耐」などを意味する言葉だ。いろいろな意味で、ジハードは、物心両面の勤労を善とするイスラームのゆるぎない労働観を意味している。敬虔、知識、健康、美、真実、公正などはジハード（つまり、持続的で勤勉な努力）を抜きにしてはありえない。したがって、虚栄心や狭量さを捨てる、知識を追求する、病人を癒す、貧者に食物を与える、わが身の危険を顧みず真実と正義を守る、といったことはみなジハードと呼べるものだ。

クルアーンでは、「ジハード」は神の目的をこの世に実現する努力を意味するが、上に述べた行為はすべてその中に含まれる。預言者ムハンマドは、「最大のジハードは、自らの下劣な欲望と戦うか、圧制者の前で真実を述べて殉教することである」とくりかえし説いている。同じように、正義のための戦争で力を尽くすこともジハードとされた。また、目的や大義が正当であるかぎり、それを実現しようと努めることはもちろん、不正な支配者に武力で抵抗してもジハードだとみなされる。

イスラーム史において、忍耐・勤勉・成功の強力なシンボルとなったジハードは、戦争行為を含むさまざまな大義名分で熱狂と興奮をかき立てるために利用された。戦争でムスリムと非ムスリムが戦う事態になれば、支配者がジハードを呼びかけた。だが、反政府運動、暴動、神学校建設のための支援活動、図書館および野良犬や野良猫の保護施設（イスラーム初期にはよくつくられていた）を建設するための資金集めといった国内問題の場合には、その目的を支持する学者のうちでもっとも権威のある者が、そのつどジハードを呼びかけた。呼びかけに人々が応えるかどうかは、当の学者や支配者が、社会でどれほどの道徳的権威と影響力をもっているかによって決まった。強制的な徴兵制を実施しないかぎり、支配者はジハードを呼びかけて、（大義名分は何であれ）大勢の人々が戦いに参加するのを望むしかなかったのである。

カトリックの「進め、キリストの兵士たちよ」という概念のような、「聖戦」に関する神学理論が過去にあったのかと問われれば、「なかった」としか答えようがない。イスラームの伝統的な神学理論には、聖戦という概念がなかった。聖戦の決定を下す教皇制度のようなものがイスラームにはまったくなかったのだ。キリスト教がイスラームと大きく異なるのは、軍隊を十字軍と明確に位置づけ、神の軍として聖地に遠征する兵士に贖罪《しょくざい》を保証する制度があったという点だ。イスラームでは、カリフや高位の法学者を含めて、贖罪を保証したり、軍事行動を聖戦と位置づけたりできるような強い権力をもつ者は誰も存在せず、ジハードは正当な大義を追求する努力や奮闘を意味していたにすぎない。

「聖戦」（アラビア語では「アル・ハルブ・アル・ムカッダーサ」）という言葉は、クルアーンの中には出てこないし、ムスリム神学者も使っていない。イスラーム神学理論では、戦争は決して「神聖な」ものではなく、正当か不当かのどちらかしかないとされている。正当な戦争と判断されれば、戦死した者は殉教者とみなされる。ただし、殉教はもっぱら神の領域に属する問題であり、個人の意思と動機の正しさを評価し、最終的にその人間が殉教者の地位に値するかどうかを判断できるのは神だけである。

クルアーンは無制限の戦闘行為を妥当なものだと認めず、ムスリムが一方の当事者だというだけで戦争を正当化できるとはみなしていない。言いかえれば、ムスリムの戦闘員が、ジハードとは呼べない不当な行為を犯す可能性を考慮しているのである。戦争が必要であるばかりか、やむをえない場合もあるが、倫理的には決して善行とは言えない、とクルアーンは述べている。

戦争行為や戦闘をあらわす場合、クルアーンは「ジハード」ではなく「キタール」という表現を用いている。ジハードの呼びかけについては何の制約も条件もないが、「キタール」はちがう。プロテスタントの労働倫理のように、正しい目的に向かって勤勉に努力することを意味するジハードは、それ自体が善行である。だが戦争を意味する「キタール」はまったく別のものだ。「キタール」について述べる場合、クルアーンは必ず何らかの条件や制約をつけているのに対し、公正や真実への言及と同様、ジハードの呼びかけには条件や制約を一切つけていない。ムスリムに戦闘への参加を促すたびに、「法に背くな」「寛容であれ」「平和を求めよ」といった条件が取り急ぎつけられた。クルアーンの本文を読んだだけでも、こうした事実は見てとれるが、不思議なことに、ムスリムかどうかにかかわりなく、非常に多くの学者がこの現実を見落としている。それでも、クルアーンが大事な条件を何もつけずに軍事的選択を承認するはずがない、ということははっきり言える。

クルアーンが無条件の戦争行為や聖戦の概念を認めていないにもかかわらず、とくに九世紀から一〇世紀にかけて活躍した中世の法学者たちのクルアーン解釈には、当時の歴史的状況の深い影響が認められる。この時代の民族国家や帝国は、平和条約を結ばないかぎり他国とたえず戦争状態にあると考えていたので、強国が弱国を侵略し征服するのは常識だった。ギリシア、ローマ帝国、ビザンツ帝国、ランゴバルド王国、フランク王国、西ゴート王国、東ゴート王国、モンゴル帝国、十字軍を派遣した国々など、数々の歴史的事例が示すように、中世を通じてさまざまな国々がつねに互いの領土を侵略し、苛烈《かれつ》な覇権争いを繰り広げていた。弱国は侵略の危険性を回避する目的で、強国に金銭を貢納するのが慣例だった。ほぼ同程度の力をもつ民族国家や帝国は、しばしば不戦条約を締結して貿易関係を築いたものの、野心的な支配者があっさりその条約を破棄して、再び戦争が起こる可能性がつねにあった。こういうわけで、中世史を読むと必ず、国家の盛衰ばかりでなく、侵略と報復の冒険物語が際限なく続いているような印象を受けるのである。

イスラーム法の形成期にあたる八世紀から一〇世紀頃には、このような状況が一般的だったため、国際法に関する法学文献では、当時の慣例を取り込んだ形でクルアーンと預言者のスンナの解釈が行われている。中世の法学者の解釈と考え方について論じるのは、単なる歴史に関する雑学に興じるためではない。それどころか、これらの法解釈は、ときに西洋がイスラームに対してとんでもない誤解をする要因になったばかりでなく、現代の厳格主義者の世界観に多大な影響を及ぼしてきたからだ。

イスラーム法学者の多くは、世界をいわゆる「イスラームの家」(「ダール・アル・イスラーム」)と、「戦争の家」(「ダール・アル・ハルブ」、あるいは「不信心者の家」を意味する「ダール・アル・クフル」とも呼ばれた)という二つの領域に分けて考えていた。歴史的に見れば、このイスラームの家という概念は、一二世紀におけるキリスト教世界というローマカトリックの概念によく似ている。(原註1)「家」という言葉はアラビア語の「ダール」の直訳だが、イスラームの家とはムスリムが支配する領域を意味するのに対して、戦争の家とは非ムスリムの支配領域を意味している。したがって、実質的には、世界をこのように二分して考える法学者がかなり多かったのである。

この二分法では、ムスリムが非ムスリムに対して圧倒的勝利を収めるまで、たえず両者の間で戦争状態が続くとみなされた。イスラーム法の形成期に書かれた法学書には、非ムスリムに三つの選択肢から一つを選ばせる必要があるとしているものが多い。(原註2)すなわち、「イスラームに改宗する」「人頭税を支払う」「戦う」のうちから一つ選択させるのだ。全人類がイスラームに改宗する必要はないが、ムスリムが他を圧して世界の支配者になることは不可欠だと考えられたため、ムスリムの政治的優位性を損なわないかぎり、宗教的な相違点や多様性は容認された。したがって、非ムスリムに対する優位を確保するためにも、戦争は欠かせなかったのである。この二分法を支持する法学者は、競争の激しい中世の世界において、ムスリムは支配される側ではなく支配者になる必要がある、と主張した。また、和平協定を結ばないかぎり、どの非ムスリム国家もムスリムと敵対関係にあるとみなしたが、無期限の平和条約には異議を唱えた（たいていの場合、一〇年の有効期限を設けるように主張している）。こうした見解は中世では珍しくなかった。当時の条約には永続的なものはなかったのだ（九九年間を上限として有効期限を設けなければならなかった）。条約に有効期限をつけることは国際法では当たり前だったものの、当時の法学者にしてみれば、不戦条約は政治的状況に対する不本意な譲歩に他ならず、イスラームの家と戦争の家という二つの領域がたえず争っている（決着がつくまで徹底的に戦う）のが、むしろ正常で普通の状態だったのである。

何より重要なのは、ムスリムと非ムスリムが永久に戦争を続けるという見方が、その当時の時代状況に基づいたものだということだ。こうした見方は宗教的な思想信条にはほとんど関係がなく、害意がないと証明されなければ、非ムスリムは脅威的な存在だと判断する法学者が多かったにすぎない。戦争を回避するための協定がなければ、自国が他の国々と敵対関係にある、と見るのが当時の国際関係では常識だった。こうした状況を既定の事実とみなした法学者たちは、平和条約か、それに類する協定やしきたりがないかぎり、ムスリムはたえず自衛し続ける必要があると断定した。したがって、ビザンツ帝国やヴェネツィア共和国などは、和平協定を結ばないかぎり、イスラーム帝国に脅威を及ぼすとみなされていた。実際、歴史上のさまざまな時期に、その両国はエジプトやシリアのイスラーム諸国と平和条約を結んでいる。やはり脅威的存在と思われていたいわゆるフランク族の諸国に関しては、十字軍の侵略によってその推定の正しさが証明された。

イスラーム法学に多大な影響を及ぼしたとはいえ、世界をイスラーム世界とイスラーム以外の世界に分けるこの考え方は、クルアーンやスンナに裏づけられたものではない。この二つの法源が、一つの国に属する一つの国民という自覚をもてとムスリムに促しているのは確かだが、世界を二つの領域に分けてもいないし、非ムスリムと永久に戦争を続ける必要があるとも述べていない。クルアーンは、来世と現世を区別し、前者が後者よりも明らかに上位にあると述べているにすぎない。クルアーンと預言者ムハンマドがムスリムはみな一つの国に属していると説いたのは、精神的な絆を強調してムスリムの団結を促し、同胞意識を高めるねらいがあったからだ。二分法による考え方の根拠は、イスラームの主要な法源の中にはほとんど見出せないのである。

だが、これ以外にもイスラーム史には有力な考え方があった。とりわけ一〇世紀以降に書かれた法学書は、世界は二つではなく三つの領域に分かれているとしたものがほとんどである。第三の領域は、「和平の家」（「ダール・アッスルフ」）または「協約の家」（「ダール・アル・アフド」）

と呼ばれ、正式な平和条約か昔からのしきたりを守って、イスラーム世界と友好関係を保っていた非ムスリム地域をさしている。この領域は暴力的なジハードの対象にはならなかった。それどころか、中立地域に対して攻撃したり暴力的手段に訴えたりすれば、罪に問われて罰を受け、その地域の政府に損害を賠償しなければならないとされた。

たとえば、イスラームの最初期には、非ムスリム国でありながらヌビアやアビシニアなどはイスラーム帝国と友好関係を築き、中立国とみなされていた。これまでのイスラーム史を見ても、さまざまな非ムスリム国家が、アッバース朝やその後のイスラーム帝国と平和条約を結んでいる。一二世紀から一三世紀にかけては、十字軍を派遣した国々との間にも貿易関係を認める不戦条約が結ばれている。こうした経緯から、先のような二分法的な見方に反対する法学者は、世界を三つの領域に分けたほうが、現実の国家間の関係や情勢を正確にあらわせると主張したのである。

ここで注目すべきは、第三の領域において求められたのは、互いに非戦と非暴力を守る条約やしきたりであり、友好的な関係ではなかったという点である。つまり、友好関係の欠如を理由に、条約に違反して不戦の誓いを破り、非ムスリム国を攻撃することはできなかったのである。そう考えると、たとえば、現在サウジアラビアをはじめとするイスラーム諸国と不戦条約を結んでいるアメリカに対して、サウジアラビア国籍をもつグループは、不戦条約があるかぎり、どんな理由があろうと攻撃できないということになる。

しかし歴史の進展とともに、世界を二つか三つの領域に分けるこの種の考え方は、次第に非現実的な受け入れがたいものになった。とくに一二世紀以降、イスラーム世界の各地で、このような考え方を否定し、世界は多種多様な領域に分かれているという説を唱える法学者が増えてきた。その中でも典型的なのは、「政治的な友好関係の有無にかかわらず、正義が存在するか（ダール・アル・アドル）、自由に正々堂々と信仰行為を実践できるところであれば、そこはまぎれもなく真のイスラームの家である」という主張である。この説によれば、ムスリムがアメリカで無事に暮らしながら、公然と信仰行為を実践できるとすれば、アメリカもやはりイスラームの家とみなされることになる。つまり、ムスリムがごくわずかしかいない非ムスリムの支配地域でも、イスラーム世界の一部と考えられるため、この地域に対しては戦いも暴力的なジハードも法的に認められないということになるのだ。

中には、形式的なイスラームの家と真のイスラームの家があるという学説さえあった。言いかえれば、たとえムスリムでも不正な支配者が統治していれば、その地域を形式的なイスラームの家とみなし、不正な支配者が存在せず、正しい信仰が行われていれば、真のイスラームの家とみなす考え方だ。結局、世界を二つか三つの領域に分類するだけでは足りず、多種多様な領域（それぞれの領域は、特定の地域とその政治形態の倫理的性質を表現している）を想定した学説を打ち出す法学者が大勢いたのである。不正と腐敗が地上にはびこる場合、真のイスラームの家は敬虔な信徒の心に見出せる、とまで言う者もいた。(原註3)

その一方で、非ムスリムとの戦いを正当とする根拠についても議論された。議論の焦点となったのは、非ムスリムが異教徒だから戦うのか、それとも実際にムスリムを脅かしているから戦うのかという問題だ。大方の法学者は、「その戦いの正当性は、非ムスリムが現実にどれほどムスリムを脅かすかに正比例する」という結論を下した。非ムスリムにムスリムを害する危険性も意図もなければ、彼らと戦う正当な理由はない。不信心者（クフル）というだけでは、命を奪うわけにはいかず、戦争を正当化できないというわけだ。

このため、近代以前の教義では、非戦闘員の命が神聖視されている。非戦闘員が不信心者でも、本質的に脅威的な存在とはならないので攻撃目標にすることは認められない。預言者ムハンマドの範例に従って、子ども、女性、高齢者、修道士、隠遁者、聖職者など、ムスリムと戦う意思も力もない非戦闘員は、誰であろうと犯すべからざる存在であり、戦争中でも攻撃の対象にするべきではないとされた。預言者ムハンマドは、軍事行動の前には必ず、非戦闘員を傷つけたり不必要に財産や草木を破壊したりせず、戦争捕虜を含めて負傷者を手当し困窮者に食糧を与えよ、と軍隊に指示したという。また、一般によく知られた伝承では、戦闘が終わって女性の死体を見つけたムハンマドが、たちまち怒りをあらわにし、非戦闘員を殺害したことに対して軍を非難したと伝えられている。（原註4）

こうした基本的なイスラーム法学の遺産は、現代のムスリムに受け継がれ、厳格主義者と穏健派はこれを受け入れるか否定するか、あるいは修正するかの選択を迫られてきた。見てのとおり、この遺産は決してわかりやすいものではなく、そこにはさまざまな考え方や見解が含まれているため、現代の新たな状況や難題にどう対処するかを決めるのが、ムスリムの今後の課題になる。この遺産の中には、戦争捕虜に危害を加える、あるいは条約や協定に違反するといった行為を禁じる教義のように、クルアーンに直接由来するものもあれば、世界を二つの領域に分ける考え方のように、クルアーンとほとんど関係がないものもある。前述したとおり、神の前ではすべてのムスリムは一つの国民である、とクルアーンは確かに述べているが、世界を二つ以上の領域に分けてはいない。

イスラーム神学理論とほとんど関係がないにもかかわらず、この二分法による見解は、現代の西洋諸国においてイスラームに対する固定観念が形成される要因となった。欧米の非ムスリムの学者が書いた著作には、「イスラーム法では、世界は二つの領域に分かれてつねに争うものと定められている」という俗説を永遠の真実とみなすばかりか、今日のムスリムの大半が二極分化の世界観に固執している、と誤解しているものが多い。もちろん、これはイスラーム法学理論と圧倒的多数のムスリムの信条を的確に説明した見方とは言えない。だが、厳格主義勢力の思想家や活動家の思想信条を正確に説明している。厳格主義者が二つの領域がたえず相争うという思想にとびついたのは、自らの二極分化の世界観によくあてはまったからだ。イスラーム世界（ついでに言えば、キリスト教世界対その他の領域）という考え方そのものが、完全に特定の歴史的状況の産物だったにもかかわらず、彼らはみなこの見解をまるでイスラームの真の教義であるかのように扱った。二つの領域が現在激しい敵対関係にあると考えるグループもあれば、何らかの理由で一時的な休戦状態にあると考えるグループもあるが、最終的な結果に変わりはない。

歴史のある時点では意味があったにせよ、現代にこの考え方を当てはめれば悲惨な結果になる。この中世の世界観が厳格主義者にとってとくに好都合なのは、それを大義名分にすれば事前通告や宣戦布告なしで敵を攻撃できるからだ。非ムスリム国をすべてイスラームとムスリムの敵とみなすなら、時と場所を問わず、だしぬけに攻撃しても法的に何の問題もないということになる。この仮定に基づいて、彼らは自国の非ムスリムやイスラーム諸国の非ムスリム関係機関を気の向くままに攻撃するのである。その一方で、彼らの著作には、非ムスリム国と一時平和条約を結ぶ必要が生じる場合がある、というご都合主義的な主張も見受けられる。ただし、それはムスリムの力が弱い場合にかぎられ、原則として、十分な力がつけば、すぐにでも非ムスリムに対して優位に立ち、「イスラームに改宗する」「人頭税を支払う」「戦う」という三つの厳しい選択肢から一つを選択させる必要があるという。

今日の欧米諸国に対する厳格主義者の武力攻撃を、これで説明できるだろうか？　どうもそうは思えない。現在行っているのは防衛戦であって攻撃戦ではない、と彼らは主張するが、これがかえって奇妙な結果を招いているのだ。つまり、攻撃戦（あるいは、イスラーム法でいう先制戦）であれば、まがりなりにも暴力的手段に訴えるには、まず欧米人に改宗の機会を与えなければならないのに、防衛戦だと主張すれば、その必要もなく思いのままに攻撃できるという事態が生じるのである。

前述したとおり、厳格主義者は、イスラーム世界のほとんどが今でも西洋の植民地であり、現在の支配者たちは西洋の代理を務めていると考えている。したがって、彼らに言わせれば、中東の現地政権が西洋諸国に軍の派遣を要請したとしても、それは形だけのことである。欧米人は相変わらず侵略者であり、イスラーム地域の占領をねらって代理人（支配者）に、軍の派遣を要請させたのだという。

こういう理由があるからこそ、過激な厳格主義グループは、一九八〇年代から現在に至るまで、サウジアラビア、イエメン、エジプトなどのイスラーム諸国でアメリカ人をはじめとする欧米人を攻撃し続けているのである。事件を起こしたどの国のグループも、現地のイスラーム政権は西洋諸国の手先にすぎない、と堅く信じていたのは間違いない。したがって、これらの政権が、非ムスリム諸国の国民に身の安全を保証しても無効とみなされ、イスラーム地域に「違法に」滞在するこのような人々が被害者になりかねないのである。

しかし、西洋が傀儡《かいらい》政権（ムスリム政権）を操り、イスラーム諸国を今でも植民地として占領している、と厳格主義者が考えているのであれば、「なぜ自国に駐留する軍隊を直接攻撃せず、世界中の欧米人に対してテロ攻撃を行うのか？」という当然の疑問が出てくる。その理由はまったく現実的でご都合主義的なものだ。イスラーム法の字義どおりの解釈を主張しながら、彼らは明らかに必要性の論理に従っている。彼らの主張によれば、西洋は力に勝り、戦争で敵を壊滅させるだけの軍隊をもっているが、ムスリムは力が弱く、従来型の戦争では勝ち目がない。そのため、新しい戦い方を模索する必要がある――できるかぎり広範囲にわたって攻撃し、敵が懲《こ》りてイスラーム地域からすべて撤退するほど大きな打撃を与えなければならない。それ以外に敵に勝つ方法がない以上、民間人を攻撃対象にすることを禁じたイスラームの道徳規範や法規定に違反するのはやむをえないというわけだ。強力な武器をもつ西洋の軍隊と戦うだけの力がないため、必要ならどんな手段を使ってでも勝利を収めなければならない。敵国の民間人を攻撃すれば、結局その国を屈服させることになるし、神聖なイスラーム諸国を侵略したり支配したりするとどうなるかを思い知らせることになる、と彼らは主張する。

戦争、ジハード、テロリズムなどに関する問題では、厳格主義者と穏健派との間で必ず著しい意見の食い違いが生じる。たとえば、人命尊重や、神が定めたムスリムの模範的な生き方。あるいは、イスラーム世界と非イスラーム世界の間で本当に果てしない戦争状態が続いているのか、この戦争でどのような代償を払うことになるのかといった問題だ。

ここで、戦争に言及したクルアーンの章句について、両者の基本的な解釈のちがいを見てみよう。この場合、争点となるのは道徳的な姿勢（暴力の必要性と戦争の代償をどう考えているかということ）である。

「サラーム」（平安、静穏）が道徳の中心的要件だという点では、両者とも異存はないだろう。「サラーム」は、祈りなどの儀礼的慣行だけでなく、日常的な挨拶をはじめとするほとんどの社会的習慣でもしばしば強調されている。しかし、これは丁重に他者を無視し避けるための儀礼的な祈りの言葉ではない。クルアーンの中では、この平安の祈りは寛容と慈悲に関連づけられている（他者の罪を赦し「あなたがたの上に平安あれ」と言うように勧めるか、まず「あなたがたの上に平安あれ」と言って、「主はお慈悲をみ心に刻みたもう」と説明するように指示している）(原註5)。

他者に対する寛容で慈悲深い態度は、――その他者が非ムスリムであれ、異なる宗派のムスリムであれ――人間が平和に共存するためには欠かせない。意義深いことに、クルアーンとイスラーム神学理論では、「サラーム」もしくは平和で穏やかに生きる能力は、神のありがたい恵みであり、すべてのムスリムが尊重し、たえず追い求めるべきものとされている。伝統的な神学理論には、服従ばかりか、平和の教えを説くところにイスラームの真髄があるという見解がよく見られる。

しかし、平和を実現するためには、積極的に寛容と慈悲の心を培《つちか》う必要がある、とクルアーンは言う。それゆえ、ある集団に憎しみや敵意を抱いたあげく、心を毒されてはならない、としきりに警告し、他者が不正行為を犯しても、寛容と慈悲を培う道徳的義務を放棄してはならない、と諭しているのである。この点はクルアーンの中で再三強調されている。たとえば、次のような章句がある。

「信じる人々よ、神のみ前で証言者として公正を堅持せよ。人々への憎しみに駆られて、公正な態度をとれなくなってはいけない。つねに公正であれ。これこそ、まことの敬虔に近い。神を畏れかしこめ。神はおまえたちの所業を熟知したもう」(原註6)

ムスリム全体の自尊心が大きな打撃を被《こうむ》った場合には、なおさら断固たる姿勢で道徳的信条を貫く努力が求められた。クルアーンは、この点に関して次のように具体的に説いている。

「かつておまえたちが［マッカの］聖なる礼拝堂に行くのをさまたげられたからといって、相手への憎しみに駆られて暴挙に出てはならない。たがいに助けあって善を行ない、神を畏れよ。罪と違反において助けあってはならない。神を畏れかしこめ。神は処罰にきびしいお方である」(原註7)

さらにクルアーンは、神は不当な攻撃を嫌い、不当な攻撃をする者を愛さない、とくりかえし力説し、無意識に無法な行為を犯していないかどうかを確かめるため、他者に対する自らの態度を批判的に見直す必要があると警告する。(原註8) クルアーンが敵への報復を認め、ときには懲罰的な行動の必要性も認めているのは確かだが、敵が攻撃を止めれば、ムスリムもそれ以上の暴力行為を控えなければならない。この点に関しては、クルアーンにこう記されている。

「それゆえ、おまえたちに無法を行なう者には、なされたとおりに無法を行なえ。そして神を畏れかしこめ。神は畏れかしこむ者とともにあらせられることを知れ」(原註9)

これはムスリムの自衛権――うまく対応ができず、身を守れなければ「破滅に身を投じる」(原註10) はめになるような状況では、なおさらこの権利が認められる――に触れた章句だ。つまり、自衛できなければ、自滅か自殺するに等しい場合もあるということだ。だが、こちらから攻撃を仕掛けようとすれば、やはり「破滅に身を投じる」結果になりかねないという点にも注意したい。

クルアーンには、ムスリムが武力行使を余儀なくされる状況についていろいろ記されているが、もちろん、それは理想的な状況とは言えない。ムスリムが寛容と慈悲を心がけるような状況が、むしろ理想的で望ましいのだ。その点についてクルアーンはこう述べている。

「善と悪は、同じではない。よって、いっそうよきものでお返しするがよい。汝とのあいだに敵意をいだく者とも、やがて親しい友人となるだろう。まことに、これに応えるほどの者は忍耐強い者である。［知恵によって］偉大な幸運に恵まれた者だけが、これに応えることができる。もしサタンの誘惑が汝を悪に誘うようなら、神に庇護を求めよ。神はよく聞きたもうお方、よく知りたもうお方である」(原註11)

特筆に値するのは、悪には善をもって対抗するのが徳の高い人間の生き方（忍耐、不屈の精神、知恵などに恵まれた人間のやり方）とされていることだ。

この理想的で望ましい状態を実現するために、クルアーンはムスリムに、「寛容に心がけよ。善行を勧めよ。無知な者どもを避けよ」(原註12)と指示している。つまり、異なる道徳的価値観をもつ者と対立するのではなく、忍耐と寛容の精神を養うべきだと述べているのだ。したがって、対立をエスカレートさせたり、故意に悪意や憎悪を駆り立てたりすることも当然避けなければならない。先に罵詈雑言《ばりぞうごん》を浴びせられても、ムスリムは相手を口汚く罵《ののし》るようなまねをしてはならない、とクルアーンははっきり命じている。罵詈雑言に応酬しようとすれば、まったく手に負えない事態になり、はなはだ見苦しい結果になるからだという(原註13)。

寛容と慈悲の精神をはぐくむことこそ道義にかなう生き方だという考え方は、厳格主義者にはまったく縁がない。そこで問題となるのが、彼らの基本的な姿勢だ。そもそも彼らは、戦いによって敵を征服することこそ真のイスラームの美徳だと考えている。寛容と慈悲の精神で共通点を見出そうとするのではなく、ムスリムと非ムスリムの相違点に焦点を当てて、それを誇張しようとするのだ。このような姿勢は、善行によって最悪の敵を親しい友人に変えるように努力せよ、というクルアーンの教えにまったく反している。

おそらく何より問題なのは、平和の欠如が望ましくない悲観的な状況だとクルアーンが断定しているにもかかわらず、厳格主義者がその事実を認めていないことだ。クルアーンのいたるところで、試練や苦難、災難や天罰、またときには必要悪などと表現されているように、平和の欠如自体は決して楽観的な望ましい状態ではない（道義的にはムスリムが好んで求めるべき状態ではない）。また、戦争（「キタール」）は人間の愚かさや弱さがもたらしたものだとも述べられている（人間の気まぐれの結果か、悪魔の誘惑で生じた状態と表現されている場合が多い）。それゆえ前述したとおり、神の慈悲がなければ、人間の無知と狭量さのために、モスク、教会、シナゴーグ、家庭などの多くが破壊されていただろう、とクルアーンは断言し、[原註14] 慈悲深い神がたびたび取りなして戦火を鎮め、さらなる暴力を招く愚行から人間を救ってくれる、と述べているのである。[原註15] 不思議なことに、「戦争は愚行であるばかりか害悪や堕落でもある」と説くクルアーンのこの道徳意識が、厳格主義者には欠落しているのだ。

厳格主義者は、この世を崩壊に導くような行為はきわめて罪深い（創造の美を破壊すれば世界を堕落させることになる)、というクルアーンの教えをまったく無視する。実際クルアーンでは、このような行為は神に対する究極の冒瀆だとみなされているのだ(原註16)。生命、財産、自然などを破壊してこの世を堕落させる者は、「ムフシドゥーン」(悪事を働き世界を堕落させる者)(一四三ページ参照)と呼ばれるが、存在物そのものを壊すのは、造物主である神を攻撃するに等しい行為である(原註17)。そのような行為の結果、必然的に人間関係が損なわれ、社会的交流を通じて人間が「お互いに知り合う」(原註18)可能性そのものも破壊されるため、神が創造の際に築いた諸々の絆や関係が断ち切られてしまうのだ。

何より重要なのは、クルアーンの言うとおり、そもそも戦争が引き金となって、人間を苦しめ、最終的に滅亡させる堕落への過程が始まるということだ。だからこそ、イスラーム神学では、人間が破壊や崩壊ではなく、建設や創造に専念することが神との契約の不可欠な条件とされているのである。イスラーム文明が、自然科学、芸術、哲学、法律、建築、貿易などに優れていたのも、これまでイスラームが主に戦争より文明の構築に真剣にかかわってきたのもこのためだ。

クルアーンに示された戦争にかかわる原則をもっとよく理解するためには、重要な慣例をいくつか考慮する必要がある。少数派としてマッカに住んでいた初期のムスリムは、神の明確な許しが得られるまで、マッカの圧制に対して武力で抵抗することは許されていなかった。何年も圧制に耐えていたムスリムたちがいくら催促しても、預言者ムハンマドは武力行使を認めようとしなかったが、ある時、もっとも無力で虐げられていた者たちに、マッカを出てアビシニアに移住し、キリスト教徒の王アル・ナジャシの庇護を求めることを許可する。
移住の際には自衛のための武力行使が認められたが、その神の許しは、ムハンマドとマッカのムスリムに呼びかける啓示という形でもたらされた。クルアーンは慎重な表現で、不当な攻撃の被害者になった場合にかぎり戦う（キタールを行う）ことが許されている、と述べている。(原註19) また、敵対する者だけと戦うべきであり、和平を求める者と戦うような罪を犯してはならないという指示もある。(原註20) 敵が戦いを止めて和平を求めれば、ムスリムもそれに応じなければならない。クルアーンの説明では、神はムスリムと敵対しない者との和平を禁じたわけではなく、ムスリムを安住の地から追放した者や、ムスリムを迫害し続ける者と和睦《わぼく》することを禁じたのである。(原註21)
もっと強い調子で次のように命じている章句もある。
「もし彼らが和平にかたむくならば、汝もそれにかたむき、すべてを神にたよれ」(原註22)
さらに、和平を望む不信心者を一方的に拒否しないように命じ、こう念を押している。
「もし神が欲したもうたならば、神は彼らにおまえたちをしのぐ力を与えて、おまえたちと戦わせたもうたことであろう。それゆえ、もし彼らがおまえたちと戦うことなく退いて、和平を申してでてくるならば、神はおまえたちに彼らを制する道を与えたもうことはない」(原註23)
クルアーンはまた、戦争の口実をつくるような居丈高《いたけだか》な態度をとらないように警告し、和平の申し出があっても、相手がムスリムではないという理由で戦い続けるのは、傲慢で道義に反する行為だとしている。

言いかえれば、ムスリムが和平を妨げる原因をつくってはならないということだ。さもないと、現世と来世を意識し続けるどころか、現世の誘惑に屈したとみなされても仕方がない。つまり、ムスリムが正当な和平を拒否すれば、神から託された目的を見失い、権力と支配という現世の誘惑に心を乱された証拠と見ることもできるのだ。(原註24) クルアーンの教えで、それが傲慢で罪深い行為とみなされているのは、和平に対する願望や意欲が神の恵みに他ならないからだ。神が望めば、非ムスリムの心に和平への願望を吹き込むなど何の造作もない。それだけに、ムスリムはこれを神の恵みと捉え、挑戦的で傲慢な態度ではなく、感謝の気持ちをもって受け入れなければならない。(原註25)

ムスリムが不信心者と果てしなく戦い続けるように命じられ、不信心者が永遠に真の敵として攻撃目標にされるとすれば、平和に関するこの種の教えはほとんどつじつまが合わない。穏健派の立場から見れば、厳格主義者には、クルアーンが支持しているのは戦争ではなく平和だということがわかっていない。彼らは和平の機会を活かせないばかりか、和平が神の恵みであり、やむをえない理由がなければその機会を無駄にしてはならないということも理解していない。二つの領域がたえず相争うという考え方は、ある時代の現実を反映していたにせよ、クルアーンの道徳観と矛盾しているのは明らかだ、と穏健派は主張する。

当然ながら、厳格主義者はこれに対して、クルアーンの「和平篇」は不信心者との戦いを命じる章句によって無効になっていると反論する。(原註26) この論法に従えば、第三章八五節〔「イスラム以外の宗教を求める者は、何一つ受け入れていただけない。そのような者は来世で損をするだけ」」だけで、和解と平和を唱道するすべての章句が相殺され、無効にされたことになる。たった一節で少なくとも三〇もの節が破棄されたというわけだ。それだけでなく、いわゆる戦争篇でさえ、必ず「度を超してはならない」「無法な行いをしてはいけない」などの条件をつけている点を彼らは無視している。実際、不信心者に対して容赦なく徹底的に戦え、と命じている章句は一つもない。前述したように、このような彼らの主張は、きわめて気まぐれなクルアーン解釈の結果である。

神は不当な攻撃をする者を愛さないというクルアーンの言葉を、われわれは真摯に受け止め、理性的に解釈する必要がある。肝に銘《めい》じておきたいのは、敵愾心《てきがいしん》を燃やし、好戦的な態度をとる者は決まって事実を曲解し、自分が無法者ではなく犠牲者だと信じ込む可能性があるということだ。しかしわれわれはクルアーンの命令を信頼するべきであり、暴力的手段に訴える者には、良心に照らして、つねに誤った被害者意識にとらわれていないかどうかを確かめる責任がある。厳格主義者の思想信条でとくに問題なのがこの点だ——これまでの歴史ではつねにムスリムが被害者で非ムスリムが加害者だった、と彼らは考えている。そのため、彼らは不当な攻撃を禁じるクルアーンの命令をすべて無意味なものとして退けるのだ。

穏健派に反戦論者はほとんどいない、という点はここで指摘しておく必要がある。場合によっては自衛のための戦いが必要だと彼らは認めている。だが、その自己防衛の解釈はあくまで限定的なものだ。誤った歴史認識による戦いや、何世紀も前の不当行為に報復するための戦いは、自己防衛どころか、見えすいた侵略行為と見るのがふつうだ。自衛のための戦いには節度がなければならない。身に降りかかる危険は払いのけても、必要以上の損害を与えてはならないのだ。たとえば、激しい銃撃に対してミサイルで反撃すれば、釣り合いのとれた節度のある戦いとは言えない。自己防衛は、ムスリムの領土に侵攻し、その権利と土地を奪う集団との戦いに限定される必要がある。イスラーム法では、自己防衛を口実に、世界中でむやみに武力闘争を展開することは認められていない。イスラーム法の教えと制約は、チェチェンやカシミールをはじめとして、ムスリムが関与する数多くの紛争に直接かかわりがあるのは言うまでもない。

穏健派は、非戦闘員の殺害を禁じた預言者ムハンマドの教えと、戦争行為に関する他の制限事項を真剣に受け止めている。そのため、たとえ正当な理由があっても、制限や制約に従わず不当な攻撃をすれば、その戦争の正当性が失われると認識している。つまり、不当かどうかの判断は、戦いの「理由」だけでなく、「やり方」にもかかわるということだ。たとえば、非戦闘員や礼拝所などを意図的に攻撃するような戦いは不当なものとされる。

しかし、ここでさらに考慮する必要があるのは、クルアーンが言及するような、この世を堕落させる行為に関する問題だ。非戦闘員をねらってだしぬけに攻撃を仕掛け、居留民《きょりゅうみん》と旅行者を恐怖に陥れる者がこの世を堕落させる、という点では古典期の法学者の意見はほぼ一致していた。法学者が「居留民と旅行者」という表現を使ったのは、どちらを攻撃してもこの世に堕落をもたらすことに変わりがないからだ。このような罪を犯す者は「ムハーリブン（社会を攻撃する者）」、またその罪は「ヒラーバ（社会に対する攻撃）」と呼ばれている。「ヒラーバ」は重大で忌まわしい罪であり、イスラーム法によれば、この罪を犯した者は人類の敵とみなされ、どこへ行っても住む場所も庇護も与えられなかった。

古典期の法学者がくりかえし述べているように、無防備な人間に対する攻撃はまったくムスリムにふさわしくない行為であり、不意打ちを行えば、必然的に恐怖が広がって平安が損なわれ、神の意志を無にする結果になる。人々が善行に励み、協力して神性を実現できなくなるため、この世の堕落につながる恐れがあるのだ。これがとりわけ忌まわしい罪とみなされたのは、人間の尊厳や権利が踏みにじられるからだ。あらゆる平和的交流が著しく脅かされ、お互いに知り合うという人間の道徳的義務が妨害されるのだ。法学者が言うように、生活が破壊されて恐怖が広がり、神が創造したこの世が完全に堕落する結果になるのである。

現代では、テロリズムがこの種の典型的な犯罪だと言ってもいいだろう。無防備な人間が何の予告もなくだしぬけに暴力を受ければ、世界中の人々が不安と恐怖に陥るのは間違いない。「ヒラーバ」もテロリズムも、基本的には同じものである。古典期の教義に通じていれば、両者の間に驚くほど類似点があるとわかるはずだ。古典期の法学者は、暗殺、放火、井戸に毒を入れるといった（無差別殺人の可能性がある）犯罪ばかりでなく、不安や恐怖心をあおるために、輸送手段を乗っ取ったり、人々を虐待したりしても「ヒラーバ」と判断した。またイスラーム法では、誘拐、遺体の切断、拷問などが厳しく禁止されていたという点に注意しなければならない。

政治犯は、イスラーム法では非常に寛大に扱われ、厳罰に処すべき常習犯とはみなされなかった。とはいえ、上述したような残虐行為を犯せば、その思想信条や大義名分を問わず、最悪の犯罪者として扱われた。率直に言って、このようなイスラーム法の教義に照らして見ると、厳格主義者が明らかに違法なテロ行為を行う理由が理解できない。たとえば、イスラーム法は人質行為を禁じているだけでなく、ムスリムの人質や捕虜を殺害された仕返しに、敵の戦争捕虜を殺害することも禁じている。この立場は、クルアーンがムスリムに再三説いている「だれも他人の荷（罪）を負うことはない」という言葉をよりどころにしたものだ。（原註27）

子どもでも知っている有名な話の中に、預言者ムハンマドの教友がマッカの不信心者に捕らわれた逸話がある。次の日に処刑されると告げられた夜、この教友には逃げ出すチャンスがあった。気がつくと、辺りには大きなナイフを手に持った、ある指導者の子どもしかいなかった。この子を人質にとれば逃げ出すこともできたはずだ。その翌日、処刑の前になって、なぜそのチャンスを活かさなかったのかと尋ねられた教友は、きっぱりとこう答えたという。「あの娘に何の罪があるだろうか？　クルアーンの定めによって、他人の罪を負わせて人を罰することはわれわれにはできない」それでも、不幸にしてこの教友は命を奪われた。

このような徹底した教えにもかかわらず、たとえば、最近のイラクにおける争いでも、それぞれイスラームらしい旗印を掲げながら、ムスリムや非ムスリムを誘拐し、人質にしたグループがいくつもあった。さらに悪いことに、こうしたグループは、イスラームにのっとった行動と勝手に称して、被害者の身体を切断したり、拷問を行ったりした。穏健派が非常に不安に駆られ、不可解に思うのは、誘拐、人質行為、遺体の切断、拷問などをはじめとする「ヒラーバ」の問題は、明らかにこの世を堕落させ、神の創造を否定する行為として、クルアーンと預言者のスンナに余すところなく言及されているからだ。

テロリズムと世界の堕落に関する問題は、穏健派と厳格主義者の基本的な相違点の一つを浮き彫りにしている。非ムスリムに支配されても、神が創造したこの世界を堕落させたくないと考える穏健派に対して、非ムスリムの支配よりむしろ堕落を選ぶのが厳格主義者の立場だ。そもそも両者の考え方のちがいは、イスラームと権力の関係に根ざしている。厳格主義者は、イスラームが勝利を収めるには、ムスリムが非ムスリムを征服して支配下に置く必要がある、と考えている。それによって初めて、神の主権が確立され、神の言葉が至高のものとなるというのだ。

彼らの見解によれば、ムスリムは議論の余地のない永遠の真理に包まれ、非ムスリムは無明の闇にさまよっているため、両者の間にはきわめて大きな隔たりがある。非ムスリムは何をしても光の中に一歩も足を踏み入れることができないが、「正真正銘の」ムスリムなら純粋な光と真理に包まれている。真理と美徳は快く受け入れる者に与えられるだけであり、共有も探究もできない。そのため、ムスリムと非ムスリムが協力して事に当たるなどありえない。戦火を交えなくても、両者の間にはつねに敵意が存在するため、相手を打ち負かして支配するチャンスがあれば、いつ戦争が起こってもおかしくない、というのである。

穏健派は非ムスリムに対して、神を愛し、神への服従によって身を清めてもらうように勧める。たとえこの勧告が拒否されても、それで働きかけをやめるわけではない。穏健派の見解では、神の光は誰のものでもなく、ムスリムも非ムスリムもともに光の中に足を踏み入れることができる。つまり、協力関係を築いてお互いに知り合いながら、この世に美徳と慈悲を実現できる（無知、憎悪、戦争、破壊といった醜悪なものがもたらすこの世の堕落を、力を合わせて防ぐことができる）。

穏健派は主権は神のみにあると考えているため、非ムスリムを光の中に導く場合にも、その態度は謙虚そのものだ――相手を知らなければ、この世の堕落を回避できないし、いかなる神性も実現できないということをわきまえている。相手を知ることこそ、神の恵みである平和の実現にとって不可欠な要素である。

穏健派のこうした見解にもかかわらず、厳格主義者は依然として、「自分たちは不当な攻撃を行っているわけではなく、基本的な自衛権を行使しているにすぎない」という信念にしがみついている。この点に関する彼らの言い分は、概して次のようなものだ。「穏健派の見解はどれをとっても理想主義的で認識が甘い。西洋諸国、とくにアメリカとイスラエルが、最新兵器を使ってムスリムの民間人を殺害しているというのに、われわれには自衛も反撃もできないのが実情だ。この状況では、必要に迫られた場合、神聖な法に反する行動も容認される。われわれはいわゆるテロ行為を好んで行っているわけではない。アメリカやイスラエルをはじめとする西洋諸国が意のままにムスリムを殺戮するのを防ぐには、これ以外に方法がないのだ」「テロリズムによって本当にムスリムを守れるのか？」「テロ行為はさらにムスリムの命を奪う口実を与えるだけではないか？」といった現実的な問題にここで立ち入るつもりはない。それよりも重大なのは、必要性の論理が無制限に適用され、往々にして見境がなくなっているという事実だ。必要性を口実にすれば、イスラームの道徳観全体が大きく損なわれる恐れがある。いかなる場合でも、必要性の論理に頼れば、イスラームの道徳観や美徳が危険にさらされるということは留意しておかなければならない。テロ行為によってムスリムがどうにか反撃し、ときには勝利を得る場合があると仮定しても、次のような疑問が生じる。「勝利を得るためにどれだけの代償を払ったのか？」「政治的な勝利を得るために道徳的に敗北し、イスラームの道徳観とクルアーンの教えに違反するとすれば、どうしてそれを勝利と呼べるのか？」往々にして、この問いに対する答え方に、穏健派と厳格主義者のちがいがはっきりあらわれる場合がある。

武力行使が必要だという考え方は、一部のムスリムには説得力があっても、それだけでは、イスラームの教えに依拠してテロ行為を正当化しようとする理由がよくわからない。テロリストはイスラームの教えには依拠しないと公言し、正々堂々と必要性の論理を引き合いに出すこともできるだろう。たとえば、テログループは、「イスラームの教えがどうであれ、われわれはやるべきことをやるだけだ」と言ってもいいはずである。必要性の論理だけで、テロリストの行動をすべて解明できるわけではない。とくにイスラームの扱い方や利用の仕方については説明がつかない。

一例を挙げれば、とりわけ厄介なある慣行のせいで、われわれは厳格主義者による暴力行為とイスラームの道徳観との相関関係に当惑し、不快な気分になる。私が述べようとしているのは、イラクで行われている人質の首をはねる慣行だ。まるでイスラーム法にのっとった刑罰であるかのように、この犯行は大きな誇りをもって行われる。サウジアラビアでも、イスラーム法に定められた処刑法として、斬首《ざんしゅ》が採択されている。一般的な現代人にとって、人の首を切るなど吐き気を催す行為に他ならず、「それがイスラームと何の関係があるのか?」という疑問をもつのは当然だ。近代以前には、斬首がもっとも迅速に命を奪う方法であり、いろいろな意味で慈悲深い行為でもあった。だが、現代では、それほど酷《むご》さを感じさせない方法もあるのだ。

イスラーム法で手足の切断が禁じられていたことは前に述べたが、必要以上に苦痛を与えるような残酷な死刑の方法も、やはり認められていなかった。たとえば、刺し殺す、焼き殺す、毒殺する、溺死させる、四つ裂きにするなど、中世で行われていたぞっとするような方法はどれも禁止されていた。したがって、斬首刑がもっとも容認されていたのは当然とも言える。皮肉なことに、この件に関する預言者ムハンマドの伝承では、「家畜を屠殺する場合でも、ナイフや剣を研《と》いで切れ味を良くし、なるべく苦痛を与えないようにしなければならない」という勧告しか、信頼性のあるものは存在しない。もちろん、当時は、騎士たちがほとんどの生活を剣の訓練に費やしていたため、一太刀で首を切り落とせる者は珍しくなかった。だが、現在ではそうはいかない。

不幸にもサウジアラビアで処刑の現場に行き合わせれば、腕の未熟な執行官が哀れな犠牲者に何度も剣を振り下ろす、無残でショッキングな有様を目にすることになるだろう。

しかし、何より重要な点は、斬首刑がイスラームとはまったく関係がないということだ。先に述べたさまざまな点を考慮すれば、「いかにグロテスクで残虐でもイスラームにのっとった刑罰だ」と確信できるわけがない。イスラーム法には、「どうしても命を奪う必要があれば、できるだけ情け深い処刑法を選択しなければならない」という規定しかない。それに今では科学の進歩によって、斬首より慈悲深い処刑法がいろいろ発明されているのである。厳格主義者が姦通罪に対して規定する石打ちの刑と呼ばれている処刑法でさえ、クルアーンには言及されていない。そもそも石打ちの刑は旧約聖書に由来し、イスラームに採り入れることを問題視する穏健派が非常に多い。(原註28)

それにもかかわらず、厳格主義者が、イスラームの公正を実現するために斬首刑は欠かせない、とあからさまに断言するようになってきたのは確かだ。この例から見ても、彼らがいかに複雑な方法で意味とシンボルを見出しているかがわかる。たいていの場合、彼らはイスラームの道徳観をなおざりにするばかりか、イスラームの本質について熟考することもない。彼らがふつう関心をもっているのは形式、外観、それにシンボルによる関連づけだ。

では、なぜ剣と斬首にこだわるのか？　それは、イスラームに対する世間の恐怖心や偏見を臆面もなく利用しているにすぎない。イスラームと聞けば剣や身体の切断を連想するような固定観念が一般に存在するのは事実だ。厳格主義者はそれを百も承知で、誤解を解こうとするどころか、権力を得るための足場として利用するのである（恐怖心を植えつけることによって権力を手にし、権力を失う危険性があると察知すれば、いつでもその恐怖心をあおって維持しようとする）。このことを痛感したのは、たとえば、一九七七年、厳格主義組織のタクフィール・ワ・ヒジュラが、エジプトの宗教相でありアズハル大学の学長も務めたザハビーを誘拐し、首を切断して殺害したときだ（九五ページ参照）。

本質的に、テロリズムは恐怖感を広めて権力を得る行為である。権力を行使する対象が国民であろうと政府であろうと、方法と結果は同じだ。しかし、厳格主義者が権力を行使する場合、往々にして、罪もない人間が殺害されるだけでなく、イスラームとその完全な道徳観も被害にあうのである。

第12章　女性の本質と役割

女性の役割に関する問題がジハードの問題と複雑に結びついていると聞けば意外な気がするかもしれない。現代のイスラームに関する問題の中で、とりわけ論争の的になり、また誤解されているものを二つ挙げるとすれば、何と言ってもジハードと女性の扱いということになる。実際、世界の人々は、ジハードと同じく、ムスリムの女性の問題についても、圧制、虐待、蛮行の被害者といったイメージを抱いている。いずれにしても、厳格主義者が真のイスラーム信仰を奪い取り、自らが中心となって世界中でイスラームのイメージを汚していることに変わりはない。彼らは他者への攻撃は正当化されると考え、ジハードの教義を不当に利用して、その目的を遂げようとする。また、さまざまな神学上の概念を勝手に解釈し、女性に対する攻撃と自らの男性中心的な態度をも正当化する。ジハードと女性の問題に共通する特徴は、権力と支配権をむやみに求める姿勢だ。厳格主義者が真のジハードや女性の役割を著しく変更し、損なっているのも、他者を支配したいという欲求があるからだ。

二〇〇二年三月の中旬、サウジアラビアの新聞各紙は、預言者ムハンマドの生誕地、マッカで起こったある事件を報じた。公立学校の失火による火災で、公式発表によれば、少なくとも一四人の少女が焼死したか煙に巻かれて死亡したという事件だ。現場へ駆けつけた親たちは、そのときぞっとするような光景を目撃したと訴えている。「ムタワ」と呼ばれるサウジアラビアの宗教警察が、学校の出入り口に外側から錠をかけ、燃えさかる学校から少女たちが避難するのを力ずくで阻みながら、消防隊が救助のために校内へ突入するのも妨害していたのだ。少女や消防士の中には殴られた者もいたという。現場にいた親だけでなく、消防士や一般の警察官らも、「ムタワ」が避難も救出も許そうとしなかったのは、少女たちが「適切に肌を覆い隠していなかった」ためだと証言している。生きるか死ぬかの状況の中で、性的に誘惑されるとでも思ったのか、消防隊が少女たちと身体的に接触する事態を避けようとしていたらしい。「適切に肌を覆い隠していなかった」というのは、少女たちが顔を隠すヴェールの「ニカーブ」も、全身を覆うマントのような「アバーヤ」も身に着けていなかったということだ。

「ムタワ」を管理する政府機関（「勧善懲悪委員会」と呼ばれている）は、「ムタワ」が少女や消防士を殴打し、出入り口に錠をかけて少女たちを閉じこめた事実を否定した。（原註1）しかし、新聞が伝える目撃者の話によれば、「ムタワ」は一般の警察官や消防隊に「下がっていろ」と怒鳴り、消防士を何人か殴っただけでなく、出してほしければ校舎に引き返してヴェールをとってこい、と少女たちに命じた。親たちの中には、少なくとも三人の少女が「ムタワ」と言い争って、蹴られたり棒で叩かれたりするところを見た、と証言した者もいる。「ムタワ」の命令どおり、ヴェールをとりに引き返した者たちは、結局遺体となって発見された。

この事件は、『サウジ・ガゼット』や『アル・イクティサーディーヤ』をはじめ、サウジアラビアの各紙で報道された。両紙は珍しく宗教警察を批判し、責任者の調査と告発を要求した。事件の翌日、アブドゥッラー皇太子は、政府が責任者を調査し処罰すると発表したが、事件の三日後、サウジ政府は新聞各紙にこの悲劇的事件の報道から手を引くように命じた。以後今日に至るまで、少女たちの死にかかわったとして告発されたり免職になったりした者は誰もいない。この悲劇は西側のメディアでは大々的に報道されたが、イスラーム世界ではほとんど取り上げられなかった。(原註2)

このように痛ましい悲劇的な話で本章を始めたのは、これがいろいろな問題点を浮き彫りにしているからだ。この事件の忌まわしい道徳的堕落行為は、とても言葉では表現できない。燃えさかる学校を前にして、厳格主義の教義を信奉する「ムタワ」が唯一気にかけていたのは、少女たちの髪と顔が人前にさらされないようにすることだった。教義に反する行為への恐れと怒りから、一四歳の少女たちが焼け死ぬことなど眼中になかったのだ。事件当時、どういう神学理論や法に基づいて――あるいは、どういう神経で――このような行為をするのか、と大勢の人々が疑問に思ったのも無理はない。イスラームという宗教の野蛮な面がまた露わになっただけだと、不愉快そうに無視する者もいた。

サウジアラビアの影響力によって、この事件はアラブ諸国のマスメディアではあまり取り上げられなかったが、穏健派ムスリムは、事件の根底にある堕落しきったさもしい社会倫理に世間の注意を向けようとした。ただ、穏健派はこのきわめて不吉な出来事にショックを受けたものの、残念ながら、厳格主義者の考え方からこの種の悲劇が生まれるのは避けられないと考えていた。

私は、少女たちの死を招いた判断が、何らかの神学理論や法に基づいているとは思わない。道徳的反感を買ったこの事件が示しているのは、神学や法ばかりか道理までも退ける感情的な姿勢である。なぜなら、この三つ――神学、法、道理――のうちどれか一つでも適用されていれば、少女たちの命は救われていたにちがいないからだ。イスラームでは、人間の生命は神聖なものとされている――一人の人間を殺せば、全人類を殺したも同然だとクルアーンは断言している。(原註3)また、生命の保護に優先する宗教上の義務は存在しない。したがって、基本的には、イスラームの法と神学理論に従って、女性の隔離とヴェール着用の規定を厳守しなければならないとしても、必要があれば、人命保護がどの規定にもまして重視される。イスラームのよく知られた法諺に、「必要があれば禁止事項も許容される（アル・ダルラート・トゥビーフ・アル・マフズーラート）」というものがある――イスラーム法学では、人命保護が何より基本的・根本的な不可欠事項とみなされている。イスラームの価値観の中では、神の権利（「フクーク・アッラーフ」）を守ることより、むしろ人命保護のほうが重要度が高いのだ。(原註4)

それだけでなく、どのような形でいつ定められたにせよ、女性の隔離規定には一つの正当な理由があった。それは女性を性的虐待や危害から守ることだと、クルアーンは明言しているのだ。(原註5)このような法的規範の背後にある目的や考え方は、女性の福利を「保護する」ことに他ならない。それゆえ、少女たちの死は、どう合理的に考えても隔離規定に反していたし、その存在理由とも矛盾していた。

論理的に考えれば、宗教警察の行動にも不審な点がある。なぜ彼らは燃えさかる学校の出入り口を解錠し、男性全員を現場周辺から立ち退かせなかったのか？　それくらいのことなら簡単にできたはずだ。そうすれば、男性に見られずに少女たちは安全な場所へ避難できたのではないか。自分たちのかぶり物（「グトラ」と呼ばれる）を外して少女たちの頭にかぶせるだけの配慮があれば、命を救えたのではないか。厳格主義的なサウジアラビアの宗教警察でも、男性に頭髪を覆い隠す義務があるとは考えていないが、彼らを含むサウジアラビアの男性には、頭の一部を布で覆う習慣がある。命を救うためなら、この布を少女たちに貸してやっても問題はなかったはずだ。

とはいえ、宗教警察に創造的な問題解決能力が欠けているということは大した問題ではない。重要なのは、男性を誘惑する女性の力に対して、厳格主義者が異常なまでの強迫観念を抱いているだけでなく、人命の――とくに女性の生命の――価値を平気で無視することだ。女性に対する厳格主義者のこのような態度は、イスラーム法源のテキストを分析しただけでは理解しにくい。

女性を完全に支配し、社会的に葬り去ろうとしているのではないかと思えるほど、その敵意と軽視はすさまじい。

厳格主義者にとって問題なのは、女性の性的魅力ではなく権力だと私は考えている。厳格主義者は攻撃的な男性中心社会をめざし、権力を誇示して組織的に女性をおとしめることによって、政治的・社会的敗北感に対処しようとする。女性は徹底的に攻撃されたあげく、完全に社会の片隅に追いやられ、公の場から閉め出されるはめになる。結局、これは厳格主義的社会に住む女性にとって社会的な死を意味する——社会の道徳意識に関するかぎり、女性は死んだも同然になるからだ。

厳格主義を信奉する男たちは、諸々の政治的社会的状況の中で屈辱感や敗北感を味わい、欲求不満や無力感にさいなまれるが、マッカで死んだ少女たちも、厳格主義の過酷な戒律に日々悩まされる女性も、すべてこの欲求不満や無力感の直接的な被害者である。現代イスラームの厳格主義思想を研究してきた私の経験では、厳格主義者が女性を攻撃の対象にし、おとしめるのは、特定の法源解釈だけに基づいているわけではない。むしろ、彼らの女性の扱いには一種のまぎれもない激しさや怒りがあり、まるで苦しむ女性が多ければ多いほど、イスラームの政治的未来が保証されるとでも思っているかのような印象を受ける。その証拠に、彼らはムスリムの女性を一貫してイスラームの危機と脆弱《ぜいじゃく》性の原因とみなし、社会の腐敗と害悪の元凶とさえ決めつける傾向がある。よく女性を最悪の「フィトナ」（誘惑と社会不和の原因）と表現するのは、この激しさや怒りのあらわれだ。さらに、地獄にいるのは圧倒的に女性が多く、男性はほとんどの場合、女性が原因で地獄に落とされるとも主張する。(原註6)

一例として、厳格主義を奉じるある法学者の、実に不気味で気がかりな最近の動向を考えてみよう。サウジアラビアの最高位にある法学者の一人、シャイフ・サーリフ・アル・ファウザーン(原註7)は、「ファトワー」(法的見解)を提示して、奴隷制度はイスラームでは合法であると述べたばかりか、サウジアラビアで公認されるべきだと主張した。その上、奴隷制度を非難し、不法とするムスリムの学者たちを、無知な不信心者と糾弾している。(原註8)この「ファトワー」がとりわけ憂慮すべき危険なものと思われるのは、湾岸地域、とくにサウジアラビアの、いわゆる家事労働者(原註9)の人身売買と性的搾取を事実上正当化しているからだ。

奴隷制度をどう見るかについては、二〇世紀中にほぼ決着がついている。奴隷制度は違法で不道徳とみなされ、イスラーム諸国では例外なく違法とされてきた。重要なのは、ムスリムの大半の学者が、奴隷制度はクルアーンの道徳観にもイスラームの倫理上の目的にも反する、という道理にかなった結論を下したことだ。ようするに、奴隷制度の禁止はすでに当たり前とみなされていたのである。そうであれば、なぜ厳格主義の法学者がこの問題を蒸し返すのか? また、なぜ奴隷制度を罪深く忌まわしいものと考える数多くの法学者を、西洋に盲従する異教徒と非難するのか? これについては二つの点を考慮する必要があると私は考えている。一つは、女性の自律性や社会的流動性を拡大し、女性を尊重しようとする議論が起こるたびに、「イスラームの破壊を狙った西洋の陰謀だ」と厳格主義者が判で押したように非難していることだ。彼らは、少しでも女性に敬意を払うような見解を、すべて異質なもの、とりわけ西洋的なものとみなすのである。もう一つは、この「ファトワー」がタイミングをはかったように、最近アメリカがイラクに侵攻したときに出されたという点だ。

これはまるで厳格主義者が、国家レベルの自治権の喪失を埋め合わせるために、ムスリムの女性に対して男性の自治権を主張しているかのような印象を受ける。彼らは女性の権利拡大がイスラーム世界に対する西洋の文化侵略の一環だと信じているため、文化的な勝利――女性の多大な犠牲によって得られると思われる勝利――を収めれば、政治的敗北を相殺できるとでも言わんばかりの行動をとっているように見える。奴隷制度を復活させようとする動きが、女性の性的搾取を正式に合法化しようとする――もっと具体的に言えば、厳格主義を信奉する男性に女性の人身売買を行う権限を与えようとする――見えすいた試みであることに疑いの余地はない。奴隷制度の復活は、イスラームやイスラーム法を守ることとは何の関係もないし、アラブ文化やサウジアラビア文化の保全とも無関係だが、厳格主義者は、これによって西洋に侮辱を与えられると思い込んでいる。他に先駆けて奴隷制度を人権侵害だと考えて廃止したのは西洋だ、と信じているため、奴隷制度を擁護すれば、西洋の道徳規準を鼻であしらえると単純に考えているのだ。(原註10)また、その結果、社会的に無に等しい存在の女性がどんな目に遭《あ》おうと、彼らの知ったことではないのである。

女性に対する厳格主義者の考え方は一言で要約できる。それは「フィトナ」という言葉だ。「フィトナ」は漠然とした用語で、多くの意味をもっている。といっても、たとえば、性的誘惑、危険の原因、市民および社会の不和、不安感、差し迫った害悪など、みな明らかに否定的なものばかりである。厳格主義者はふつう母親としての女性の役割については称賛するものの、それを除けば、女性を不完全で従属的な存在とみなしている。彼らによれば、女性は、妻としては完全に夫の庇護のもとにあり、娘としては父親の、また社会の一員としてはすべての男性の庇護のもとにある。女性は決して自律的な存在ではなく、男性と同等に神との契約を履行《りこう》する義務はない。この世に神性を実現するために、善行を勧め悪行を禁じる責務を男性と平等に分かち合うパートナーではない。女性はあくまでも男性——夫であれ父親であれ社会の指導者であれ——を通じてはじめて自らの義務をはたせるとされている。それゆえ、この世で男性に従順に従わないかぎり女性は天国に行けない、と厳格主義者が主張するのは、それほど意外なことではないのである。

厳格主義者たちは一貫して、預言者ムハンマドやその教友たちの伝承とされるものの中で、女性をおとしめるようなものを収集し、発表し、世に広めている。このような伝承は、女性に不利な裁定を下す根拠として利用される。ワッハーブ運動の創始者、ムハンマド・イブン・アブドゥルワッハーブも自ら率先して伝承を集め、「女性との共同生活」という副題をつけてまとめている。(原註11) しかし、この種の伝承は、まったくの捏造《ねつぞう》とは言わないまでも、例外なく信憑性に乏しい。前に論じたように、穏健派も預言者ムハンマドのものとされる伝承をよりどころにするが、それはまぎれもなくムハンマド自身の言葉だという合理的な確証が得られた場合に限られる。厳格主義者が利用する伝承は、決まって確かめようがないものばかりである。つまり、ムハンマドの言行をありのままに伝えている可能性があるとはいえ、その信頼性はかぎりなく低いということだ。

どの伝承に依拠し、どれを切り捨てるかによって大きなちがいが出る。女性をおとしめるような伝承だけを選別すれば、息苦しいとしか言いようがない制約を女性に課すことも可能になるのだ。たとえば、最近私は、レバノンで出版されたある小冊子を入手した。博士号を所有するという学者が書いたこの本には、『女性に関する回答書（ファタワ）』といういかにも権威のありそうなタイトルがついているが、この中に示された女性嫌悪症的な裁定は、現代の厳格主義者の文化では当たり前のように見られるものだ。以下に挙げたのは、この厳格主義の学者が下した裁定の一部を、本に出てくる順にまとめたものだ。

- ムスリムの妻は、夫の許可なしに断食の義務を行ってはならない。なぜならば、夫が昼間に性交渉を求める可能性があるからだ。
- 女性は婚約者と電話で話をしてはならない。なぜならば、その男性を誘惑する可能性があるからだ。
- 婚約している女性は、婚約者と一緒に公の場へ出かけてはならない。なぜならば、その男性を誘惑する可能性があるからだ。

● 親戚の者が運転する車に新郎と一緒に乗る新婦は、香水をつけてはならない。なぜならば、運転する親戚の男性を誘惑する可能性があるからだ。
● クルアーンを学ぶためにモスクへ行きたいと願う女性は、父親が禁止すれば、それに従わなければならない。父親は禁止した理由を説明する必要はない。
● 男性は、快楽を得た後に女性と離婚するつもりで結婚し、その意志を女性に伝えなくても罪には問われない。また、結婚も有効である。
● 女性は病気のときを除き、夫の性交渉の要求を拒否してはならない。正当な理由もなく夫の性交渉の要求を拒否することは大罪（「カビーラ」）になる。それに対して、夫は、理由の如何を問わず、また理由の有無を問わず、妻の性交渉の要求を拒否できる。
● 法的には、女性の声は「アウラ」（「マフラーム」以外の者には秘密にしなければならないプライバシー――「マフラーム」とは父親や兄弟のように、女性が結婚できない近親者の男性をさす）ではない。それにもかかわらず、女性の声には人を誘惑する力があるため、公の場や性的誘惑を引き起こす可能性がある私的な場で、声を発するべきではない。
● 女性はたとえ「ヒジャーブ」（スカーフ）を身に着けて（髪を覆って）いても、公道や公の広場で男性と交際してはならない。
● 女性はたとえ「ヒジャーブ」を身に着けていても、「マフラーム」の男性の同伴なしに旅行してはならない。

- 女性はガムを噛んではならない。ガムを噛む行為は男性を誘惑する可能性がある。
- 結婚式の場では、女性は周囲に男性がいなくても、他の女性たちの前で踊ってはならない。なぜならば、他の女性たちを性的に興奮させる可能性があるからだ。
- 女性は頭髪を短く切ってはならない。なぜならば、それは男性の模倣と考えられるからだ。しかし、あごひげや口ひげなどの顔の毛は絶対剃らなければならない。なぜならば、そのほうが女性らしくなるからだ。また、女性は夫に対して性的に魅力ある存在でなければならないからだ（すなわち、ひげを生やした女性には性的魅力がないからだ）。
- 女性は葬儀に参列したり、外国人男性に対して哀悼の言葉を述べたりしてはならない。なぜならば、性的誘惑を引き起こす可能性があるからだ。(原註12)

女性嫌悪症的見解を示す厳格主義者の著作は他にもいろいろある。たとえば、「女性はどんな形でも人前で話をしてはならない」「女性はカーテンや壁越しに説教や講義を聞かなければならない」「女性が天国に行けるかどうかは夫を満足させられるかどうかで決まる」「夫を怒らせる女性は誰であれ天使の呪いを受ける」「基本的な読み書き以上の教育は女性には必要ない」「女性は男性を誘惑して試練を与えるために創造された」といった主張をするものもある。

イスラーム諸国の市場には、いかにも神の法を代弁するかのような、この種の厳格主義的文献があふれている。残念ながら、イスラーム法の専門家ではない一般のムスリムは、これが正真正銘のイスラームの教えだと信じる恐れがある。性的誘惑に対するこのような病的な強迫観念が、まぎれもなく神の意志だと思い込むのだ。信じがたいことに、厳格主義者は女性を公の場から完全に閉め出すべきだと言いながら、自分たちの教義のおかげで女性は解放され、名誉を与えられたのだとも主張している。好色な男たちの邪悪な視線から守り、公の場で辱《はずかし》めや性的虐待にさらされないようにしたのだという。したがって、女性は家庭の外で働くべきではないし、髪も顔もヴェールで覆わなければならない。また指導的地位に立つ資格もないというのである。

穏健派の立場は、厳格主義者のこのような姿勢とは根本的に対立する。少なくとも、厳格主義者の裁定は、客観的にイスラーム法源から導き出されたものではない。実際、穏健派は、クルアーンや預言者ムハンマドの伝承、それに教友たちの範例を客観的に解釈すれば、厳格主義者が信奉するような教義の根拠は見つからないと主張している。女性の性的誘惑や性的魅力に対する激しい強迫観念をさらけ出している点はさておき、厳格主義者は、女性には知性も魂もないと頭から決めつけるだけでなく、女性は社会に貢献できないし、その必要もないと断定する。女性は性的誘惑や性的魅力の権化とみなされ、男性に性的妄想を抱かせる存在として不当に扱われるのである。

こうした厳格主義者の姿勢は、イスラームの歴史や倫理観ばかりか、神性の本質や役割ともまったく矛盾すると穏健派は見ている。前にも説明したとおり、シャリーアと「フィクフ」は異なるものだ（一六三〜一六五ページ参照）。現在ではどちらもイスラーム法をあらわす言葉として使われる場合が多いが、シャリーアは「フィクフ」とはちがって、神の理想を現世に示したものであり、神の意志をそのままあらわす完全無欠の法——善、公正、美などをはじめとする神性をそのままあらわす理想的な永遠不滅の法——である。そして「フィクフ」とは、この理想に到達しようとする人間の努力であり、本質的に欠点のある不完全なものだ。女性と男性の関係について、神が理想とするのは（不変の道徳律であるシャリーアが命じているのは）公正さである。適切な環境で公正さを実現するには、男女に平等な評価や機会を与える必要がある。

この道徳上の原則と目的は、クルアーン自体に由来するものだ。クルアーンは、神から見れば、性、人種、階級などによる区別は存在しないと強調している。神の目から見れば、男女は平等である。なぜなら、どちらにもまったく同じ報奨や罰が与えられるだけでなく、神の恩寵も平等に授けられるからだ。(原註13) 原則として、女性も公平・公正に、自らの義務に見合うだけの権利をもっている。(原註14) ここで肝心なのは、善行を勧め悪行を禁じる厳粛な任務に関して、クルアーンは男女に同等の義務を課しているという事実である。クルアーンはこう述べている。

「信者は男も女も相身互いで、善行を勧め、悪事を禁じ、礼拝を守り、喜捨を行ない、神とその使徒に服従する。こういう人たちには、神はみ恵みを垂れたもうであろう。神は威力あり、聡明なお方」(原註15)

したがって、クルアーンによれば、男女は社会の道徳的な骨組みを築き上げる対等のパートナーにとどまらず、お互いに助け合い、全面的に協力しなければならないのだ。

この厳粛な義務とは、最大限の努力によって神性を実現するということに他ならない。そのためには、男女に対して、同じように神性を追求できる平等な機会を与えなければならない。それが達成されれば、ともに神性を追求するプロセスに関与することになるが、これは一夜にしては達成できず、男女がともに辛抱強く追求すべき道徳的な目標である。

クルアーンを先入観を交えず詳細に研究すれば、女性に関する啓示の一つ一つに、搾取や不当な扱いから女性を守ろうとした形跡が残されているのがわかる。クルアーンは明らかに、女性の状況を徐々にではあるが持続的に改善する方法、当時の状況からすれば進歩的としか言いようがない方法を、ムスリムに教えようとしているのだ。さらに、預言者ムハンマドの時代の女性は、共同体の社会的・政治的活動に積極的にかかわっていた。また周知のように、ムハンマドの妻たちの中には、彼の死後、教師や法学者として共同体で重要な役割をはたした者もいた。(原註16) クルアーンの進歩的な改善策は、ほとんどの場合、こうした状況を背景に「女性たちが表明し、支持した」社会的要求の結果としてもたらされたという事実は重要である。

穏健派はまず、「永遠の」法では平等が理想とされている(神の前では男女の責任は平等であり、この世での責任も平等である)点に注目する。さらに穏健派は、どのようにクルアーンの改善策がもたらされたかを研究し、そのテキストに明らかに見てとれる進歩的な提言の分析に焦点を当てる。言いかえれば、クルアーン自体が時の経過を想定し、考え方を変えて時代に適応する方法をムスリムに明示しているのである。

これに関する「フィクフ」の役割は、系統的な法解釈によって、現世をできるかぎり神の理想に近づける方法を模索することにある。クルアーンは、啓示された時代の社会的現実の範囲内で、適切な改善策を採り入れながら公正さを実現したが、穏健派は、クルアーンがあるプロセスを推進して女性に権限を与えようとしたと解釈している。それは、女性が社会的地位（女性の役割が重大な影響を及ぼすような社会的地位）に見合う大きな権利を得るためのプロセスだ。クルアーンに従うムスリムは、男女ともにそのプロセスを推進し、女性が権利を拡大して各世代や時代にふさわしい成果を上げられるようにする義務がある。ただし、社会の変化は権利を得る資格のある者が変化を求めるときに生じる、とクルアーンが念を押すように、プロセスの推進には、女性が決定的な役割をはたす必要がある。「信者は男も女も相身互いで、善行を勧め、悪事を禁じ」ている以上、女性が当然の権利を勝ち取る過程でも、男女はパートナーとして協力しなければならない。

これは必然的に、女性に適用される法規定が不変のものではないということを意味する。クルアーンに示された道徳上の目的を達成するためには、イスラーム法はつねに前進を続けなければならない。公正さを実現するには、たゆまぬ努力によって、ムスリムの女性が権利と義務のバランスがうまく保たれた生活を送れるようにする必要がある。たとえば、社会状況が変化し、女性が男性と同等の経済的責任を負うとすれば、女性にも男性と同じ割合の遺産相続分を認めるほうがシャリーアとの整合性がとれる。厳格主義者は、男女の権利と義務を厳しく限定し、女性の社会的地位を不変のものとして規定するため、女性はあらかじめ定められた自らの社会的地位を受け入れざるをえない。それに対して、人間の意識や知識に応じて社会的地位は変化すると認める穏健派は、法的に権利と義務のバランスをとって公正さを実現しようとする。厳格主義者は、女性に関するクルアーンの章句を字義どおりに解釈し、どの章句からも厳格な永遠不変の法的規定を引き出す反面、クルアーンの道徳的な教えや目的を決して顧みることはない。

人間がたえず追求すべき道徳上の目的が、クルアーンの中に示されているということは、穏健派にとっては当たり前のことだ。クルアーンは、女性に適用される厳格な法的規範を何の脈絡もなく定めているわけではない。むしろ、具体的な歴史的状況の中で生じた特定の問題を取り上げ、女性を虐待し、見下すような状況に、倫理的・道徳的にどう対処すべきかを明らかにしている、と穏健派は解釈している。

ここでいくつか例を挙げて、穏健派の考え方を説明してみよう。それによって、イスラームと女性の関係について、なぜ穏健派と厳格主義者の結論がこれほどまで食い違うのかが理解しやすくなるはずだ。

まず、クルアーンが示す相続法について考えてみたい。この規定では、多くの場合、女性の相続分は男性の半分しか割り当てられていない。さまざまな資料によれば、イスラーム以前のアラビアでは、戦いに参加した者だけに遺産を相続する資格が与えられていた。当時は、男性が戦いに出かけるのがふつうだったため、女性は遺産相続の対象から除外されていた。ところが、ムスリムがマディーナに都市国家を築き、たびたび女性も「実際に」ムスリムの戦闘に加わるようになると、論争が起こる。女性は戦力として「期待されて」いないので、従来どおり、いかなる場合でも遺産相続の資格を与える必要はない、というのが男性側の言い分だった。つまり、戦いに行く女性は志願兵にすぎないので、従来の規定を改正して遺産相続を認める必要はない。家庭に残っていても、責める者は誰もいなかったはずだ、という理屈である。

しかし、マディーナの多くの女性たちは、男性のこの論法に強く反発し、預言者ムハンマドに苦情を訴えた。女性たちの言い分は、「必ずしもすべての戦いに参加したわけではないが、自分たちは女性として国家の安寧《あんねい》に多大な貢献をした。そのおかげで男性は戦いに専念できたのだから、相続人から除外されるいわれはない」というものだった。女性たちの訴えを聞いたムハンマドは即答を避け、この件に関する啓示が下されるのを待つように求めた。その後まもなく、女性にも相続権を与え、その割当て分はふつう男性の半分にするようにとの啓示が下された。(原註17)

当然、男性たちはこれに異議を申し立てた。戦った女性がごくわずかだったにもかかわらず、故人との関係に応じて、男性と同額か、一般的には半分の額の遺産を女性に与えるというのは不公平だ、というのだ。この不満に応えるような啓示もある。クルアーンは男女双方に向けてこう説いている。

「神がおまえたちの中のある者には他の者にまさってみ恵みを下したもうたとしても、それをほしがってはならない。男たちには自分が稼いだものの中から取り分があり、女にも自分が稼いだものの中から取り分がある。神にみ恵みを願え。神はあらゆることを知りたもう」(原註18) こうして、女性の願いは一部かなえられたが、男性の抗議は、「道義をわきまえて、女性の取り分をねたむようなまねは控えよ」とでも言わんばかりにはねつけられたのである。

大変興味深いことに、厳格主義者は、「神がおまえたちの中のある者には他の者にまさってみ恵みを下したもうたとしても、それをほしがってはならない」というクルアーンのこの章句をしばしば引用して、女性の権利を抑圧する(与えられていない権利を望むなと主張するために利用する)。しかし、正しい文脈で理解すれば、この章句はまったく異なる意味をもつ。

注意しなければならないのは、「自分が稼いだものに応じて」授かった神の恵みをお互いにねたんではならない、とこの章句が忠告している点だ。その上、神に祈れば、神の恵みがさらに得られる可能性さえも示している。つまり、男女はそれぞれにあらかじめ定められた不変の権利をいつまでももち続けるわけではなく、状況はつねに変化する。その際、各々の働きに応じて権利を獲得し、お互いをねたみも傷つけもせず、神にさらなる権利(さらなる恵み)を乞い願うことができるという意味だ。

何であれ、人間が享受する権利(神の恵み)は、地位(あるいは性別)に基づいて授けられるものではなく、神と人間との契約(努力と祈り)によってもたらされる。神学的に言えば、神に祈るとともに、さらなる権利を得ようとする努力によって、人間は(神の助けを借りて)しかるべき境遇に恵まれるということだ。公正さという点から見れば、義務に応じて権利が変化するのは理の当然である。
これと同じ意図は、男女の不平等を正当化する目的でよく引用される別の章句にも見てとれる。厳格主義者は決まってこれを引き合いに出し、夫の前では妻は従順でへりくだった態度をとるものだ、ということを女性に納得させようとする。この章句に対する主な解釈の仕方は二つある。一つは次のようなものだ。
「神が与えた恵みによって、また生活費を出すことによって、男性は女性の保護者である」(傍点は筆者による)
もう一つの解釈は、以下のとおりである。
「神が与えた恵みによって、また生活費を出すことによって、男性は女性の支持者である」(原註19)(傍点は筆者による)
私が傍点で強調した言葉は、アラビア語の「カウワームン」の訳語であり、この「カウワームン」をどう解釈するかが問題になる――この言葉には「保護者」「支持者」「主人」「従者」など、さまざまな意味がある。いずれにしても重要なのは、この章句が女性と男性の関係を、変化しようがない確定したものと決めつけていない点だ。それどころか、どんな地位でも――保護者であれ支持者であれ――人間の行為によって(つまり、「生活費を出すことによって」)、また神の行為によって(つまり、「神が与えた恵みによって」)決まるということを明言しているのである。
クルアーンでは、神の恵みは「ファドル」という言葉であらわされている。語形を変えながら、くりかえし出てくるこの言葉は、物心両面の神の恵み、すなわち、善行への報酬か慈悲の行為として神が与える恩寵を意味する。この言葉が使われた優に五〇を超える箇所を分析すれば、報酬も神の慈悲も、求める者には「誰にでも」授けられる可能性があるということがはっきりわかる。クルアーンは一貫して、信徒にそのための努力を求めている。人間の努力と神の恩寵によって、神の報酬と慈悲は誰にでももたらされるとわかれば、上に引用した章句をどう解釈すればいいかもわかる。つまり、男女は平等に神の慈悲と報酬を得る資格があると認識できるようになるのだ。

男性が女性に対して優位な立場を与えられているのは、男性という性のためではなく、経済的に女性を養っていた特定の歴史的状況を反映しているからである。だが状況が変化し、女性が男性と対等に経済的責任を負うようになれば、権限も両者の間で平等に分かち合わなければならない。

イスラーム初期に女性たちが獲得した権利の多くが、マディーナで預言者ムハンマドに訴えた結果与えられたという事実は、多くのことを物語っている。そもそも「基本的な」道徳的権利は、それに対する社会的要求がなくても女性に与えられていた。たとえば、イスラーム以前のアラビアでは、女の子の魂を神に捧げれば、代わりに男の子を授けてくれると信じられていたため、貧しい家庭ではよく幼い娘が殺されていたが、クルアーンは道義に反するこの生けにえの慣習を厳しく禁じている。この慣習が社会的な要求に関係なく禁止されたのは、どんな事情があろうと、人の命を奪うのは間違っているからだ。しかし、一部の社会的な権利に加えて、経済や財産にかかわる権利は、女性が結集して要求を出すまでは認められない場合が多かった。これは神の報酬と慈悲に関するクルアーンの原則に合致している。クルアーンは一貫して、「神はある民族が自分の状態を変えないかぎり、彼らの状態を変えたりされない」と強調している。(原註20) つまり、クルアーンによって道徳上の目標や倫理上の目的は定められているものの、人間が道徳や美を追求したければ、まず自分を変えて、神の恩恵や慈悲を得られるように努力しなければならないのである。

女性の苦しみから生じた改善要求に対してクルアーンが力強い回答を示しているもう一つの例は、結婚と離婚をくりかえして女性を虐待する慣習だ。イスラーム以前のアラビアでは、正当な理由の有無にかかわらず、男性は妻と離婚する独占的な権利を享受していた。離婚した女性は、再婚するまで「イッダ」と呼ばれる一定の待婚《たいこん》期間を義務づけられていたのに対し、夫は新たな契約や持参金なしに離婚した女性と再婚できた。すると、この特権を使って女性を苦しめる男性が大勢あらわれるようになった。たとえば、妻と離婚し、「イッダ」の期間が終わる一日か二日前になると、再びその妻と結婚するが、すぐにまた離婚する――こうした嫌がらせを際限もなく何度もくりかえすのである。この行為は、女性を宙に浮いた状態(結婚も離婚もしていない状態)にしておく手段として使われた。夫が離婚した妻と待婚期間の終わる直前に再婚し続けるかぎり、妻は身動きのとれない状況に置かれたままになる。夫が待婚期間中の選択権を行使し続けるかぎり、妻は再婚できないのだ。中には、待婚期間の一日か二日前になると、夫が「ライブト」(「おもしろいから、からかっているだけだ」)とおおっぴらに言って、傷ついた妻をさらに侮辱するような例もあった。

苦情を訴える女性たちに対して、ムハンマドは啓示が下されるまで待つように求めた。この問題に対するクルアーンの回答は多面的で、いかにもクルアーンらしく、既存の社会構造を根本的に変えずに虐待を防ごうとするものだった。クルアーンは、女性を苦しめる目的で離婚と再婚をくりかえす者たちを非難し、こう断言している。

「彼女をいたわって自分のもとにとどめおくか、あるいは好意をもって自由の身にさせよ。ただ苦しめて無法を押しつけるためにとどめおいてはならない。そんなことをすれば、われとわが身をそこなっていることになる」(原註21)

さらに、「イッダ」そのものを廃止することはなかったものの、離婚・再婚のくりかえしを二回までに制限した。離婚した夫婦が待婚期間に再婚するのは二回までしか認められず、三度目の離婚をした後の待婚期間には再婚できないとされた。(原註22)また、「からかっているだけだ」という言葉で妻を侮辱するのは罪深い行為だとして、「神のみしるしを笑いものにしてはならない」と諭している。(原註23)離婚した妻をばかにする行為が、神の言葉、命令、意志などをばかにする罪に等しいとされているのは興味深い。つまり、このような行為は神を直接侮辱しているとみなされるのだ。

つねにクルアーンの根底にあったのは、その時代の一般的な社会的歴史的状況の中で、可能なかぎり女性の要求を尊重し、女性に権限を与えようとする考え方だった。もっとも、いつ、どのような権利が女性に与えられようが、また改善要求があろうがなかろうが、女性を抑圧し、虐待するような状態を徹底して非難するクルアーンの姿勢は変わらない、と言ったほうが正しいかもしれない。クルアーンの用語で「イスティダーフ」（人を無力にする抑圧的・虐待的な扱い）と呼ばれる状態があるが、クルアーンは一貫して、女性を抑圧的・虐待的状態に置く「イスティダーフ」は、イスラームの道徳観はもとより神への帰依という概念にも合致しないという倫理的教訓を説いている。その例は数えきれないほど存在する。

八世紀になる前の、イスラーム以前のアラビアでは、女性にとって侮辱的なしきたりが広く行きわたっていたが、死亡した男性の妻を相続可能な遺産の一部とする慣習もその一つだった。たとえば、兄弟の誰かが死亡すれば、その妻は残りの兄弟が相続するのがふつうだった。ただし、それは「財産」として相続したわけではない。正確に言えば、相続する男性は未亡人と結婚する選択権をもっていたため、その権利を行使するかどうかを決めるまで、未亡人は自由に再婚することができなかった。その結果、選択権をもつ兄弟は、未亡人を解放する見返りに一定の金銭を要求したり、未亡人が結婚を申し込まれた場合、自由を与える見返りに婚資（新郎が新婦に支払う現金など）を不法に奪ったりした。当然、この慣習によって、男性に虐げられて極端に隷属する女性層があらわれたため、クルアーンは女性を人質にとるような行為を厳しく禁じた。さらに、金銭を不当に奪う目的で女性を虐げることを禁じるとともに、男女は思いやりと冷静さに基づいて共同生活を営まなければならない、という大原則を定めた。(原註24)

婚資に関する慣習も、やはり女性に厳しい社会的慣習として当時のアラビアで普及していた。通常、結婚の際には新郎が新婦に婚資を支払い、その金額は新婦が家族の意見を聞いて決めることになっていたが、当時は父親が娘に無断で受け取るしきたりがあった。これによって女性が不当な仕打ちを受ける恐れが大いにあったのだ。というのは、父親は当然最高額の婚資を支払う相手と娘を結婚させようとするからだ。イスラームの婚資は、女性にある程度の経済的安定性を与えるためのものだが、このしきたりによって、その目的が損なわれていたのである。クルアーンはこれに対して、男性に婚資を不当に奪うことをやめるように命じたほか、自らが女性に与えた金銭(「アン・テーブ・ナフス」)を欲しがるのは不道徳であり、好意を示してくれる女性から金銭を取り戻そうと企てるのも不道徳であると勧告した。[原註25] 当然ながら、当時の慣習を考えれば、父親や夫の財産と娘や妻の財産を区別せよという教えは、きわめて衝撃的なものだったにちがいない。それでも、初期のムスリム共同体を現実にむしばんでいた悪習に対処するためには、この区別が必要だったのである。

離婚にはまた別の問題がいろいろあった。夫が妻に与えていた金銭や財産を、離婚したとたんに取り戻そうとする習慣もそのうちの一つだ。その上、離婚手当の支払いはもちろん、その他の援助にもよく条件をつけた。どんな理由にしろ、別れた妻の態度や行動が気にくわなければ、夫は離婚後の金の支払いを一切拒否していたのだ。クルアーンによれば、結婚生活の間に妻に与えた金銭を取り上げることは重大な罪であり、それが許されるのはごく限られた場合だけである。[原註26] また離婚手当に関しては、「離婚した女たちにも、敬虔なる者の義務として、公正な扶助を与えるべきである」。[原註27] つまり、クルアーンは男性の手から決定権を取り上げると同時に、こうした女性たちの「イスティダーフ」の状態を解消することが、神に対して恭順の意をあらわし、神に帰依することに通じると説いているのだ。

上記のどの例においても、クルアーンは、女性が抑圧され、不当に扱われる社会状況を改善した。重要なのは、クルアーンが、求められた社会改革を進めながら、特定の状況や環境だけにとどまらず、広範に適用できる道徳的・倫理的原則を確立し、普及させたということだ。言いかえれば、預言者ムハンマドの時代に、マディーナの女性たちが直面していた社会問題を解決しながら、普遍的な道徳的・倫理的原則も明確に示したのである。

現代において人口の半数が社会的に無視され隔離されていれば、どんな国でも発展できないのはわかりきっている。女性はイスラーム世界の人口の半数以上を占めており、イスラーム諸国の大半は貧しい発展途上国だ。こういう貧しい国々が発展するには、女性が家庭外で働き、積極的に社会参加することが不可欠である。だがサウジアラビアのように、まったく事情が異なる国もある。このような国は富に恵まれているため、女性の隔離政策を推進するだけの余裕がある——石油資源が豊富な国では、多くの世帯が単一収入で生活できる。肝心なのは、厳格主義者の見解が、女性に対する偏見に満ちているばかりか、階級的にも偏りがあることだ。ほとんどのムスリムは、厳格主義者の教義を受け入れる経済的な余裕などないのである。

今日の厳格主義者が主張するような女性の周縁化や隔離は、イスラーム史には前例のないものだ。私が女性の問題に焦点を当て、クルアーンから具体的な例を紹介したのは、オイルマネーに支えられた厳格主義のプロパガンダの影響で、自らの伝統と文明を見失うムスリムが増えてきたからだ。前に挙げたわずかな例からも、預言者ムハンマドがマディーナに都市国家を築いた当初は、女性が非常に積極的な役割をはたしていたことがはっきりわかる。そればかりか、一六世紀までのイスラームには女性の法学者が数多く存在し、ダマスカスやカイロのモスクでは、多くの男性法学者を指導していた。ところが、現在ではイスラームの伝統がなおざりにされがちなだけに、イスラーム社会で女性の正当な立場を認めようとする者がいれば、厳格主義者はすぐに欧化主義者だと非難するのである。

実のところ、穏健派は決して欧化主義者ではなく、徹底してイスラームの神学や法学をよりどころにしている。私の考えでは、女性に対する厳格主義者の復古的でしばしば悪意に満ちた姿勢より、むしろ穏健派の見解のほうが、イスラームの道徳観や歴史にはるかに深く根ざしている。穏健派と厳格主義者とのちがいは、多くの場合、尊厳をもつ自律的な存在として女性を尊重するかどうかのちがいである。たとえば、女性の信念にかかわらず、国家はヴェールの着用を「すべての」女性に「強制する」べきだ、と厳格主義者はみな一様に主張する。穏健派の場合、ヴェールの着用が神の命令なのか、女性の宗教的義務なのかに関しては意見が分かれるものの、いかなる場合でも、着用するかどうかは女性が自発的に決めるべきであり、その選択は尊重されるべきだという点では一致している。女性の選択権を擁護する穏健派の立場は、強制してはならないというクルアーンの教えに基づいているのである。

結び

堅い信念がみなそうであるように、宗教は強い力をもっている――人々を憎悪の地獄に突き落とすこともできるし、これまでにない愛と悟りの境地に導くこともできる。これは、聖典や歴史、教義や神話、儀式やシンボルなど、その宗教を構成するすべてのものにある潜在的な力だ。この力がどのような結果をもたらすかは、それを行使できる立場にある人間しだいだ。宗教は、少なくとも理論的にはその神のものだが、実際には、その神がこの世にあって管理でもしないかぎり、その力の使い方は信者と自称する者に任される。いったん力が使われると、今度は「誰がその責任をとるのか（宗教の名を借りた行為に対する責任を誰に負わせるのか）」が問題になる。

実のところ、この問いに答えるのは意外にむずかしい。だが、この答え方によって、イスラーム厳格主義者と穏健派の相違点がかなり明らかになる。厳格主義者はこの問いにどう答えるだろうか？　そもそも問いが間違っている――宗教と、宗教に対する責任をどうして区別できるのか――と思うかもしれないが、彼らならこう言うだろう。「聖典と儀式が宗教そのものであり、敬虔な信徒なら、ただ聖典を読み儀式を行うだけだ。宗教と宗教の名において行われるすべてのことは神のみ業《わざ》であり、神に（責任を負わせるのではなく）感謝するべきだ」

穏健派から見れば、このような見解は単純であるばかりか、疑わしいものだ。宗教の構成要素は聖典と儀式以上のものであり、この二つにしぼった信仰では神性は十分にあらわれない。つまり、神と神の意志はあまりに大いなるものであり、聖典と儀式の中だけには収まりきれないため、この限定された信仰から生じるのはすべて人間的なものであると考えているのだ。神の名において人間が行う行為に対しては、人間自身がその責任を負わなければならない。

厳格主義者も穏健派も、神との最大限のかかわり合いを求めている。両者とも現世で生きるには神の導きが不可欠だと考えており、神は永遠に存在し、人間の行動に全面的に関与している、という点でも意見が一致している。また、「至高者」「全知者」「全能者」「情け深い者」「慈悲深い者」「与える者」「奪う者」「裁く者」「罰する者」「公正なる者」としての神をともに信じていた。

それでも、両者の立場には大きな隔たりがある。多くの場合、そのちがいは、人間がどれほど神に信頼され、どれほど神に近づけるかという問題に関係している。穏健派は、神は人間を信頼して、理性や善悪を識別する能力を授けたと考えている。ただし、それほど厚い信頼を寄せられたのだから、人間には自分の行動に対して自ら責任をとる必要がある。だからこそ、来世では現世の行動を説明する義務が課せられているのだ。人間に託されたのは、神の命令を実行することだけではない。むしろ、人間は指針と目標を授けられ、必要かつ適切な法を見出すことを任されたのである。

それに対して厳格主義者は、神の信託がそれほど茫洋《ぼうよう》たる不明瞭なものとは考えない。彼らに言わせれば、神が授けた法は明確かつ詳細なものがほとんどであり、人間はその施行を任されたにすぎない。それゆえ、本当の神の恵みは論理的思考力ではなく、命令を理解し、それに従う能力であるという。当然のように彼らは、神は具体的で明確な法を授けて人間の言動を規制し、細部に至るまで人事を管理していると確信しているのだ。穏健派はそれとはまったく逆に、一般的な道徳規範に従うかぎり、たいていの問題は人間の裁量に任されると考えている。

両者の論争の中心には、どれほど神に近づけるかという問題ばかりでなく、近づき方の問題もある。穏健派は、神の意志を人間が完全に理解できるとは思っていない（最善の努力はできても、理解できたという絶対的確信をもつことはめったにない）。むしろ、理解できたと思い込むのは危険だと考えている。というのは、人間が自分の不完全なわずかな知識を、不遜《ふそん》にも神の意志だと勘違いする恐れがあるからだ。その一方で、神の慈悲、慈愛、憐れみ、愛などは近づきやすいと思っている。身も心も捧げて神に近づこうとすれば、（このきわめて個人的な相互関係の中で）その努力が報われて、神を愛するようになるし、また神に愛されるようにもなるのだ。

厳格主義者は、これとはほぼ正反対に、神の意志は愛ではなく、神の法によって理解できると信じている。神の法には神の意志が完全にあらわされているため、人間は神を「知る」必要はなく、神に「従う」だけでいいというのだ。彼らはふつう、神と人間は愛で結ばれるのが望ましいとも、それが可能だとも主張しない。彼らの考え方によれば、まったくの慈悲心から神が僕であるる人間を愛することはあっても、両者の間に相互依存関係は存在しない。人間は神を愛するのではなく、身分相応に畏れるべきである。また、たとえ神を愛していても、特別な知識が得られるわけでもないし、神に近づいて親密な関係になれるわけでもない。神はつねに人間には近づきがたい至高の存在であり、愛ではなく服従を求める最高司令官であるという。

しかし、神は法によって完全に理解できる、と厳格主義者が信じているのは皮肉である。穏健派の観点からすれば、これは神に対する過小評価だ——これでは、「神については神の法だけ知っていれば事足りる」「神の中で人間にかかわりがあるのは神の法だけであり、それ以外は関係がない」とでも言うようなものだ。

穏健派は、スーフィーとちがって、神への愛が神との完全なる合一をもたらすとは考えていないように思われる。神との個人的な協力関係を築く必要があるとはいえ、法によって神の意志と人間の意志の完全な一体化が実現できると主張するのは、危険であり、不当でもある。

人間と神の一体化が可能だとする考え方は、両者の存在を高めるどころかおとしめるだけだ。穏健派から見れば、厳格主義者は一連のわかりにくい奇妙な法的規範に固執し、それがイスラームの真髄だと主張している。そのため、来世の主導権を握っているという印象を与えはしても、現世の支配権は得られないのである。社会学的には、不安に満ちた波瀾万丈な時代に法的規範にしがみつき、安定した立場を確保しようとするのは理解できる。だが問題は、時代の激しい変化とともにこの誤った認識が影響力を失い、たえず発展を続ける世界にふさわしくないものになっていることだ。

これが現在のイスラーム信仰のあり方に直接影響を与えない、神学上の論争であれば、それほど差し迫った問題ではないだろう。ところが、現に影響を与えているばかりか、しばしば深刻で悲劇的な結果をもたらしているのである。

イスラーム諸国を訪れてみれば、現実に実践されているイスラームには、本書で述べた穏健派の見解と合致する部分がきわめて多いことがわかるだろう。たとえば、ほとんどの国の女性は、ヴェールを身につけるかどうかを自分で決められる。さまざまな大学に通っているし、弁護士や医者や裁判官として働いている。家庭でも、夫の召使いや奴隷ではなく、パートナーとして扱われている。人々は西洋音楽を含むあらゆるタイプの音楽を楽しみ、学校、市場、職場、劇場など、いろいろな場所で自由に交際する男女の姿が見られる。国民に礼拝や断食を強制する国はほとんどない。大半のムスリムは神の愛を信じ、残酷で無慈悲な行為はすべてイスラームに反すると考えている。悲惨で痛ましい話を伝えて、それがイスラームの精神に合致しているかと問えば、即座に「ノー」ときっぱり答える者がほとんどだ。

では何が問題なのか？　なぜ厳格主義的現象を無効なものとして片づけるわけにはいかないのか？

この問題には複雑な事情がからんでいる。厳格主義者は現実に実践されるイスラームには関心をもっていない（実践される時代は問題ではない）。現在のものでも、過去のものでも、イスラームの社会学的・人類学的側面は、本来のイスラームとは無関係どころか、異端と決めつける。彼らが本当に大事にしているのは——過去の黄金時代にしろ、未来のユートピアにしろ——「想像上の」イスラームである。彼らは、人間を法に合わせる必要があり、その逆ではないと考えている。つまり、法を人間のために役立てるのではなく、法に従った生き方をムスリムに強要するべきだと主張する。こうした姿勢は、アフガニスタンのターリバーンはもとより、現在のサウジアラビアにも見られるものだ。

問題は、このような厳格主義思想が、マッカとマディーナという二つの聖都を支配する国に擁護されて広まったばかりでなく、その財政支援を受けた厳格主義者が、イスラーム世界のいたるところに進出するという憂慮すべき事態を招いたことだ。今や、厳格主義者が宗教としてのイスラームを変質させる恐れがあると言っても過言ではない。何よりも、その暴力行為のあまりの残虐さに、ムスリムでも非ムスリムでも、良心的な人間はみな衝撃を受けた。従来は、法学者がこのような過激派グループを制止する力をもっていた。市民社会の力関係において、かつては法学者が主導権を握っていたからだ。ところが現在では、法学者は周縁に追いやられて限られた役割しか与えられず、政府の言いなりになっている。

では未来はどうなのか？　イスラームはどの方向に進もうとしているのか？　歴史から未来が予測できるとすれば、楽観できる理由もある。その名においてこれまで多くの過ちが犯されてきた反面、イスラームは、西洋の人道主義的革命の呼び水となる偉大な文明を築き上げた。それどころか、イスラーム文明の遺産がなければ、ヨーロッパの宗教改革をはじめとする一連の改革が行われたかどうかも疑わしい。さらに、イスラームの名において成し遂げられた近代以前の人道的な功績と、イスラームの名を借りた現在の蛮行を比較すれば、後者の数が圧倒的に少ないはずだ。イスラームが人類にどれほど貢献してきたかを客観的な立場で公正に評価すれば、害悪をはるかに上回る善や美徳をもたらしたことがはっきりわかるだろう。(原註1) こういう観点から見れば、イスラームの未来を楽観的に考えてもいいのではないか?

正直なところ、これに対しては肯定も否定もできない。過去の教えが、どれほど豊かで人道主義的なものでも、現在実践されていなければ、あまり役に立たないのは言うまでもない。イスラームの未来は、今日のムスリムが過去をどのように解釈し、どのような思想を形成するかにかかっている。つまり、実際に問われているのは、イスラームの過去の遺産が人道主義的な特徴をもっていたかどうかではなく、ムスリムが「イスラームは現在の世界に人道主義的貢献をするべきだ」と考えるかどうかなのである。「人道主義的」と私が言う場合、それは人間の苦しみを取り除くことに尽力し、幸福と進歩の追求が神聖な任務だと信じるような信仰態度を意味している。

私の見方によれば、宗教的人道主義は、「この世での善の追求は神性を実現する責務の一環であり、美の追求は神の美をこの世にあらわすには欠かせない」という考え方に典型的に示されている。他者を愛し、愛を広める行為は、互いに知り合えというクルアーンの命令とはどうしても切り離せない。宗教的人道主義とは、神への愛から、信徒が神のあらゆる創造物を憐れみ、思いやることだ。

イブン・アビル・ドゥンヤを代表とする初期の神学者たちが述べたように、愛はまさに光り輝く状態であり、愛に満ちた信徒は、あらゆる被造物に対する憐れみと慈悲で輝いているように見える。したがって、神を愛することによって、「互いに知り合え」という神の命令を倫理的規範にして、互いに愛し合えるような精神的・物理的状況を生み出そうと努力するようになる。「互いに知り合え」とは、非情な態度で他者の情報を収集せよという指示ではなく、神を知り神を愛するには、現世での代理人である人間が、互いに知り合い愛し合うことが不可欠だ、と神が教え諭している言葉である。クルアーンによれば、神からこの世を託された人間は、神の遺産を守るべき代理人として高い地位を占めている。イスラームの宗教的人道主義の中心になっているのは、このような神学理論である。

世俗的な人道主義や近代性がもつ普遍的な強い影響力によって、あらゆる宗教は難題を突きつけられている。現代の宗教に共通する課題と責務は、信仰の強い力を制御し、善と美の追求に利用する方法を見出すことだ。だが、世俗主義的運動が盛んな現代では、どの宗教も困難な状況に直面し、力を失って消滅する恐れさえある。近代化に伴って、際立った普遍的特質がさまざまな形で具現化される。たとえば、人権、自決権、武力行使の禁止、女性の基本的権利、民族・国家・宗教などに関する権利、複雑な世界的経済システム、現代の世界を形づくる数多くの国際的な制度や機関などだ。このような既存の普遍的システムの中で、人間の生活を豊かにするために何らかの貢献ができないかぎり、宗教は歴史の片隅に追いやられるか、近代性の強い力――しばしば暴力的で破壊的な力――との対決を余儀なくされる。

　厳格主義者と穏健派は対極的な立場にあるとはいえ、どちらも「近代性の産物」であり、近代性の影響を受けている。前者は拒否し、後者は受け入れるという形でともに近代性に対応している。イスラームには、保守派や伝統主義者のように、近代性に対応しているとは思えない勢力も存在するが、彼らがイスラームの未来を決めるほど重要な役割をはたすことはないだろう。決定的な影響を及ぼすと考えられるのは、厳格主義者か穏健派だ。誇大妄想に取り憑かれたように、神に代わって支配すると主張したり、客観的な法を適用してこの世に神意を実現するとうそぶいたりする連中に、未来のイスラームの運命が左右されなければと願っている。

　世俗的な人道主義と近代性の影響力によって、イスラームが非常に困難な課題に直面せざるをえなくなっているのは確かだが、イスラームそのものが現在変革期にあり、ますます急激に変化しようとしているのも間違いない。劇的な変化が生じるのは、イスラームの場合、当然起こるべき発展と変化の過程がこれまで先延ばしにされてきたからだ。時代とともに（植民地主義の時代、近代化の時代、ポストモダンの時代など）現実や状況、それに物事の意味が変化するたびに、ムスリムは厳しい課題に直面し、変革を迫られてきた。それでも、諸々の理由から、イスラームそのものには変化がなく、表現方法と教義が変わったにすぎない。ところが、今やイスラームは真の改革を迫られている。というのは、増大の一途をたどる変化への圧力に対して適切な処置がとられなかったため、厳格主義という悪性腫瘍が生まれたからだ。こういう事態に至れば、変化の「可能性」はもはや問題ではなく、変化の「方向」だけが問題になる。はたして、そのコンパスは厳格主義者の方向を示すのか、それとも穏健派の方向を示すのか？

私は、ムスリムと非ムスリムがイスラームの将来にともに貢献できると考えている。これからそれぞれがどういう役割をはたせるかを紹介するが、まずムスリムの役割について述べたい。

前述したように、自らの伝統を批判的な目で見ようとする姿勢はきわめて重要である。多くのムスリムが改革という考え方に反発するのは、イスラームがどこか欠陥のある不完全なものと言われているような気がするからだ。しかし、改革と言っても、神の誤りを正すのではなく、神との関係を改善し、われわれに課された任務を遂行しやすくするためのものだ。神は人間を信頼してある任務を与えたが（この点に関するかぎり、異論を唱えるムスリムはほとんどいない）、この任務の性質について理解を深めるとともに、その目的を首尾よくはたせるようにするのだ。結局、私が主張している批判的内省も、まず初めに、新たな課題と状況に照らしてこの任務の解釈を見直し、次に、それを踏まえた上で、神の信託に十分応えているかどうかを再評価することである。

本書では、この任務の解釈と実行について二つの異なる考え方を検討してきた。厳格主義者や穏健派とはまったく異なる見解が今後提示される可能性もあるが、その点についてはここでは触れない。大半のムスリムが今直面しているのは、「現在対極的立場にある二つの陣営のどちらを信用するか」という問題なのだ。

イスラームの人道主義的な解釈をよりどころとすれば、近代性という難題に対処できるのはもちろん、神が示す道徳的に正しい道に従って前進する力も得られる、と私は信じている。それによって、ムスリムはイスラームの教えに忠実に従いながら、現代社会の道徳的規範の形成に積極的に貢献できるだろう。その際には、歴史を十分吟味する必要がある。教訓を吸収し、連続性と可能性を学び、歴史を批判的に分析しなければならない。歴史から教訓は学べるが、それが必然的な法則というわけではない。歴史の力学を分析すれば、未来に対処する知恵が数多く得られる。だがその時点にとどまったまま、過去のユートピアに執着して安全を確保するのも、未来への不安と恐れから、一定の規範や規定にしがみついて変化を拒むのも、まったく愚かである。厳格主義者の思想や行動の背景には、たいていこの種の不安と恐れがある。近代性によって不安定な立場に追い込まれた結果、醜悪で破壊的な手段に訴えたケースがこれまでたびたびあるのだ。

近ごろ目につく破壊的で醜悪な非人道的行為とイスラームは関係がないと考えるムスリムなら、穏健派の立場を選ぶに決まっている。前にも触れたように、問題は、厳格主義者が攻撃的かつ熱狂的な姿勢で自己の正当性を強弁するだけでなく、豊富な資金ももっているという点だ。穏健派や穏健派寄りの考え方をもつムスリムは、それに劣らず強い姿勢で、真正のイスラームと自らが考える信念を主張するしかない。厳格主義者が暴力的手段に訴えるなら、穏健派はそれ以上に平和的手段に訴える必要がある。たとえば、日頃から暴力を糾弾する大規模なデモを行うのもいいだろう。市場には美しい装丁を施した厳格主義関連の書籍が大量に出回り、安い値段で手に入るが、穏健派の本はその一〇倍あってもいい。厳格主義者は数多くの学校や施設をつくり、思想を宣伝している。穏健派もその種の日常的な活動を行う必要がある。一九七〇年代に入る前には、パキスタンでファズルル・ラフマーン（四一ページ参照）が創設したような穏健派の研究施設が五カ所ほどあったが、今は一つも存在しないという事実を指摘すれば十分だろう。

厳格主義者がこのような活動を行える理由は二つある。一つは資金力。もう一つは、自らの思想信条の普及にジハードの覚悟で臨んでいるということだ（厳格主義の普及を聖戦とみなし、不屈の闘志で成し遂げようとする）。穏健派にはそのどちらの要素もない。

前に指摘したように、近代以前には、イスラームの教育施設や大学はすべて、「ワクフ」と呼ばれる個人的財産の寄進制度によって設立されていた（三三ページ参照）。この制度を復活させれば、穏健派にも勝ち目がある。単刀直入に言えば、穏健派ムスリムも自らの思想の宣伝に惜しみなく資金をつぎ込み、ジハードの心構えで取り組まなければならない。今こそ厳格主義者と戦っているという自覚をもつべきだ。穏健派の力は、神聖な大義に対する信念から出てくるものでなければいけない。暴力的ジハードを行う相手に、穏健派は高次のジハード（平和的ジハード）によって打ち勝つ必要があるのだ。この戦いがイスラームの未来をめぐる知的ジハードだと自覚しないかぎり、厳格主義者の不屈の闘志には対抗できない。

穏健派がイスラームの精神と名声を守るためには、二つの義務をはたす必要がある。一つは、イスラームとシャリーアについて、できるだけ多くの知識を身につけることだ。それによって、穏健派も正当性を主張する資格ができるし、おそらくイスラームを規定する合法的な権力も獲得できる。もう一つは、防衛的ジハードという認識をもち、厳格主義者の歪んだ解釈とデマからイスラームを守るために戦っていると自覚することだ。**無数のムスリムと真のイスラームに計り知れない損害を与えてきたこの根本的な戦いに勝利するには、厳格主義者の異説に対して、穏健派が断固としてジハードを宣言しなければならない。**といっても、血を流して戦えと要求しているわけではなく、厳格主義者の熱狂的な勢いに負けずに、積極的な知的活動を持続的に行うべきだと言っているのだ。**これは真のイスラームを取り戻し、世界中のムスリムと非ムスリムの心をつかむための対抗的ジハードである。**

では、非ムスリムは何ができるのか? 何よりもまず、イスラームを学び、理解してほしい。というのは、欧米諸国の無知や偏見や憎悪ほど、厳格主義者にとって正当性の裏づけに役立つものはないからだ。前に指摘したように、多くの場合、厳格主義者のものの見方は、西洋がイスラームを嫌悪し、滅ぼそうとたくらんでいるという考えに基づいている。西洋で出版される書籍のうち、ムスリムに対する偏見と憎悪を表現したものは、ほとんどアラビア語に翻訳されるため、彼らはこの種の書籍からさまざまな例を挙げて、自らの世界観を正当化する。欧米諸国で書かれた反イスラーム文献が、厳格主義者にとって勢力拡大の手段になっていると言っても過言ではない。また、両極的世界観を唱道し、イスラームの教えがユダヤ教やキリスト教の教義と衝突するのは避けられない、と力説する西洋の文献も、彼らの世界観の裏づけとなり、格好の宣伝材料として使われるのである。

イスラームを嫌ったり恐れたりする人間が、この種のたわごとを今後も書き続けるのは間違いない。しかし、一般の非ムスリムがこのような本を買わなければ、経済的なインセンティブ〔誘因〕が消失し、一流の出版社が忌まわしい世界観の普及に加担するような事態は避けられる。それに加えて、穏健派ムスリムを支援する目的で、その著作を購入して普及させることもきわめて重要である。非ムスリムが協力して厳格主義者の莫大な資金力に打ち勝つ方法があるとすれば、これ以外にない。そうすれば、穏健派の経済的な脆弱性の改善に役立つばかりでなく、穏健派とは共通点が多く、協力して善行と神性の実現を推進できるとわかるだろう。

さらに、欧米の民主主義諸国の国民が自国の政府に強い圧力をかけて、エジプト、シリア、サウジアラビア、チュニジア、イスラエルといった拷問を行っている国への支援をやめさせることも必要だと私は考えている。拷問は、まるで工場の加工ラインのように厳格主義者を生み出すからだ。イラクにおける占領軍の早期撤退とパレスチナ問題の公正な解決にも、厳格主義の発生源を枯渇させる効果があるのは間違いない。

私の提言は、すべて「どうすれば穏健派が真のイスラームをめぐる戦いで優位に立てるか」という問題の現実的な分析に基づいている。しかし、敬虔なムスリムとして私が最終的に依拠するのは、現実的なかけひきではなくイスラームの教えである。クルアーンが説くように、イスラームは人類すべてに授けられた神の恵みであり、節度や穏健さがムスリムの特徴であると私は信じている。したがって、イスラームとムスリムはすべての人類の模範となって、神の慈悲と憐れみを示す必要がある。一般のムスリムが、慈悲と節度がイスラームの基本的な価値観だと再認識すれば、過激主義がはびこることもなく、人類が一致団結して、本格的に神性の追求に乗り出すことができる。それ以外に選択の余地はない。

謝辞

イスラームの教えでは、一人の老練な知者が生まれるには千年の時が必要だ、と言われているが、本書のような書物が出版されるには、何人もの知者が必要である。それを考えると私は多くの方々に感謝しなければならない。まず、私の両親、ミドハト・アブー・アル・ファドルとアファーフ・アル・ニムルに感謝したい。二人は、学習と知識の大切さはもちろん、身をもって節度と平静さの重要性を教えてくれた。妻のグレースは、誕生したばかりの息子と彼女の両親の面倒を見ながら、原稿を読んで手を入れ、完成まで手伝ってくれた。息子のシェリフは、原稿を読んで論評してくれた。兄のタレクの家では、執筆に集中できる静かな環境と食事を提供してもらった。秘書のナヒード・ファコールとオマール・ファデルにはどれほど助けられたかわからない。私の仕事を信じて継続的な支援をしてくれたムハンマド・ファリードにもお礼を申し上げたい。友人のレズリー・カーステン・ディニコラにはとくに感謝している。ハーパー・サンフランシスコ社の優秀なスタッフに私を紹介してくれたのは彼女である。ハーパー社のスティーブ・ハンゼルマン、ギデオン・ワイル、アン・コナリー、それにミキ・テラサワと仕事ができたことはとても幸運だった。カリフォルニア大学ロサンゼルス校ロースクールにはひとかたならずお世話になった。とくに学部長のマイケル・シルと副学部長のアン・カールスンの友情と継続的な支援には感謝している。最後に、イスラームの穏健思想と過激思想のちがいを理解しようと、長年私に援助を求めてこられた多くの方々にお礼を申し上げたい。穏健な真のイスラームを探究しようとするその方々の熱意が、本書を書くきっかけを与えてくれたと言ってもいい。たとえわずかであっても、私が真正のイスラーム（穏健主義的イスラーム）と考えるものを、わかりやすく提示できていればと願っている。神の御意に召しますように。

訳者あとがき

アメリカでの同時多発テロやイラクでの人質事件など、日本人が巻き添えになる事件が増えてくるにつれて、訳者のようなまったくの一般人でもイスラームに関心をもたざるをえない。しかし、一般的なイスラーム入門書を読んだだけでは、よく理解できない問題がある。たとえば、「イスラーム法に過激思想を生む要素があるのではないか?」「過激派と穏健派の考え方はどこがちがうのか?」「多数派であるはずの穏健派の声があまり聞こえてこないのはなぜか?」「われわれ非ムスリムはイスラームにどう対応すればいいのか?」といった疑問を、多くの日本人が感じているのではないか。このような疑問に本書は根本的に答えてくれる。

本書はカリード・アブ・エル・ファドルの *The Great Theft: Wrestling Islam from the Extremists* (HarperSanFrancisco, 2005) の全訳である。現代の代表的なイスラーム法学者であり、マスメディアで発言する機会も多い著者は、欧米諸国の非ムスリムだけでなく世界各地のムスリムからも、過激派とイスラームの関係について数多くの質問や相談を受けるという。本書はそのような声に応えて書かれたものだ。

イスラーム過激派には「原理主義者」「武闘派」「急進派」「ジハーディスト」「イスラーム主義者」など、さまざまな名前がつけられているが、真のイスラームと自らが信じる教義を絶対視し、異説を認めない厳格な姿勢が共通しているとして、著者は穏健派と対極的な立場にあるすべての過激派を、「厳格主義者（puritan）」と呼んでいる（翻訳にあたっては、「puritan」を「厳格主義者」、「moderate」を「穏健派」と訳した）。

本書のねらいは、厳格主義者とムスリムの圧倒的多数を占める穏健派の分裂が、現代イスラームの切実な問題であるという観点から、両者の見解の相違を根本的に明らかにし、穏健派の立場を明確に示すことにある。

第1部は、分裂の原因とワッハーブ運動などのイスラーム厳格主義の源流について。第2部では、神、法、道徳、民主主義、人権、ジハード、テロリズムといった重要な問題について、両者の考え方のちがいを浮き彫りにする。

厳格主義者は、過去の特定の時代状況に対応したクルアーン（コーラン）の啓示や預言者ムハンマドの範例・慣行（スンナ）を絶対的な法とみなし、その字義どおりの解釈、あるいは身勝手な解釈を押しつけて、時代に応じた柔軟な法解釈を認めない。つまり、「法を人間のために役立てるのではなく、法に従った生き方をムスリムに強要する」が、著者は彼らがよりどころにするクルアーンの章句やスンナの伝承を引き合いに出し、その本来の意味と歴史的背景を明らかにしていく。それによって、実は彼らの厳格で不寛容な姿勢が、「善行を勧め悪行を禁じ、互いに助け合ってこの世に公正・慈悲・憐《あわ》れみ・善・美などの神性を実現する」という神に託されたムスリムの任務にそぐわず、イスラームの教えと矛盾することがわかってくる。そもそも、クルアーンはムスリムに対して「宗教を強制してはならない」「穏健な人間であれ」と説いている。また、さまざまな伝承の中で、預言者ムハンマドはつねに穏健な人物として表現されているのである。

厳格主義者はイスラームの人道主義的な道徳観をないがしろにして真のイスラームをゆがめている、と著者は言う。そして、厳格主義者のテロ行為によって世界中の人々が不安におののいている今こそ、穏健派は自らの信仰を見つめ直して真のイスラームをとりもどし、イスラームへの誤解をとくべきだと訴える。イスラームの未来は、穏健派が自らの立場を強く主張し、厳格主義を周縁化できるかどうかにかかっており、穏健派は厳格主義者の暴力に対して知的ジハード・平和的ジハードを行うべきだというのである。

ジハードは本来ある目的に対する「努力・忍耐」を意味する言葉であり、必ずしも武力行使を伴うものではない。むしろ内面的な自己浄化の努力をあらわす「大ジハード」が最高のジハードとされている。従来イスラーム世界では、権威のある法学者が「ファトワー」（法的判断や見解）を提示し、さまざまな問題について人々にジハードを呼びかけてきたが、本書は現代のすぐれたイスラーム法学者である著者が、全世界の穏健派ムスリムに平和的ジハードと大ジハードを呼びかけた「ファトワー」とも言えるだろう。

二〇〇八年六月

米谷敬一

訳者紹介◎**米谷敬一**（こめたに・けいいち）＝翻訳家。一九五三年生まれ。東京外国語大学ロシア語科卒業。訳書に、『世界の心理学50の名著――エッセンスを学ぶ』（ディスカヴァー・トゥエンティワン）他がある。

【翻訳協力・トランネット】

原 註

Notes

〔訳註・本文に引用されたクルアーン各章の節の番号は、『コーラン　I、II』藤本勝次、伴康哉、池田修訳（中央公論新社）による〕

はじめに

1. 過激派と穏健派の世界観については、Peter G. Riddell and Peter Cotterell, *Islam in Context: Past, Present, and Future* (Grand Rapids, MI: Baker Academics, 2003), 164-94を参照。

第1章　過激派と穏健派の分裂

1. Ralph Ketcham, *The Idea of Democracy in the Modern Era* (Lawrence, KS: University Press of Kansas, 2004), 30-39.

第2章　現代のイスラームをめぐる問題の根源

1. Gary R. Bunt, *Islam in the Digital Age: E-Jihad, Online Fatwas and Cyber Islamic Environments* (London: Pluto Press, 2003), 124-80.
2. シーア派の法学者がスンナ派の教育機関で訓練を受けた興味深い歴史的事象については、Devin Stewart, *Islamic Legal Orthodoxy: Twelve Shiite Responses to the Sunni Legal System* (Salt Lake City: University of Utah Press, 1998)を参照。
3. シャリーアの崩壊については、以下を参照。Wael Hallaq, "Can the Shari'a Be Restored?" in *Islamic Law and the Challenges of Modernity*, ed. Yvonne Haddad and Barbara Stowasser (Lanham, MD: Rowman and Littlefield, 2004), 21-53.
4. この時期の改革主義者に関する資料としては、Albert Hourani, *Arabic Thought in the Liberal Age 1798-1939* (Cambridge: Cambridge University Press, 1983),および Daniel Brown, *Rethinking Tradition in Modern Islamic Thought* (Cambridge: Cambridge University Press, 1999)がとくに優れている。
5. 穏健派の思想に関する他の研究書には、John Cooper, Ronald Nettler, and Mohamad Mahmoud, eds., *Islam and Modernity: Muslim Intellectuals Respond* (New York: I. B. Tauris, 2000); Omid Safi, ed., *Progressive Muslims* (Oxford: Oneworld Press, 2004) などがある。また、Charles Kurzman, ed. and trans., *Liberal Islam: A*

Source Book (Oxford: Oxford University Press, 1998) では、穏健派の著作の抜粋を読むことができる。
6. 没年が二つ併記されている場合、前者はイスラーム暦（ヒジュラ暦）、後者は西暦での没年を示す。イスラーム暦とは、預言者ムハンマドがマッカからマディーナへ移住した年から起算する陰暦のこと。
7. Yusuf bin Ahmad al-Dijjawi, "al-hukm 'ala al-muslimin bi'l kufr," *Nurr al-Islam* (*Majallat al-Azhar: The Azhar University Journal*) 1, no. 4 (1933): 173-74を参照。
8. Muhammad Ibn Qayyim, *A'lam al-Muwaqqi'in* (Beirut: Dar al-Jil, n.d.), 3:3.
9. Said K. Aburish, *Nasser: The Last Arab* (New York: Thomas Dunne Books, 2004), 141. 通常この著者をはじめとするアラブ世俗主義者は、アズハル大学へのナセルの介入を評価している。その結果、千年の歴史を誇るアズハル大学は、カリキュラムの大幅な変更と組織再編を余儀なくされることになったが、彼らは必要な改革が実現されたと考えている。しかし実際には、アズハル大学の権威と信頼性は完全に損なわれた。

第3章　初期のイスラーム厳格主義

1. アブドゥルワッハーブの過激な直解主義的性質を指摘した文献としては、Hamid Algar, *Wahhabism: A Critical Essay* (Oneonta, NY: Islamic Publications International, 2002); Henry Bayman, *The Secret of Islam: Love and Law in the Religious Ethics* (Berkeley: North Atlantic Books, 2003) などがある。また、アブドゥルワッハーブを弁護しようとしたものに、Natana Delong-Bas, *Wahhabi Islam: From Revival and Reform to Global Jihad* (Oxford: Oxford University Press, 2004) がある。この本の明らかな手抜き、誤り、ごまかしなどについてこの場で論じるつもりはないが、この奇妙な本のほとんどの内容に私は同意できないとだけ言っておく。
2. Amin al-Rihani, *Tarikh Najd wa Mulhaqatih* (Beirut: Dar al-Rihani, 1973): 35-36.
3. ワッハーブ主義とベドウィンの生活との関係については、John Lewis Burckhardt, *al-Badw wa al-Wahhabiyya* [Notes on the Bedouins and Wahhabis], trans. Muhammad al-Asyuti (Beirut: Dar Swidan, 1995) (以下Burckhardt, *Notes*)、あるいはal-Sayyid Muhammad al-Kuthayri, *al-Salafiyya bayn Ahl al-Sunna wa al-'Imamiyya* (Beirut: al-Ghadir li'l Tiba'a, 1997), 509などに詳しい。
4. ワッハーブ派によるムスリム法学者の虐殺については、Ibrahim al-Rawi al-Rifa'i, *Risalat al-'Awraq al-Baghdadiyya fi al-Hawadith al-Najdiyya* (Baghdad: Matba'at al-Najah, 1927): 3-4を参照。
5. 'Abd al-Wahhab, "al-Risalah al-Ula," in *Majmu'at al-Tawhid* (Damascus: al-Maktab al-Islami, 1962), 34-35; 'Abd al-Wahhab, "Kashf al-Shubuhat: al-Risalah al-Thalitha," in *Majmu'at al-Tawhid*, p.104; 'Abd al-Wahhab, "Bayan al-Najah wa al-Fakak: al-Risalah al-Thaniya'Ashra"(collected by Hamad al-Najdi), in *Majmu'at al-*

Tawhid, 356-57.

6. 'Abd al-Wahhab, "al-Risalah al-Thaniya," in *Majmu'at al-Tawhid*, 4-6; 'Abd al-Wahhab,"Asbab Najat al-Sul: al-Risalah Thamina," in *Majmu'at al-Tawhid*, 208-12; 'Abd al-Wahhab, "Bayan al-Najah wa al-Fakak: al-Risalah al-Thaniya 'Ashra," (collected by Hamad al-Najdi), in *Majmu'at al-Tawhid*, 382-83; 'Abd al-Rahman bin 'Abd al-Wahhab, "Bayan al-Mahajja: al-Risalah al-Thalitha 'Ashra," in *Majmu'at al-Tawhid*, 453.
7. アブドゥルワッハーブの熱心な信奉者でもあった彼の息子の論文については、'Abd al-Rahman b. 'Abd al-Wahhab, "Bayan al-Mahajja: al-Risalah al-Thalitha 'Ashra," in *Majmu'at al-Tawhid*, 466-93を参照。
8. どういう行為が異教徒とみなされるかについては、'Abd al-Wahhab, "Bayan al-Najah wa al-Fakak min Muwalat al-Murtaddin wa Ahl al-Shirk: al-Risalah al-Thaniya 'Ashra"(collected by Hamad b. 'Atiq al-Najdi), in *Majmu'at al-Tawhid*, 413-16やAziz Al-Azmeh, *Mohammed Bin Abdel-Wahhab* (Beirut: Riad El-Rayyes Books, 2000), 77-89などに詳しい。
9. イスラームの教えでは、三位一体説は神以外の存在を崇拝していることになる。
10. 'Abd al-Wahhab, "al-Risalah al-Ula," in *Majmu'at al-Tawhid*, 30-31, 68; 'Abd al-Wahhab, "Bayan al-Najah wa al-Fakak: al-Risalah al-Thaniya 'Ashra"(collected by Hamad al-Najdi), in *Majmu'at al-Tawhid*, 394, 400, 421-23, 433.
11. 'Abd al-Wahhab, "al-Risalah al-Ula," in *Majmu'at al-Tawhid*, 30-31, 68; 'Abd al-Wahhab, "Bayan al-Najah wa al-Fakak: al-Risalah al-Thaniya 'Ashra"(collected by Hamad al-Najdi), in *Majmu'at al-Tawhid*, 394, 400, 421-23, 433; 'Abd al-Wahhab, *Mu'allafat al-Shaykh al-Imam Muhammad bin 'Abd al-Wahhab* (Riyadh: al-Maktaba al-Su'udiyya, n.d.), 1:281-310.
12. 'Abd al-Wahhab, *Mu'allafat al-Shaykh al-Imam Muhammad bin 'Abd al-Wahhab* (Riyadh: al-Maktaba al-Su'udiyya, n.d.), 1:312-29.
13. Muhammad bin 'Abd al-Wahhab, "Awthaq al-'Ura: al-Risalah al-Sadisa," in *Majmu 'at al-Tawhid*, 171.
14. Sayyid Qutb, *Milestones on the Road* (Bloomington, IN: American Trust Publications, 1991); Ahmad S. Mousalli, *Radical Islamic Fundamentalism: The Ideological and Political Discourse of Sayyid Qutb* (Syracuse: Syracuse University Press, 1993).
15. 'Abd al-Wahhab, "Bayan al-Najah wa al-Fakak: al-Risalah al-Thaniya 'Ashra," (collected by Hamad al-Najdi), in *Majmu'at al-Tawhid*, 358-68, 375, 412.
16. たとえば、サウジアラビア政府が公認するワッハーブ運動史、Munir al-'Ujlani, *Tarikh al-Bilad al-'Arabiyya al-Su'udiyya*を参照されたい。私が入手したものには出版社名も発行場所や発行年月日も記載されていない。
17. Al-Rihani, *Tarikh Najd*, 229-43およびHamid Algar, *Wahhabism*, 37-40では、ワッハーブ派がアラブ・ナショナリズムに触発されたという主張は時代錯誤だと

されているが、これには同意できない。アラブ・ナショナリズムが19世紀に盛んになったのは明らかである。

18. シーア派の学者には、ワッハーブ運動の矛盾を指摘した論文を書いている者もいるが、スンナ派にはほとんどいない。とくによく知られているのは、Muhammad al-Ghazali, *al-Sunnah al-Nabawiyya Bayn Ahl al-Fiqh wa Ahl al-Hadith* (Cairo: Dar al-Shuruq, 1989) である。エジプトの著名な法学者であるガザーリーは、この本で、真のイスラームに偽装されたベドウィン的イスラームが、イスラーム世界を乗っ取る恐れがあると述べたが、政治的な理由で、ワッハーブ派への明言を避けた。ガザーリーに関してはこの章の後半で詳述する。

19. ワッハーブ運動に対するナジュドの影響は、Rashid Rida, ed., *Majmu'at al-Hadith al-Najdiyya* (Qatar: Matabi' al-'Uruba, 1963) などのワッハーブ派寄りの文献に詳しい。また、アラビアの部族的な性質、ヒジャーズ地方（68ページ）とナジュド間の競争、この競争におけるアブドゥルワッハーブの役割などに関しては、Mohamed Al-Freih, "Historical Background of the Emergence of Muhammad Ibn 'Abd al-Wahhab and His Movement"(Ph.D. diss., University of California at Los Angeles, 1990) 350を参照されたい。

20. スンナ派で言う「正統カリフ（正しく導かれた者）」とは、預言者ムハンマドの死後イスラーム国家を統治した四人の教友——初代からアブー・バクル（13／634年没）、ウマル（23／644年没）、ウスマーン（35／656年没）、アリー（40／661年没）——を指す。また、預言者の教友ではないものの、ウマル・イブン・アブドゥルアズィーズ（101／720年没）が第五代正統カリフとみなされる場合も多い。これらの指導者たちが「正しく導かれた者」と呼ばれているのは、深い敬意と称賛のあらわれである。スンナ派は、正統カリフの時代にも、預言者ムハンマドがマディーナで築いたような公正・公平な政治体制が築かれたと考えている。

21. 'Abd al-Wahhab, "al-Risalah al-Ula," in *Majmu'at al-Tawhid*, 36, 70-72; 'Abd al-Wahhab, "Kashf al-Shubuhat: al-Risalah al-Thalitha," in *Majmu'at al-Tawhid*, 117-18; 'Abd al-Wahhab, "Bayan al-Najah wa al-Fakak: al-Risalah al-Thaniya 'Ashra"(collected by Hamad al-Najdi), in *Majmu'at al-Tawhid*, 403-9. ; Husayn Ghannam, *Tarikh Najd* (Riyadh: Matabi' al-Safahat al-Dhahabiyya, 1381): 40-43.

22. アブー・バクルの範例とその歴史的起源については、Abou El Fadl, *Rebellion and Violence in Islamic Law* (Cambridge: Cambridge University Press, 2001), 34-61を参照。

23. ワッハーブ派の残虐行為は、異教徒とされたムスリムたちの子どもにも及んだ。それについては、al-Rifa'i, *Risalat al-Awraq al-Baghdadiyya*, 3を参照されたい。

24. Muhammad b. 'Abd Allah b. Humaydi al-Najdi, *al-Suhub al-Wabila 'ala Dara'ih al-Hanabila* (Beirut: Maktabat al-Imam Ahmad, 1989), 275. al-Sayyid Ahmad bin Zini Dahlan, *Khulasat al-Kalam fi Bayan 'Umara' al-Balad al-Haram* (Cairo: Maktabat al-Kulliyyat al-Azhariyya, 1977): 229-30.

25. Sulayman b. 'Abd al-Wahhab, *al-Sawa'iq al-Ilahiyya*, 60-61, 120. また、Ibn

Humaydi, *al-Suhub al-Wabila*, 276-80, 402, 405には、ワッハーブ派の支持者によって一部の法学者が暗殺されたということが報告されている。

26. Sulayman b. ʻAbd al-Wahhab, *al-Sawaʻiq al-Ilahiyya*, 9, 34-35. また、Dawud al-Musawi al-Baghdadi, *Kitab Ashad al-Jihad fi Ibtal Da'wa al-Ijtihad* (Cairo: al-Babi al-Halabi, n.d.), 40-41は、アブドゥルワッハーブがろくな教育を受けておらず、無知な人々にイスラームの法的権限を与えたと批判している。アブドゥルワッハーブが受けた教育に関しては、Michael Cook,"On the Origins of Wahhabism," *Journal of the Royal Asiatic Society* 3, no. 2 (1992) を参照。
27. アブドゥルワッハーブのふるまいが前代未聞だったという主張の裏づけについては、以下を参照。Sulayman b. ʻAbd al-Wahhab, *al-Sawaʻiq al-Ilahiyya*, 21, 25, 30-32, 38.
28. Sulayman b. ʻAbd al-Wahhab, *al-Sawaʻiq al-Ilahiyya*, 16, 72; Ibn Humaydi, *al-Suhub al-Wabila*, 275.
29. ワッハーブ派についてスライマーンはこう述べている。「ワッハーブ派は自らの教義に同意するかどうかを、ムスリムの信心・不信心を測る尺度にしている」Sulayman b. ʻAbd al-Wahhab, *al-Sawaʻiq al-Ilahiyya*, 14, 42, 54.
30. Al-ʻUjlani, *Tarikh al-Bilad al-ʻArabiyya al-Su'udiyya*, vol. 1, pt. 2, 279-81.
31. Dahlan, *Khulasat al-Kalam*, 230を参照。ワッハーブ派のこの残虐行為の悲惨な様子は、シャーフィイー派、ハナフィー派、マーリク派、ハンバル派などの法学者が、助けを求めてオスマン当局に連名で出した1792年の手紙にありありと描かれている。この手紙を歴史文書の一つとして紹介しているal-ʻUjlani, *Tarikh al-Bilad al-ʻArabiyya al-Su'udiyya*, vol. 1, pt. 2, letters "dhal"to "Ghin."を参照されたい。
32. 当時マッカのムフティーが書いた論文Ahmad bin Zini Dahlan, *al-Dawla al-ʻUthmaniyya min Kitab al-Futuhat al-Islamiyya* (Istanbul: Hakikat Kitabevi, 1986), 2: 229-40を参照。残虐行為については、Algar, *Wahhabism*, 24-26も参照。
33. Sulayman bin ʻAbd al-Wahhab, *al-Sawaʻiq al-Ilahiyya*, 17-19, 62-64, 70-71, 74-75, 80-82, 92, 100-102, 110-12. イスラーム初期の300年間に対するラシード・リダーの評価については、Muhammad Rashid Rida, *Majallat al-Manar* (Mansura, Egypt: Dar al-Wafa', 1327), 28:502-4 (以下Rida, *al-Manar*)を参照。アブドゥルワッハーブと同様、リダーもこの時代を高く評価している。
34. Sulayman b. ʻAbd al-Wahhab, *al-Sawaʻiq al-Ilahiyya*, 48-49.
35. Sulayman b. ʻAbd al-Wahhab, *al-Sawaʻiq al-Ilahiyya*, 121-42.
36. Burckhardt, *Notes*, 250.
37. この論文は、Husayn Ibn Ghannam, *Rawdat al-Afkar wa al-Afham Li Murtad Hal al-Imam wa Ti'dad Ghazawat Dhwi al-Islam* (Riyadh: al-Maktaba al-Ahliyya, 1949), 1:111-13に再録されている。
38. Muhammad Amin Ibn ʻAbidin, *Hashiyat Radd al-Muhtar* (Cairo: Mustafa al-Babi, 1966), 6:413; Ahmad al-Sawi, *Hashiyat al-ʻAllamah al-Sawi ʻala Tafsir al-Jalalayn*

(Beirut: Dar Ihya' al-Turath al-'Arabi, n.d.), 3:307-8. Ahmad Dallal, "The Origins and Objectives of Islamic Revivalist Thought, 1750-1850," *Journal of the American Oriental Society* 113, no. 3 (1993): 341-59; al-Rihani, *Tarikh Najd*, 43-44. 「現代版ハワーリジュ派」という非難については以下も参照。Sulayman b. 'Abd al-Wahhab, *al-Sawa'iq al-Ilahiyya*, 10, 28, 50-51; Yusuf b. Ahmad al-Dijjawi, "Tawhid al-Uluhiyya wa Tawhid al-Rububiyya," *Nurr al-Islam* (also known as *Majallat al-Azhar: The Azhar University Journal*) 1, no. 4 (1933): 320, 329; al-Sayyid Muhammad al-Kuthayri, *al-Salafiyya bayn Ahl al-Sunna wa al-'Imamiyya* (Beirut: al-Ghadir li'l Tiba'a, 1997), 345-52.

39. Dallal, "The Origins and Objectives of Islamic Revivalist Thought, 1750-1850," 341-59. を参照。
40. D. Van der Meulen, *The Wells of Ibn Sa 'ud* (London: Kegan Paul International Publications, 2000), 35-36.
41. Al-Freih, "Historical Background,"339-51.
42. イギリスのアラビアへの関与とサウード家への支援については、Efram Karsh and Inari Karsh, *Empires of Sand: The Struggle for Mastery in the Middle East, 1789-1923* (Cambridge, MA: Harvard University Press, 1999), esp. 171-98を参照。
43. サウード家とイギリスの親密な同盟関係については、以下の文献を参照されたい。Algar, *Wahhabism*, 37-45; James Wynbrandt, *A Brief History of Saudi Arabia* (New York: Checkmark Books, 2004), 176-93; Nasir al-Faraj, *Qiyam al-'Arsh al-Su'udi: Dirasa Tarikhiyya li'l-'Ilaqat al-Su'udiyya al-Britaniyya* (London: Al-Safa Publishers, n.d.).
44. Gerald de Gaury, *Rulers of Mecca* (London: Harrap, 1951), 275. この著者はイブン・サウードとワッハーブ派の同盟が信念に基づいて築かれたと主張している。
45. 二つの聖地の文化的多様性の破壊については、Algar, *Wahhabism*, 44を参照。
46. カルバラーの虐殺については、Algar, *Wahhabism*, 24を参照。
47. カルバラーなどでワッハーブ派が行った虐殺の痛ましい記録については、al-Sayyid Muhammad al-Kuthayri, *al-Salafiyya bayn Ahl al-Sunna wa al-'Imamiyya* (Beirut: al-Ghadir li'l Tiba'a, 1997), 327-39を参照されたい。
48. Ahmad bin Zini Dahlan, *Futuhat al-Islamiyya ba'd Mudiy al-Futuhat al-Nabawiyya* (Beirut: Dar Sadir, 1997), 2:234-45. Algar, *Wahhabism*, 42; Van der Meulen, *The Wells of Ibn Sa'ud*, 33-34; Geoff Simons, *Saudi Arabia: The Shape of a Client Feudalism* (Palgrave, UK: Macmillan, 1998), 151-73. ワッハーブ派による一連の虐殺事件の歴史的調査については、以下の文献を参照されたい。Joseph Kostiner, *The Making of Saudi Arabia: From Chieftaincy to Monarchical State* (Oxford: Oxford University Press, 1993), 62-70, 100-117; Joseph A. Kechichian, *Succession in Saudi Arabia* (New York: Palgrave Press, 2001), 161-68; Richard Harlakenden Sanger, *The Arabian Peninsula* (Freeport, NY: Books for Libraries Press, 1954), 27-35.

49. Van der Meulen, *The Wells of Ibn Sa'ud*, 65-68; Kostiner, *The Making of Saudi Arabia*, 117-40; Wynbrandt, *Saudi Arabia*, 184-86.
50. Algar, *Wahhabism*, 39.
51. Simons, *Saudi Arabia*, 152-59; Kostiner, *The Making of Saudi Arabia*, 119; Van der Meulen, *The Wells of Ibn Sa'ud*, 62-113.
52. Algar, *Wahhabism*, 43. ワッハーブ派による史跡の破壊の詳細については、以下の文献を参照されたい。Yusuf al-Hajiri, *al-Baqi' Qisat Tadmir Al-Sa'ud li'l-Athar al-Islamiyya bi'l-Hijaz* (Beirut: Mu'assasat al-Baqi', 1990). Burckhardt, *Notes*, 244-50; al-Sayyid Muhammad al-Kuthayri, *al-Salafiyya bayn Ahl al-Sunna wa al-'Imamiyya* (Beirut: al-Ghadir li'l Tiba'a, 1997), 331.
53. Algar, *Wahhabism*, 25-28.
54. Al-Rihani, *Tarikh Najd*, 38-39.
55. Burckhardt, *Notes*, 244.
56. 巡礼への迫害については、以下の文献を参照。Michael Cook, *Commanding Right and Forbidding Wrong*, 180-91; Van der Meulen, *The Wells of Ibn Sa'ud*, 104-13. エジプトのメディアは、ワッハーブ派のこのような対応を厳しく批判したと伝えられている。それについては、Rida, *al-Manar*, 27:463-68を参照。
57. Al-Rihani, *Tarikh Najd*, 39.
58. De Gaury, *Rulers of Mecca*, 276.
59. イスラーム世界にワッハーブ派の教義を積極的に広めようとするサウジアラビアの政策については、Nabil Muhammad Rashwan, *al-Islam al-Su'udi Dur al-Su'udiyyin fi Ifsad Din al-Muslimin*を参照されたい。発行された場所、日付、発行者名などの記載がないのは意味深長。
60. Aburish, *Nasser*, 162, 256-57, 303.
61. この経緯について、また「タルフィーク（talfiq）」「マスラハ（maslaha）」の現代イスラームにおける使用法については、以下を参照。Noel Coulson, *A History of Islamic Law* (Scotland: Edinburgh University Press, 1994), 197-217. Rida, *al-Manar*, 17:372-84.
62. イスラーム文化に対する護教論の影響を厳しく批判したものとしては、Tariq Ramadan, *Islam, the West and the Challenges of Modernity*, trans. Said Amghar (Markfield, UK: Islamic Foundation, 2001), 286-90なども ある。また、Wilfred Cantwell Smith, *Islam in Modern History* (Princeton: Princeton University Press, 1977)（ウィルフレッド・キャントウェル・スミス、『現代イスラムの歴史』上下、中村廣治郎訳、中央公論社、1998年）は、現代イスラームにおける護教論の役割について洞察力に富んだ分析を行っている。
63. この種の護教論的文献の例としては、Muhammad Qutb, *Islam: The Misunderstood Religion* (Chicago: Kazi Publications, 1980) などがある。イスラームにおける護教論とその影響に関する優れた論考については、Smith, *Islam in Modern History*を参照。

64. サラフィー主義とワッハーブ主義の融合については、Olivier Roy, *Globalized Islam: The Search for A New Ummah* (New York: Columbia University Press, 2004), 232-57も参照されたい。

65. クトゥブに見られるファシズムの影響については、以下の文献を参照されたい。Roxanne L. Euben, *Enemy in the Mirror: Islamic Fundamentalism and the Limits of Modern Rationalism* (Princeton: Princeton University Press, 1999), 199, n. 181; Aziz Al-Azmeh, *Islam and Modernities* (London: Verso Press, 1996), 77-101. クトゥブについては、Ahmad S. Mousalli, *Radical Islamic Fundamentalism: The Ideological and Political Discourse of Sayyid Qutb* (Lebanon: American University of Beirut, 1992) を参照。

66. ハサン・フダイビーには、*Du'a la Quda* [Counsels Not Judges] (Cairo: Dar al-Fikr al-Arabi, 1965) という著書がある。

67. Hasan Ashmawi, *Qalb Akhar min Agl al-Za'im* [Another Heart of the Leader] も同じ運命をたどった。このリベラルなサラフィー主義の書は1970年に出版されたが、ほとんど無視された。

68. Johannes Jansen, *The Neglected Duty: The Creed of Sadat's Assassins and Islamic Resurgence in the Middle East* (New York: Macmillan, 1986).

69. Emmanuel Sivan, *Radical Islam: Medieval Theology and Modern Politics* (New Haven: Yale University Press, 1985), 21-22.

70. Gilles Kepel, *Muslim Extremism in Egypt: The Prophet and Pharaoh, trans. Jon Rothschild* (Los Angeles: University of California Press, 1984), 203-4.

71. イスラーム武闘派がクトゥブを批判し、非難していた事実については、Olivier Roy, *Globalized Islam: The Search for a New Ummah* (New York: Columbia University Press, 2004), 250を参照されたい。

72. シュクリー・ムスタファーは、四大法学派ばかりか、伝統的なイスラーム法学の多彩な見解を一切認めず、イスラームの歴史の大半は堕落した逸脱の時代だったとして、原典（クルアーンとスンナ）への回帰とその再解釈の必要性を訴えた。しかし、アブドゥルワッハーブと同様、クルアーンとスンナを字義どおりに解釈し、その意味を最終的に規定する自らの個人的権利を主張したにすぎない。シュクリー・ムスタファーに関するかぎり、自らのイスラーム解釈を決定的なものと考え、同意しない者をすべて異教徒・背教者と決めつけるやり方は、アブドゥルワッハーブによく似ている。シュクリーとファラジュによれば、救済される集団——真の信徒——は、「ジャーヒリーヤ（jahiliyya）」の形跡が認められれば、どんなものに対しても容赦なく戦わなければならないという。詳しくは以下の文献を参照されたい。Gilles Kepel, *Jihad: The Trial of Political Islam* (Cambridge: Harvard University Press, 2002), 85; David Sagiv, *Fundamentalism and Intellectuals in Egypt 1973-1993* (London: Frank Cass, 1995), 47-49; Johannes J. G. Jansen, *The Dual Nature of Islamic Fundamentalism* (Ithaca, NY: Cornell University Press, 1997), 76-80. ワッハーブ派のように、シュクリーとファラジュも、自派の支持

者以外のムスリムは多神教徒（「ムシュリキン」mushrikin）であり、彼らと戦うことは許されるだけでなく、義務でもあると信じていた。また、男は殺し、女や子どもは殺すか奴隷にしたうえ、財産も奪うのは当然だと考えていた。だが、不利な歴史的背景によって、彼らの武装闘争のもくろみは挫折した。アブドゥルワッハーブとちがって、彼らが暴力的な偉業を達成できなかったのは、他のイスラーム諸国の武闘派と同様、強力な国家権力と衝突し、鎮圧されたからである。

73. まれではあるが、スンナ派にもワッハーブ主義がサラフィー主義の教義と根本的に矛盾すると批判した著作がある。Ahmad Mahmud Subhi, *Hal Yu'ad al-Madhhab al-Wahhabi Salafiyyan* (Alexandria: Dar al-Wafa', 2004) もその一つである。

74.マッカ巡礼に対するサウジ政府の管理とその影響については、David Long, *The Kingdom of Saudi Arabia* (Tampa, FL: University Press of Florida, 1997), 93-106を参照。

75. サウジ政府による世界へ向けたワッハーブ主義の宣伝活動については、以下の文献を参照されたい。Stephen Schwartz, *The Two Faces of Islam: The House of Sa'ud from Tradition to Terror* (New York: Doubleday, 2002), 181-225; Dore Gold, *Hatred's Kingdom* (Washington, DC: Regnery Publishing Inc., 2003); Algar, *Wahhabism*, 49-66. アメリカでの宣伝活動については、Freedom House Report, *Saudi Publications on Hate Ideology Fill American Mosques* (Washington, DC: Center for Religious Freedom, 2005)を参照。

76. たとえば、Muhammad Fathy Osman, *al-Salafiyya fi al-Mujtama'at al-Mu'asira* [Salafis in Modern Societies] (Kuwait: Dar al-Qalam, 1981)、とくに pp.31-87を参照されたい。ここにはワッハーブ派とサラフィー主義者が同一視されているばかりか、アブドゥルワッハーブとワッハーブ運動に対するまぎれもない称賛の言葉が長々と述べられている。興味深いことに、この著者は本の執筆当時、サウジアラビアで教授として働いていたという。Muhammad Jalal Kishk, *al-Sa'udiyyun wa al-Hall al-Islami* [The Saudis and the Islamic Solution] (West Hanover, MA: Halliday, 1981) も、リベラルな学者がワッハーブ運動を臆面もなく擁護した例だ。ただ、どちらかと言えばこの本のほうがややバランスがとれている。興味深いことに、Muhammad Jalal Kishkはキング・ファイサル国際賞の受賞者である。Kishkが意図的に無視したワッハーブ主義の数々の不快な事実を批判的に分析し、例証した著作としては、ロンドンで出版されたアラビア語の本、Khalifa Fahd, *Jahim al-Hukm al-Sa'udi wa Niran al-Wahhabiyya* (London: al-Safa Publishing, 1991) を参照されたい。著者が明らかにしているように、ムスリムかどうかにかかわらず、ワッハーブ派寄りの本を書いて十分な見返りを得た者は世界各地に少なからずいた。

77. 「ハディースの徒（アフル・アル・ハディース、Ahl al-Hadith）」については、Khaled Abou El Fadl, *Speaking in God's Name: Islamic Law, Authority, and Women* (Oxford: Oneworld Publications, 2001), 114; Khaled About El Fadl, *And God Knows*

the Soldiers: The Authoritative and Authoritarian in Islamic Discourses (Lanham, MD: University Press of America, 2001), 48, 78を参照されたい。

78. Muhammad al-Ghazali, *al-Sunnah al-Nabawiyya Bayn Ahl al-Fiqh wa Ahl al-Hadith* (Cairo: Dar al-Shuruq, 1989).

79. Manaqib Abu Hanifa, 350.

80. ワッハーブ派によるハディースの恣意的な引用については、al-Sayyid Muhammad al-Kuthayri, *al-Salafiyya bayn Ahl al-Sunna wa al-'Imamiyya* (Beirut: al-Ghadir li'l Tiba'a, 1997), 477-79を参照。

81. Muhammad bin 'Abd Allah al-Salman, *Rashid Rida wa Da'wat al-Shaykh Muhammad bin 'Abd al-Wahhab* (Kuwait: Maktabat al-Ma'alla, 1988).

82. たとえば、ラシード・リダーの全六巻のファトワー（fatawa）集が1970年に出版されると、サウジアラビアは出版元のDar al-Jilに補償金を支払い、著作権をおさえて本の流通と販売を差し止めさせた。私はエジプトで一揃いを見つけたが、エジプトでは法外な時価4000ドルという値段だった。

83. アブドゥルワッハーブを称賛した詩と非難した詩については、al-Imam Muhammad bin Isma'il al-Amir al-Husayni al-San'ani, *Diwan al-Amir al-San'ani* (Beirut: Dar al-Tanwir, 1986), 166, 173を参照。

84. 以下はガザーリーを攻撃した諸々の著作の一部である。Muhammad Jalal Kishk, *Al-Shaykh al-Ghazali bayn al-Naqd al-'Atib wa al-Madh al-Shamit* (Cairo: Maktabat al-Turath Islami, 1990); Ashraf bin Ibn al-Maqsud bin 'Abd al-Rahim, *Jinayat al-Shaykh al-Ghazali 'ala al-Hadith wa Ahlihi* (al-Isma'iliyya, Egypt: Maktabat al-Bukhari, 1989); Jamal Sultan, *Azmat al-Hiwar al-Dini: Naqd Kitab al-Sunnah al-Nabawiyya bayn Ahl al-Fiqh wa Ahl al-Hadith* (Cairo: Dar al-Safa, 1990); Salman bin Fahd 'Uwda, *Fi Hiwar Hadi' ma 'a Muhammad al-Ghazali* (Riyadh: n.p., 1989); Rabi' bin Hadi Madkhali, *Kashf Mawqif al-Ghazali min al-Sunna wa Ahliha wa Naqd Ba'd Ara'ihi* (Cairo: Maktabat al-Sunna, 1410); Muhammad Salamah Jabr, *Al-Radd al-Qawim 'ala man Janab al-Haqq al-Mubin* (Kuwait: Maktabat al-Sahwa al-Islamiyya, 1992), とくに100-108を参照; Abu 'Ubaydah, *Kutub Hadhdhar minha al-'Ulama'*, 1:214-28, 327-29.

85. たとえば、エジプトの有力な法学者で、ガザーリーの同僚であり友人でもあったカラダーウィーでさえ、論争の最中には明らかに沈黙を守っていた。それでもガザーリーの死から数年後、彼は二冊の本を書いた。一冊はガザーリーの生涯、もう一冊はガザーリーをめぐる論争をテーマにしたものだ。これらの著作で彼はガザーリーの信心深さと学識を擁護したものの、ワッハーブ派の批判は避けている。詳しくは以下を参照されたい。Yusuf al-Qaradawi, *al-Imam al-Ghazali bayn Madihih wa Naqidih* (Beirut: Mu'assasat al-Risalah, 1994); Yusuf al-Qaradawi, *al-Shaykh al-Ghazali kama 'Araftuh: Rihlat Nisf Qarn* (Cairo: Dar al-Shuruq, 1994).

第4章　現代のイスラーム厳格主義者たち

1. 私は二冊の著書で主にこの現象を取り上げている。*And God Knows the Soldiers* と*Speaking in God's Name*を参照。
2. イスラーム文明の人道主義的な遺産については、以下の文献を参照されたい。Lenn E. Goodman, *Islamic Humanism* (Oxford: Oxford University Press, 2003); George Makdisi, *The Rise of Humanism in Classical Islam and the Christian West* (Edinburgh: Edinburgh University Press, 1990); Marcel Boisard, *Humanism in Islam* (Blooming ton, IN: American Trust Publications, 1987).
3. ハワーリジュ派（本来の意味は、分離派、外に出た者）の初期の厳格主義的教義についてはすでに述べた。彼らはイスラーム暦一世紀に、無数のムスリムや非ムスリムを虐殺し、預言者ムハンマドのいとこであり教友であった、第四代正統カリフのアリーまでも暗殺した。現在ハワーリジュ派の流れをくむグループは、オマーンやアルジェリアなどに存在するが、何世紀にもわたって流血をくりかえした末に、平和主義者とはいかないまでも穏健化している。

第5章　あらゆるムスリムに共通する義務

1. クルアーン第29章46節。
2. クルアーン第2章285節。
3. クルアーン第3章84節。
4. クルアーン第42章13節。
5. 後に論じるが、多くのムスリムは愛こそ帰依の最たる形であると考えている。
6. この問題をもっとも包括的に検討した英語文献は、Michael Cook, *Commanding Right and Forbidding Wrong in Islamic Thought* (Cambridge: Cambridge University Press, 1997)である。Michael Cook, *Forbidding the Wrong in Islam: An Introduction* (Cambridge: Cambridge University Press, 2003) はその簡約版。

第6章　神と創造の目的

1. これらの属性のほとんどはクルアーンの中で言及されており、神の美称（アスマー・フスナー、asma'Allah al-husna）として用いられている。
2. やや一貫性に欠けるが、厳格主義者は、若干の問題、あるいは狭い範囲にかぎり、シャリーアを厳密に解釈する必要はなく、意見の食い違いがあってもよいということに同意している。この点については、第7章で詳しく論じる。
3. たとえば、クルアーン第2章27節、第2章205節、第5章32節を参照。
4. クルアーン第2章27節。
5. クルアーン第2章195節、第2章222節、第3章76節、第3章134節、第3章146節、

第3章159節、第5章13節、第5章42節、第9章108節、第49章9節、第60章8節、第9章108節。

6. クルアーン第2章190節、第2章205節、第3章57節、第16章23節、第22章38節、第28章77節、第31章18節、第42章40節、第57章23節。
7. クルアーン第3章31節、第2章152節。
8. クルアーン第2章165節、第7章56節、第9章24節、第20章39節。
9. クルアーン第2章186節、第50章16節、第56章85節。
10. クルアーン第22章40節。
11. クルアーン第5章64節。
12. クルアーン第9章67節、第58章19節、第59章19節、第7章51節、第32章14節、第45章34節。
13. クルアーン第2章272節、第6章90節、第88章21-22節、第12章104節、第16章44節、第36章69節、第38章87節、第51章55節、第68章52節、第73章19節、第87章9節、第80章4節。
14. クルアーン第25章43節、第28章50節、第30章29節、第45章23節、第47章14節。
15. 中東、とくにシリア、ヨルダン、パキスタンなどでよく見られるが、名誉殺人は家族の男性（ふつうは兄弟や父親）が家族の女性（ふつうは姉妹や娘）を「不適切な」性的関係を結んだとして殺害する行為である。女性の不適切な性的関係は家族の名誉を傷つけることになるため、その女性を殺せば世間と神に対して名誉を回復できると言われている。

第7章　法と道徳の性質

1. サラフィー主義者とワッハーブ派が、ハンバル学派の学説を非常に恣意的に解釈したことについては、al-Sayyid Muhammad al-Kuthayri, *al-Salafiyya bayn Ahl al-Sunna wa al-'Imamiyya* (Beirut: al-Ghadir li'l Tiba'a, 1997), 352-54, 473-501を参照されたい。
2. 驚くべきことに、シーア派の厳格主義勢力も、ジャアファル学派の見解に対して都合のいい取捨選択をしている。宗派が異なるうえに、まったくお互いを否定し軽蔑していたにもかかわらず、シーア派の厳格主義者もスンナ派の厳格主義者も実質的には同じ見解を採択し、ほとんど同じ結論を下している。
3. *Sahih al-Buthari*（ブハーリー『ハディース――イスラーム伝承集成 I〜VI』牧野信也訳、中公文庫、2001年）は、ブハーリー（Muhammad bin Isma'il al-Bukhari、256／870年没）が、スンナとハディースをテーマごとに編纂して数巻にまとめたもので、スンナ派のムスリムによって編纂された預言者ムハンマドの伝承の中では、もっとも正確で信頼できるものとされている。
4. 第3章のガザーリーをめぐる論争（97〜103ページ）を参照。
5. クルアーン第88章21-22節。

6. Al-Suyuti, *Asbab al-Nuzul*のクルアーン第2章256節の注釈を参照。
7. クルアーン第2章256節、第10章99節、第18章29節。

第8章　歴史と近代性へのアプローチ

1. シーア派のムスリムは、預言者ムハンマドのいとこであるアリーを称え敬うとともに、ウマル・イブン・アブドゥルアズィーズをも称賛するが、初めの三人のカリフには批判的だ。それは、ムハンマドの親族であるアリーのほうが、彼らよりも統治者として正当な資格があると考えるからだ。「正統カリフ（正しく導かれたカリフ）」という名称が考え出されたのは、統治者としての政治的正当性に異議を唱えるシーア派に対して、四人のカリフに平等な価値があると認め、アブー・バクル、ウマル・イブン・ハッターブ、ウスマーンらを擁護するためでもあった。
2. たとえば、サウジアラビア、エジプト、シリア、ヨルダン、アルジェリア、チュニジア、スーダン、モーリタニア、パキスタン、ウズベキスタン、インドネシアといった専制政治を行っている国々は、人権を軽視してきたばかりでなく、厳格主義者を生む絶好の土壌にもなってきた。
3. 退職および解雇自由の原則とは、被雇用者を雇用し続けるか解雇するかを、雇用者が自分の裁量で決める雇用関係を意味する法的表現である。アメリカでは、この種の雇用関係がほとんどである。

第9章　民主主義と人権

1. とくにサミュエル・ハンチントンは、「偽の普遍的特性」という表現を使って、西洋人が西洋の価値観を普遍的なものと思い込むことは不健全であり危険であると主張した。詳しくは Samuel Huntington, *The Clash of Civilizations: Remaking of World Order* (New York: Touchstone Press, 1996), 310（サミュエル・ハンチントン『文明の衝突』鈴木主税訳、集英社、1998年）を参照されたい。
2. クルアーン第17章70節。
3. クルアーン第4章97節。
4. クルアーン第3章64節。

第10章　非ムスリムと救済について

1. クルアーン第49章13節。
2. クルアーン第11章118-19節。
3. クルアーン第10章99節。
4. クルアーン第2章145節。
5. クルアーン第5章48節。

6. クルアーン第29章46節。
7. クルアーン第16章125節。
8. クルアーン第3章64節。
9. たとえば、以下を参照。クルアーン第25章63節、第28章55節、第43章89節。
10. クルアーン第5章2節。
11. クルアーン第5章43-48節。
12. クルアーン第5章69節、第2章62節。
13. クルアーン第3章128-29節、第88章21-22節。
14. クルアーン第22章67-68節。
15. クルアーン第21章107節。
16. クルアーン第2章105節、第3章74節、第35章2節、第38章9節、第39章38節、第43章32節。
17. クルアーン第22章34節。
18. クルアーン第5章69節、第2章62節。
19. クルアーン第3章199節。

第11章　ジハード、戦争、テロリズム

1. ローマカトリックの教皇制度が規定する法的・神学的概念としてのキリスト教世界、正確には西洋のキリスト教世界は、教皇が認可した四度の十字軍だけでなく、ドイツ北東部やスラブ人、リヴォニア人、レット人などが居住する東ヨーロッパ一帯の異教徒の部族に対する、いわゆる軍事的伝道にもきわめて重要な役割をはたした。軍事的伝道とは歴史家が考案した婉曲な表現である。実際には、教皇の認可を受けて広く行われていた、異教徒の部族に対する強制的改宗だった。教皇庁や護教論者は、このような強制的改宗は西洋キリスト教世界を守り拡大するためのものだと主張した。詳しくはGeoffrey Hindley, *The Crusades: Islam and Christianity in the Struggle for World Supremacy* (New York: Carroll and Graf, 2003), 159-67. を参照されたい。
2. 中世の世界秩序の中では、往々にしてこのような選択を迫られ、軍事衝突を回避するために貢ぎ物を納めることが慣例になっていた。それは、1147年、異教徒のスラブ人と戦うにあたって、クレールヴォーの聖ベルナールが軍に対してこう訴えていることからもわかる。「金や貢ぎ物目当てに休戦してはならない。どんな理由があろうと、神のご加護でこのような部族が改宗するか全滅するまで断じて戦いを止めてはならない」(歴史家やキリスト教の神学者たちは、これが非常に過激で問題のある発言だとしている)。イスラーム世界にかかわりのない場合でも、強者に対して弱者が一定額の金銭を支払うことは、平和条約の締結時でさえ恒例になっていた。詳しくはJonathan Phillips, *The Crusades, 1095-1197* (London: Pearson Education, 2002), 71-72を参照。
3. これについては、以下を参照。Khaled Abou El Fadl, "Islamic Law and Muslim

Minorities: The Juristic Discourse on Muslim Minorities from the Second/Eighth to the Eleventh/Seventeenth Centuries," *Islamic Law and Society* 1, no. 2 (1994): 141-87.

4. これについては、以下を参照。Khaled Abou El Fadl, "The Rules of Killing at War: An Inquiry into Classical Sources,"*The Muslim World* 89, no. 2 (1999): 144-57; Khaled Abou El Fadl, "Holy War Versus Jihad: A Review of James Johnson's 'The Holy War Idea in the Western & Islamic Traditions,'" *Ethics and International Affairs* 14 (2000): 133-40.
5. クルアーン第6章54節、第43章89節、第36章58節。「主はお慈悲をみ心に刻みたもう」という少々あいまいな表現についてはかなり議論されてきたが、ムスリムの学者の間では、少なくとも、慈悲の重要性を強調する意図があるということで意見が一致している。神があらゆる問題に慈悲深い態度を示すと心に誓ったとすれば、この世で神性を追求しようとする者もそれにならう必要がある。課題や問題に直面した場合、ムスリムはできるかぎり慈悲深く寛大にふるまうことを心に誓わなければならない。どんな状況にあろうと、怒り、敵意、復讐心などに捕らわれて道を誤り、慈悲の心を捨ててはならない。
6. クルアーン第5章8節。
7. クルアーン第5章2節。
8. たとえば、クルアーン第2章190節、第5章87節、第7章55節などを参照。
9. クルアーン第2章194節。
10. クルアーン第2章195節。
11. クルアーン第41章34-36節。
12. クルアーン第7章199節。
13. クルアーン第6章108節。
14. クルアーン第22章40節。
15. クルアーン第5章64節。
16. たとえば、クルアーン第2章27節、第2章205節、第5章32節などを参照。
17. クルアーン第2章27節。
18. クルアーン第13章25節。
19. クルアーン第22章39節、第60章8節、第2章246節。
20. クルアーン第2章190節、第2章194節、第5章87節。
21. クルアーン第60章9節。
22. クルアーン第8章61節。
23. クルアーン第4章90節。
24. クルアーン第4章94節。
25. クルアーン第4章90節。
26. この破棄の議論と論法に関心のある読者は、Abid Ullah Jan, "The Limits of Tolerance," in *The Place of Tolerance in Islam,* ed. Joshua Cohen and Ian Lague

(Boston: Beacon Press, 2002): 42-50を参照されたい。
27. クルアーン第6章164節、第17章15節、第35章18節、第39章7節、第53章38節。
28. サウジアラビアほどではないにしろ、他に石打ちの刑を現在実施しているイスラーム国家はイランとナイジェリアだけである。大半のイスラーム諸国は、石打ちの刑は現代の倫理観に合わない残忍で不快な刑罰とみなしている。厳格主義者はこの傾向を道徳的な弱さと批判するが、穏健派は道徳的な進歩と考えている。

第12章　女性の本質と役割

1. 「ムタワ (mutawwa‘un)」の近代的な起源と暴力的な体質については、Michael Cook, “The Expansion of the First Saudi State: The Case of *Washm*,” in C. E. Bosworth and others, eds., *Essays in Honor of Bernard Lewis: The Islamic World from Classical to Modern Times* (Princeton: Princeton University Press, 1989), 672-75; Ameen Fares Rihani, *The Maker of Modern Arabia* (New York: Greenwood Publishing, 1983), 203などを参照。また、William Gifford Palgrave, *Personal Narrative of a Year's Journey Through Central and Eastern Arabia* (London: Gregg Publishers, 1883), 243-50, 316-18には、ファイサル・イブン・トルキ王（King Faysal bin Turki）（在位：1249〜1254年／1834〜1838年、および、1259〜1282年／1843〜1865年）の時代にコレラが流行し、マッカなどの治安維持のために22人のいわゆる狂信者が選ばれたという記録がある。どうやらこれが「ムタワ」の始まりらしい。Michael Cook, “On the Origins of Wahhabism,”*Journal of the Royal Asiatic Society* 3, no. 2 (1992) も参照。
2. この悲劇的事件およびその原因と余波については、以下を参照。Eleanor Doumato, “Saudi Sex-Segregation Can be Fatal,” http://www.projo.com/opinion/contributors/content/projo_20020331_ctdou31.1032e23f.html (Mar. 31, 2002); Tarek Al-Issawi, “Saudi Schoolgirls' Fire Death Decried,” *Washington Times*, Mar. 18, 2002, http://www.washtimes.com/world〔リンク切れ〕; Mona Eltahwy, “They Died for Lack of a Head Scarf,” *Washington Post*, Mar. 19, 2002, http://www.washingtonpost.com/ac2/wp-dyn?pagename=article&node=&contentId=A47458-2002Mar 18&notFound=true〔リンク切れ〕; “Muslims Allow Girls to Burn to Death in So-Called Moderate Saudi Arabia,” *The Welch Report*, Mar. 18, 2002, http://www.welchreport.com/pastnews_c.cfm?rank=287〔リンク切れ〕; “Saudi Police Stopped Fire Rescue,” *BBC News*, Mar. 15, 2002, at http://news.bbc.co.uk/2/hi/middle_east/1874471.stm.
3. クルアーン第5章32節。
4. 必要性（「ダルーラ」darura）の原則については、以下の文献を参照。Subhi Mahmassani, *The Philosophy of Jurisprudence in Islam*, trans. Farhat Ziadeh (Leiden:

E. J. Brill, 1961), 152-59; Mohammad Hashim Kamali, *Principles of Islamic Jurisprudence* (Cambridge, UK: Islamic Texts Society, 1991), 267-81; Khaled Abou El Fadl, *Speaking in God's Name: Islamic Law, Authority and Women* (Oxford: Oneworld Press, 2001), 196-97; Khaled Abou El Fadl, "Constitutionalism and the Islamic Sunni Legacy," *UCLA Journal of Islamic and Near Eastern Law* 1, no. 1 (Fall/Winter 2001-2002): 86-92.

5. クルアーン第33章59節。
6. この問題に関する系統的分析については、Abou El Fadl, *Speaking in God's Name* , 170-249を参照。
7. 「シャイフ (shaykh)」という尊称は法学者をあらわすとはかぎらず、年配者や世間の尊敬を集める人物に対しても使われる場合がある。法学者はすべてシャイフでも、シャイフがすべて法学者というわけではない。
8. Ali Al-Ahmed, "Author of Saudi Curriculums Advocates Slavery," http://www.arabianews.org/english/article.cfm?qid=132&sid=2, Dec. 4, 2003. 〔リンク切れ〕
9. このような家事労働者はふつう女性であり、その出身国はインド、バングラデシュ、フィリピン、スリランカなど、さまざまである。
10. 厳格主義者は、奴隷制度を禁じる国際的な取り決めを守っているのは西洋諸国だけではないという事実を無視する。今では世界のすべての国が、あらゆる形の奴隷制度を禁止する国際条約に調印している。奴隷制度の禁止は普遍的な倫理規範である。
11. Muhammad bin 'Abd al-Wahhab, *Mu'allafat al-Shaykh al-Imam Muhammad bin 'Abd al-Wahhab: Qism al-Hadith* (Riyadh: Jami'at al-Imam Muhammad bin Sa'ud al-Islamiyya, n.d.), pt. 4, 141-51. を参照。
12. Al-Sadiq 'Abd al-Rahman al-Ghiryani, *Fatawa min Hayat al-Mar'ah al-Muslimah* (Beirut: Dar al-Rayyan, 2001): 47, 59-60, 62, 63, 77, 82-83, 86-87, 111-12, 116-17, 122, 130, 137-38, 146, 149.
13. クルアーン第4章32節。
14. クルアーン第2章228節。
15. クルアーン第9章71節。
16. 預言者ムハンマドの時代にマディーナの女性が担っていた積極的な役割については、Muhammad Ibn Sa'd, *The Women of Medina* (London: Ta-Ha Publishers, 1997) を参照。ムハンマドの最初の妻ハディージャは、ムハンマドよりはるかに年上だった。ハディージャの死後、ムハンマドは数人の妻をめとるが、それはすべて政略結婚か、寡婦を救済して社会の安定をはかるためだった。
17. al-Suyuti, *Asbab al-Nuzul*の *Surat al-Nisa'* に関する論考を参照。
18. クルアーン第4章32節。
19. クルアーン第4章34節。
20. クルアーン第13章11節、第8章53節、第12章11節。
21. クルアーン第2章231節。以下に論じる教えを含めて、女性に関するこれらの

教えはクルアーンの主要な解説書の中でも論じられ、啓示を求める出来事を扱った本では必ず取り上げられている。このような教えを簡潔にまとめたものとしては、al-Suyuti, *Asbab al-Nuzul*のクルアーン第2章229節および第2章231節の解説を参照。

22. クルアーン第2章229節。
23. クルアーン第2章231節。
24. クルアーン第4章19節。啓示に従うべき出来事については、al-Suyuti, *Asbab al-Nuzul*の*Surat al-Nisa'*に関する論考を参照。
25. これについては、al-Suyuti, *Asbab al-Nuzul*のクルアーン第4章4節に関する説明を参照。
26. クルアーン第2章229節 al-Suyuti, *Asbab al-Nuzul*のこの章句に関する解説も参照。
27. クルアーン第2章241節 al-Suyuti, *Asbab al-Nuzul*のこの章句に関する解説も参照。

結び

1. イスラーム文明の多大な人道的貢献と、西洋文明に与えた影響について簡潔にまとめたものとしては、D. M. Dunlop, *Arab Civilization to AD 1500* (Harlow, UK: Longman, 1971) がある。

THE GREAT THEFT: Wrestling Islam from the Extremists
by Khaled M. Abou El Fadl

イスラームへの誤解《ごかい》を超《こ》えて——世界《せかい》の平和《へいわ》と融和《ゆうわ》のために

初版第1刷発行　平成20年7月20日

著者　カリード・アブ・エル・ファドル
訳者　米谷敬一
発行者　岸　重人
発行所　株式会社 日本教文社
〒107-8674　東京都港区赤坂9-6-44
電話　03-3401-9111（代表）　03-3401-9114（編集）
FAX　03-3401-9118（編集）　03-3401-9139（営業）
振替　00140-4-55519

装丁　山田英春
印刷・製本　凸版印刷

ISBN978-4-531-08165-3　Printed in Japan

●日本教文社のホームページ　http://www.kyobunsha.co.jp/
乱丁本・落丁本はお取り替えします。定価はカバーに表示してあります。

＊本書（本文）の紙は植林木を原料とし、無塩素漂白（ECF）でつくられています。また、印刷インクに大豆油インク（ソイインク）を使用することで、環境に配慮した本造りを行なっています。

PRINTED WITH SOYINK